D1685098

VIDOCQ

Du même auteur

Le Maréchal Ney, Perrin, 1993. Grand Prix 1993 de la
Fondation Napoléon.

ÉRIC PERRIN

VIDOCQ

PERRIN

© Perrin, 1995. 2001 pour la présente édition.
ISBN 2-262-01740-9

Pour mes parents
et à la mémoire de Jean-Pierre Heckenauer.

« Il n'y a pas de principes : il n'y a que des événements ; il n'y a pas de lois : il n'y a que des circonstances, et l'homme supérieur les épouse pour les conduire. »

Balzac.

Quel roman que sa vie !

« *Volontiers causeur pourvu qu'on l'écoutât parler de lui-même, il tirait une certaine vanité de ses exploits et de la famosité de son nom.* »

A. CHENU.

Cet homme trapu à la tête énorme, aux yeux enfouis sous de lourdes paupières, cet homme dont on ne sait si la physionomie est terrifiante ou réconfortante, cet homme qui s'engouffre à l'instant dans une allée sombre au grand dam d'une colonie de rats, cet homme c'est François Vidocq, le chef de la brigade de Sûreté, le « Napoléon de la police ».

Son ombre caresse des murs gris derrière lesquels il n'est pas rare d'entendre des cris de gens agressés. Pendant une partie de la nuit, il lui faudra respirer l'atmosphère fétide des bouges, jaspiner l'argot s'il rencontre des « escarpes [1] », et, au retour, ramener des « pégosses [2] ». Il opère le plus souvent en personne dans ces recoins sordides que Paris dissimule derrière ses palais, ces « rues déshonorées autant que peut l'être un homme coupable d'infamie ».

Lorsque Vidocq inspecte ces bas-fonds, il est affublé de haillons : une casquette de loutre, déformée par la pluie, lui enveloppe la tête, un paletot en loques sur lequel il porte un sarrau bleu, un pantalon de toile et des

---

1. Malfaiteurs.
2. De la vermine.

9

souliers percés de porteur d'eau complètent son misérable costume. Ainsi travesti, il peut entreprendre sa chasse. Quand des passants le croisent, il prend l'allure d'un rôdeur, souhaitant qu'on lise un passé louche dans le balancement de ses épaules. En croyant serrer la main à un complice, des truands se livrent alors à un mouchard.

Tel serait Vidocq, selon ses thuriféraires, à la lueur blafarde des réverbères du boulevard du Crime dans le Paris secret de Balzac. On est en droit de se demander si ce portrait, transpirant l'anecdote, correspond un tant soit peu au vrai Vidocq, le célèbre forçat devenu chef de la Sûreté parisienne.

Avant d'être Vautrin chez Balzac, Valjean chez Hugo, Jackal chez Dumas ; avant d'apparaître au théâtre, au cinéma puis à la télévision sous les traits de Bernard Noël et de Claude Brasseur ; avant d'être un héros de fiction, Vidocq fut un être de chair et de sang.

On peut parfois en douter, l'homme ayant lui-même brouillé les pistes en livrant au public le récit picaresque d'une existence qu'il interpréta comme s'il avait eu, sa vie durant, à évoluer sur une scène de théâtre.

Il est malaisé de dévider le fil de cette existence, car le personnage est masqué par le mythe, et son histoire tombée dans la légende. Il est surtout très difficile de reconstituer le vrai visage de ce nouveau Protée tant il avait la capacité de se métamorphoser.

A côté de son bureau de chef de la Sûreté, Vidocq avait fait aménager une véritable loge de comédien, réunissant un grand nombre de costumes et de postiches grâce auxquels il triompha dans mille enquêtes sous les traits d'un général, d'un roulier ou... d'une duchesse.

Il a fréquenté les grands acteurs de son temps, le jeune premier Laferrière et, surtout, le « Kean français », Frédérick Lemaître, dans les archives duquel on a retrouvé cette note : « Vidocq ! Il me consulte, il veut jouer la comédie [1]. »

« Vidocq est un homme d'intelligence et de caractère, seulement un peu tourmenté du besoin de faire parler de lui », a observé un de ses supérieurs [2]. Il aimait à relater ses prouesses « comme un général eût raconté ses combats ». Il a souvent dit que la police avait, elle aussi, ses champs de bataille. Un sentiment constituait tout à la fois son égide, sa garantie et son talisman : la haute estime qu'il avait de lui-même [3]. L'égotiste par excellence !

Dans ses Mémoires qu'il fait publier avec enthousiasme en 1828, Vidocq se rêve en héros de roman, il se pique de devenir aux yeux de tous un indomptable animal de combat et souhaite présenter à l'Histoire son meilleur profil. Épouvanté à l'idée de répandre aux quatre vents de l'indifférence ses précieux souvenirs, il s'est ingénié, avec des professionnels de la plume, à faire frissonner le lecteur en le poussant violemment dans le monde des brigands et des assassins. Dans ce décor envoûtant, son personnage emblématique acquiert un singulier relief, même s'il affirme qu'il s'est contenté d'emprunter à la vie réelle l'un de ces romans vrais qu'elle se plaît à fournir.

Si disert à propos de ses exploits de policier, il est plus sobre à l'égard de ses actions de bandit en rupture de chaîne. A l'en croire, ses méfaits de jeunesse n'ont été que des vétilles et il a toujours été blanc comme neige. Ne comptons pas davantage sur lui pour relater ses missions politiques. Il cultive le secret, farouchement. Ses principaux biographes l'ont suivi sur le chemin qu'il a lui-même tracé en répétant ses affirmations avec tant de conviction qu'ils en ont omis les guillemets.

— Mes archives, elles sont là ! disait Vidocq en montrant son front.

---

1. Baldick, *La Vie de Frédérick Lemaître, le lion du boulevard*, p. 205.
2. Gisquet, *Mémoires*, t. II, p. 274.
3. Ledru, *La Vie, la Mort et les Derniers Moments de Vidocq...*, p. 13.

Fort heureusement pour l'historien, de nombreux documents n'ont pas été détruits. Ils nous permettent ici de rendre à l'œuvre littéraire ce que nous retirons à l'homme. Ce n'est pas seulement Napoléon qui aurait dû s'exclamer au soir de son existence :

— Quel roman que ma vie !

1

La cérémonie des fers

> « *Il est trop vrai qu'une fois chargé de fers, le condamné se croit obligé de fouler aux pieds tout ce que respecte la société qui le repousse. Sa charte est la longueur de sa chaîne et il ne connaît de loi que le bâton auquel ses bourreaux l'ont accoutumé.* »
>
> VIDOCQ.

En ce froid mois de décembre 1797, une lueur sale filtre à travers de gros nuages obscurs qui rendent plus lugubre encore la cour des fers de la prison de Bicêtre, une vaste cour puante et charognarde aux pavés défoncés de place publique. Gardes-chiourme et forçats se toisent à la triste clarté de cette aurore ; les premiers harcèlent les seconds d'aboiements stridents dès qu'il faut obtenir un alignement réglementaire. Tandis qu'une cloche tinte pour glacer le sang des condamnés, des gardiens, en uniforme bleu, traînent et préparent sur le pavé retentissant les longues chaînes qu'ils se plaisent à appeler les « ficelles ». Ce funèbre tintamarre fait jaillir des fenêtres de Bicêtre, entre les barreaux, des têtes faméliques. Une voix, faussement goguenarde, s'élève :

> *La chaîne, c'est la grêle.*
> *Mais c'est égal,*
> *Ça n'fait pas d'mal.*

Les juremens se mêlent aux mauvaises plaisanteries sans parvenir à couvrir la *Complainte du galérien*. Son

13

interprète, engourdi, avec son masque immobile de peau tannée, se fait violence. C'est un « cheval de retour », un forçat évadé qui a été repris. Il gronde d'une voix plus forte que lui :

Nous aurions tort de nous plaindre,
Nous sommes des enfants gâtés,
Et c'est crainte de nous perdre
Que l'on nous tient enchaînés.

Ces paroles — dites d'une voix qui brûle, rauque et caressante à la manière d'un vent d'est — un jeune condamné, entré le dernier dans la cour par le guichet, les répète pour lui-même, dans une intonation sourde, voilée. Il s'y accroche, les imagine comme de larges entailles fendant les pans lépreux des murs. Un spectateur attentif, ou simplement curieux, aurait pu remarquer, dans le regard de ce garçon de vingt-deux ans, une étrange lueur. Il aurait pu y déceler également une surprenante assurance : celle que manifestent les personnes en proie à une idée fixe.

Ce garçon, qui se laisse bercer par la *Complainte*, se nomme François Vidocq. Son idée fixe : l'évasion.

On l'escorte, on fait cercle autour de lui, il a été dépouillé de tous ses vêtements, sans exception. Les hardes des condamnés sont vendues sur-le-champ à des fripières qui en disputent âprement le prix avec les gardes. Les nippes sans valeur sont brûlées. Cent vingt et un pauvres bougres sont là, nus comme des vers, des criminels que leur condamnation transforme en un numéro d'écrou. Vidocq se voit à la limite du gouffre, au bord des chagrins sans retour, de l'extrême chute. Quel sentiment l'emporte en lui ? Il gonfle ses joues, se caricature, ferme les yeux pour mieux refuser une scène noire de crasse.

Ce jour, maudit entre tous, lui inflige la plus grande des épreuves : l'enferrement avant le départ pour le bagne de Brest.

Des mains le fouillent, indifférentes, jusque dans les parties les plus intimes de son corps, pour s'assurer qu'il ne dissimule pas un « planque », un tube cylindrique d'une dizaine de centimètres dans lequel les forçats les plus ingénieux cachent de fines lames de scie à métaux. Cette humiliante exploration terminée, Vidocq revêt un grossier habit en toile grise à serpillière, l'uniforme du voyage. Sa tignasse broussailleuse gît à ses pieds, il a le crâne rasé.

Armés de bâtons, les gardes-chiourme le conduisent avec une trentaine de ses malheureux camarades de l'autre côté de la cour, où les cordons de fer allongés sur le sol les attendent. Ainsi développés à terre, ces cordons font songer à une grande arête de poisson. On essaye de faire passer la tête de Vidocq dans un collier triangulaire — la « cravate » —, précaution nécessaire pour que ce carcan ne puisse s'enlever d'une tête trop petite. Mais l'affreux bandeau s'arrête au front, comme une couronne du malheur, la figure de notre personnage étant « bovine, large du front, bestiale du bas, solide, inquiétante, d'un caractère étrange [1] ». Il doit maintenant se plier en deux, offrir sa nuque pour que deux forgerons de la chiourme, munis d'enclumes portatives, rivent à froid le boulon du collier, à grands coups de marteau qui font rebondir le menton du patient. Ce dernier se sent pâlir, et la sueur perle sur son visage. Il s'efforce de ne pas bouger un cil, le moindre mouvement contraire lui broierait le crâne comme une vulgaire coquille de noix.

C'est fini ! François Vidocq regarde avec dépit les anneaux qui le fixent à la chaîne commune ; cette grande chaîne, dont il constitue maintenant un simple maillon, ce fleuve des réprouvés qui s'apprête à couler jusqu'à la mer, jusqu'à Brest. Les enchaînés effectueront ainsi leur procession sans jeter une seule clameur tant ils sont maintenant en proie au désespoir.

_____
1. Gozlan, *Balzac chez lui*, p. 207.

15

Le bagne ! C'est précisément à cet instant qu'un prisonnier « ordinaire » renonce à l'espérance d'un meilleur sort. A Bicêtre, du moins trouvait-on encore de l'air à respirer et de la liberté en perspective par le biais d'une demande en grâce dont on espérait jusqu'au bout le bon résultat. Mais le jour du départ de ce sinistre attelage d'hommes, le sol se dérobe sous les pieds. Se dresse dès lors entre le condamné et le monde une muraille qui va grandir à chaque pas que fera la longue colonne de chair et de fer en approchant du bagne.

La grâce, Vidocq ne l'avait guère escomptée. Il misait davantage sur son talent à fausser compagnie aux gardes-chiourme. Combinant nuit et jour les moyens de sortir de Bicêtre, il estima qu'il y parviendrait après avoir percé le carreau du Fort-Mahon d'où il gagnerait les aqueducs pratiqués sous le bâtiment. Dans la cour des Fous, une perche tiendrait lieu d'échelle pour franchir le mur. Cette audacieuse tentative échoua sous les aboiements et les crocs menaçants des molosses qui réveillèrent leurs maîtres.

Les curieux, munis de billets pour assister à Bicêtre au triste spectacle du départ de la chaîne, n'ont peut-être pas été sans remarquer Vidocq parmi les prisonniers de son âge dont la plupart ont l'air hébété ou idiot. Bien qu'on le pousse dans une fratrie broyeuse d'individus, il n'a rien perdu de sa personnalité. L'œil se veut narquois et le sourire malicieux au bord de sa joue ronde.

Vidocq a été placé dans le premier cordon, celui des forçats dangereux par leur adresse et leur influence. Malgré ses chaînes, il ferait beau voir son visage brouillé de larmes ravalées. Ce n'est pas lui qui pourrait feindre devant ses gardiens une fidélité de dogue mêlée à une humilité ancillaire. Il ne doit pas s'avouer battu, il faut se jouer des avanies, tout est là !

Mais quelle que fût sa capacité de résistance en cette journée si cruelle, le futur chef de la Sûreté n'oubliera jamais la terrible épreuve de l'enfermement, au point de la relater dans ses Mémoires avec moult détails, une évoca-

16

tion pathétique qui inspirera très largement Victor Hugo pour *Le Dernier Jour d'un condamné*.

La plume du poète dépeint cette cérémonie des fers comme un rituel luciférien, un sabbat où les chaînes s'entrechoquent en cadence, où les forçats, devenus démons, lancent leurs imprécations ; le narrateur se dit épouvanté « de voir tant d'étincelles reparaître dans cette cendre [1] ».

Cette littérature imposera l'image romantique et exaltante des grandes figures du bagne, celle de Vidocq en tête, une héroïsation baroque qui ne sera pas pour déplaire à notre personnage.

Au passage de la chaîne des bagnards sur la route de Brest, les villageois cherchent à reconnaître les assassins. Sitôt identifiés, on les couvre de terre et de boue, on leur jette des pierres à la figure — la foule n'est alors qu'un cri. Les affaires de Vidocq n'ont pas défrayé la chronique, ses mains ne sont pas ensanglantées, il ne subit donc pas de tels sévices, mais il est abreuvé d'injures par la population et reçoit les coups de bâton des argousins — ainsi appelle-t-on les gardiens, presque tous Auvergnats à grosses moustaches. Avant d'arriver à destination, Vidocq tente une nouvelle fois de se sauver, vainement, car il se foule les pieds en sautant d'une muraille trop élevée. Sa détermination n'est en rien ébranlée. Parvenu au bagne de Brest, il s'exclame :

— Je n'y resterai pas huit jours !

Quel aplomb ! Et à cet âge, vingt-deux ans...

Quel chemin a-t-il parcouru pour en arriver là ?

---

1. Hugo, *Le Dernier Jour d'un condamné*, chap. XIII.

2

Le Vautrin

« *Né dans un siècle où les lumières n'étaient pas très répandues, doué d'ailleurs d'un caractère trop ardent pour me livrer à des études sérieuses, mon éducation fut très négligée.* »

VIDOCQ.

Eugène-François Vidocq, fils de boulangers, est né à Arras, rue du Miroir-de-Venise (actuellement rue des Trois-Visages), le 23 juillet 1775, à deux heures du matin, sous les éclairs d'un violent orage. Parmi les quelques têtes qui se succèdent au-dessus de son lit d'enfant, il ne tarde pas à en remarquer une dont la seule apparition le fait pleurer : une large figure, avec une verrue disgracieuse au-dessus de la tempe gauche, une peau blanche qui voit rarement le soleil, un torse volumineux, la boule de l'estomac très marquée, c'est le père, Nicolas Vidocq. Ses mains sont également très développées et le petit fera vite leur connaissance, à ses dépens.

Les corrections pleuvent, l'enfant ne donnant aucune satisfaction à ses parents qui auraient aimé, en désespoir de cause, le voir leur succéder au fournil.

Et pourtant, les fées, autour du berceau du petit Vidocq, n'ont pas lésiné sur le coup de baguette. Pourvu d'une constitution robuste à la musculature puissante, d'une force et d'une dextérité naturelles, il fait figure de colosse et passe son temps à rosser ses camarades. Ce batailleur écope d'un surnom, le « Vautrin », ce qui signifie le sanglier dans le patois de l'Artois [1]. A huit ans, il est la terreur des chats, des chiens et des garnements du voisinage ; à treize, il préfère à ses poings le fleuret, qu'il manie comme un homme depuis qu'il fréquente assidûment les salles d'armes. D'où de nombreux duels lui valant une réputation de bretteur imbattable.

Pas méchant, il s'en faut, mais brutal, et fier d'être craint. Ce fameux gaillard, très « physique », n'est pas inintelligent : son œil vif et pénétrant plaide en sa faveur.

Son père, boulanger, relativement fortuné car il est aussi marchand de blé, peut être considéré comme un bourgeois d'Arras. D'abord établi à Lille où les affaires ont été bonnes pour lui, il s'enrichira encore grâce à la Révolution [2].

Curieux de tout, le bonhomme dévore quantité de livres à travers un pince-nez posé sur le bout de son appendice, avec l'expression d'un affamé en quête de nourriture. Son fils le déçoit, il fréquente plus l'école de la rue que celle du savoir. « Né avec un tempérament bouillant », disent tous les témoins, François Vidocq passe auprès des habitants d'Arras pour « un vagabond et un mauvais sujet [3] ».

Le garnement dispose d'une alliée qui, jamais, ne le trahira : sa mère, Henriette Vidocq, née Dion. Fascinée par la personnalité de ce beau garçon, si plein de vie, si charmeur, elle lui accorde immédiatement une nette préférence devant ses deux autres enfants, François-Guislain, lequel trépassera prématurément, et Augustine qui, elle, ne mourra qu'à l'âge de quatre-vingt-douze ans, en 1874.

Cette mère idéale ou idéalisée, François Vidocq la surnomme « Marioune », d'un nom câlin qui résume sa silhouette, ses gestes calmes et son regard maternel sans

---

1. Balzac ne semble pas s'être inspiré de ce patois pour donner le nom de Vautrin à son célèbre héros. Si des forçats appellent Vautrin « le Sanglier » dans une scène de *Splendeurs et Misères des courtisanes* (Garnier, 1987, p. 535), c'est parce qu'il porte une soutane. En argot, un sanglier veut dire un prêtre, ainsi que le rapporte Vidocq dans *Les Voleurs*.
2. Archives nationales, BB[21] 166, lettre du procureur du Nord, 25 messidor, an XIII.
3. *Ibid.*, lettre du substitut du procureur à Arras, 17 thermidor, an XIII.

réserve. Dans la rue, le jeune garçon joue à la brute épaisse mais, à la maison, dans les bras de sa mère, il redevient un petit garçon presque délicat. Toute sa vie, il aura des attitudes antinomiques. Vidocq nous étonnera lorsque, devenu marchand forain, il choisira de se spécialiser dans la mercerie et la bonneterie. Lui, pourtant si viril, « parlera chiffon » avec ses clientes et vendra de la mousseline.

Veuve en 1799, Henriette Vidocq aura la possibilité, grâce à l'héritage perçu, de secourir régulièrement son fils bien-aimé. « Elle a tout fait, tout sacrifié pour lui », nous apprennent les documents conservés [1]. Vidocq ne sera pas un enfant ingrat. Lorsqu'il s'établira à Versailles en 1805, il vivra avec sa mère « par amour et par reconnaissance ». Henriette Vidocq s'éteindra chez son fils, à Paris, rue de l'Hirondelle, en 1824.

Le jeune Vidocq est doué mais paresseux, sensible mais égocentrique. Et surtout cupide. Que n'entreprendra-t-il pas pour remplir ses poches !

Quand son amour-propre est en jeu, rien ne peut plus l'arrêter [2]. Il ne doutera jamais de sa grande supériorité sur le commun des mortels. Elle lui confère, affirme-t-il, toutes les compétences. Forçat évadé, il sera le spectateur le plus enthousiaste de ses propres exploits ; policier, il se croira indispensable. Lorsqu'un interlocuteur émettra un doute sur ses qualités « irremplaçables », Vidocq s'efforcera, pour convaincre, de convertir « l'apparence en réalité et la recherche en trouvaille [3] ».

D'aucuns soulignent avec retenue « les erreurs de son enfance ». Apologiste de Vidocq, l'historien Jean Savant s'évertue à édulcorer le récit de ses premières années, à l'instar de l'intéressé lui-même qui a attribué « sa morale

---

1. Arch. nat. BB²¹ 166, lettre du procureur du Nord, 25 messidor, an XIII.
2. Chenu, *Les Malfaiteurs*, p. 143.
3. Moreau-Christophe, *Le Monde des coquins*, t. I, p. 193.

21

un peu relâchée » au manque d'autorité de son père [1] et au coupable exemple de son frère aîné, dont on sait si peu de choses qu'il pourra affirmer ce qu'il voudra sans courir le risque d'être contredit [2].

Jean Savant a avancé que les parents de Vidocq étaient pauvres, ce qui expliquerait ses besoins d'argent et sa tentation de voler. L'argument ne tient pas. Vidocq avouera avoir dérobé dans le comptoir paternel une somme importante pour l'époque, près de dix mille francs d'aujourd'hui. Sa famille n'était donc assurément pas dans le besoin et nous nous appuyons sur des documents qui le prouvent. Même veuve, Henriette Vidocq vivait aisément. C'est elle qui financera la marchandise de son fils lorsqu'il sera commerçant [3].

Vidocq n'a pas été élevé dans un milieu défavorisé et inculte comme on l'a trop souvent écrit. Il suffit d'observer le vocabulaire et les références qu'il emploie dans une demande de grâce, adressée à l'empereur Napoléon Ier en 1805. Certes, un avocat a pu l'aider de ses conseils. Il semble cependant avoir participé activement à la rédaction de cette lettre dont le style est déjà celui que l'on retrouvera dans sa correspondance de chef de la Sûreté et dans ses livres [4].

L'éducation de François Vidocq a été rigoureuse. L'écolier négligeait-il ses leçons ? Il s'attirait une vive remontrance de son père. Blessait-il un de ses camarades ? Il recevait une paire de gifles. Puisait-il dans le tiroir-caisse de la boulangerie à l'aide d'une plume enduite de glu ? Un séjour à la prison des Baudets qui abritait les vauriens d'Arras l'attendait.

Malheureusement, Vidocq multiplia les larcins sans jamais s'amender et, surtout, il refusa l'ultime proposition de son père de recevoir une de ces éducations oratoriennes

---

1. *Histoire de Vidocq par G...*, p. VI.
2. Savant éd., *Les Vrais Mémoires de Vidocq*, p. 279.
3. Arch. nat. BB[21] 166.
4. *Ibid.*, lettre de Vidocq à l'Empereur.

qui coûtaient si peu aux parents et qui faisaient des hommes forts en latin, en rhétorique et en philosophie.

C'est son esprit d'indépendance qui le poussera à bousculer son destin par n'importe quel moyen. C'est aussi un indéniable manque de scrupules. Il ne craint pas les sanctions, estimant pouvoir se sortir des situations les plus difficiles, voire en tirer profit. Servi par sa puissance d'assimilation, il est doté d'un esprit vif, comme en témoigneront ses futurs exploits de forçat insubordonné. La préparation, l'exécution d'une évasion exigent des qualités d'intelligence, de dissimulation, d'énergie et de courage.

Jeune homme déjà, François Vidocq peut constater avec satisfaction que ses interlocuteurs sont suspendus à ses lèvres. Il sait si bien les saouler de mots, leur distiller ses arguments, avec un phrasé très particulier, un *tempo soprano* qui soudain s'abat sur la chute de la phrase, la laisse s'envoler, planer un temps. C'est unique et... envoûtant. « Vidocq parlait mieux, et, surtout, plus à propos que les trois quarts de nos meilleurs avocats », affirmeront ses contemporains. Sa dialectique est semblable à « un tissu qu'on ne peut rompre, à un poignet qu'on ne peut fléchir [1] ».

Dans ses Mémoires, Vidocq raconte à sa façon les premières circonstances qui l'ont conduit au bagne, en bâtissant un roman dont le héros est une victime en butte à une perpétuelle tragédie.

Quel crédit peut-on accorder à son récit ?

Force est de considérer que sa personnalité très marquée lui a, dès le départ, attiré les pires ennuis, mais peut-être devrions-nous nous méfier d'un mythe, celui de la société qui « consomme l'irréparable abandon d'un être pensant », le mythe du pauvre bougre envoyé au bagne pour avoir seulement volé un pain, comme le Jean Valjean

---

1. Rabbe, Vieilih de Boisjolin et Sainte-Preuve, *Biographie des contemporains*, 1834, t. V, p. 865-866.

de Victor Hugo, personnage né notamment de la lecture des Mémoires de Vidocq.

Les faits, parfois crédibles, rapportés par lui-même dans ses Mémoires ne sont pas toujours vérifiables, ayant eu pour cadre une période de totale désorganisation.

Ernest d'Hauterive, éminent historien de la police de Napoléon, le mentionne comme banqueroutier [1], ce qu'il n'a assurément jamais été. Ne pouvant ignorer l'importance de Vidocq dans la littérature et la mythologie populaires, M. d'Hauterive se racheta en faisant publier un document historique de première importance concernant notre personnage, une fiche établie à son nom dans les bureaux de la police générale pendant les dernières années de l'Empire et ainsi formulée : « François Vidocq, chef de voleurs échappé des fers. Il n'a vécu que de crimes. Il sert la police [2]. »

Ce rapport nous semble décrire un Vidocq plus proche de la réalité que celui dépeint dans ses Mémoires, texte souvent fantaisiste rédigé en partie par des « teinturiers [3] », nous livrant une version romancée de sa vie qui sent incontestablement la casuistique et qui, comme beaucoup de Mémoires, ne paraît pas sincère sur bien des points. Visiblement, Vidocq a rédigé des notes qui ont servi à la rédaction de ses Mémoires où il se confère toutes les qualités : « J'avais confiance dans ma présence d'esprit. Elle ne m'abandonnerait jamais... Mon activité ne ralentissait jamais... Ma force corporelle et mon intrépidité [4]... »

Le Vidocq des Mémoires n'est pas étouffé par la modestie, et cela paraît bien avoir été un trait authentique. Pour le reste, nous mettons en doute l'exactitude du récit car il est loisible de dresser un parallèle avec certains romans du

---

1. Hauterive, *La Police secrète du Premier Empire*, 1913, t. II, p. 604.
2. *L'Intermédiaire des chercheurs et curieux*, juillet 1910, p. 34.
3. On appelle un « teinturier » celui qui est chargé par l'éditeur d'arranger les Mémoires d'une personnalité à partir de ses confidences ou de ses papiers. Aujourd'hui, on dirait « nègre ».
4. Savant, *op. cit.*, p. 134-135, 145.

XVIIIe siècle qui devaient être familiers à un écrivain tel que Louis l'Héritier, un des « réviseurs » des Mémoires. Nombre des pérégrinations que se prête Vidocq semblent bien avoir été tirées de différentes sources livresques. Sa vie ressemble parfois singulièrement aux espiègleries et aux aventures galantes de Bigand, héros du roman du chevalier de Mouhy [1], *La Mouche*, tandis que ses prouesses amoureuses sont comparées dans le texte même des Mémoires à celles de Faublas, principal personnage d'une histoire licencieuse de Louvet qui eut une grande vogue à la fin du XVIIIe.

Aussi utilisera-t-on ces Mémoires avec circonspection et donnerons-nous la préférence aux documents et aux témoignages réunis par le ministère de la Justice à diverses périodes de la « carrière » de Vidocq [2], afin de reconstituer au plus près de la vérité la vie de notre héros.

François Vidocq n'a pas seize ans quand il fuit nuitamment la ville d'Arras, après avoir dévalisé ses parents, et ce ne fut pas un chapardage minime comme on l'a trop souvent écrit : dix mille de nos francs !

Le malandrin se rend tour à tour à Dunkerque, Calais, Ostende, dans l'intention de s'embarquer pour l'Amérique, objet de tous ses vœux et but de toutes ses manœuvres. Hélas, avant d'avoir pu gagner le Nouveau Monde, son argent passe dans une autre poche que la sienne, celle d'un escroc qui l'a entraîné dans une beuverie pour lui voler ledit pactole. Dès lors, son avenir l'inquiète d'autant plus qu'il n'a aucune ressource pour le présent.

Le Vautrin de Balzac fera sien cet adage que Vidocq aime à répéter : « N'est-ce pas une belle partie à jouer que d'être seul contre tous les hommes et d'avoir la chance [3] ? » Vautrin et Vidocq ne font décidément qu'un, nous aurons l'occasion de le constater régulièrement.

---

1. Fieux de Mouhy, *La Mouche*, 1736 (Bibliothèque nationale Y^2 7077).
2. Arch. nat. BB^{21} 166, dossier Vidocq.
3. Balzac, *Le Père Goriot*, Garnier, 1981, p. 118.

Vidocq doit-il rentrer à Arras dans ces conditions pitoyables ? Osera-t-il avouer son échec ?

Un emploi peu reluisant se présente à lui, il l'accepte et oublie pour un temps ses prétentions. Il devient l'homme à tout faire d'une ménagerie ambulante, dirigée par un personnage haut en couleur, à la fois savant et prestidigitateur, qui se fait appeler sans rire « Comus, premier physicien de l'univers [1] ». Peu érudit mais très habile dans son art, il donne des représentations durant lesquelles il fait tonner et grêler, devine l'âge et la pensée d'une personne, suspend des montres au plafond...

On imagine le jeune Vidocq abandonner un instant les cages des animaux dont il assure l'entretien pour ne pas manquer le clou du spectacle : Comus arrive en scène versant le vin d'une bouteille dans un verre, le porte à ses lèvres mais, se ravisant, en jette le contenu sur les spectateurs les plus proches.

Le vin est devenu bouquet de roses !

Au bout d'un mois, dégoûté de nettoyer la cage des singes, Vidocq s'enhardit à demander à Comus un emploi plus artistique — prémices de son goût pour le spectacle qui se développera à la fin de sa vie lorsqu'il sera devenu un personnage de légende.

Il suit alors des cours d'acrobatie qui lui seront très utiles au bagne pour faire le mur, mais, dans l'immédiat, il ne se montre guère passionné par les contorsions et le métier de sauteur. Puis ses employeurs lui demandent de revêtir une peau de tigre pour se déguiser en anthropophage des mers du Sud. Il s'agit cette fois d'impressionner

---

1. Jean Savant a confondu ce personnage avec un autre prestidigitateur, Ledru (1731-1807), surnommé lui aussi Comus, grand-père de Ledru-Rollin. A l'époque de la jeunesse de Vidocq, ce savant ne jouait plus les saltimbanques en roulotte, ayant été nommé chef d'un important service d'électrothérapie sous le contrôle et avec l'appui de la Faculté. Déjà, en son temps, le « Comus » de Vidocq entretenait la confusion pour attirer les foules à ses démonstrations (Torlais, *Un prestidigitateur célèbre, Ledru dit Comus*, 1957 - Bibl. nat. 8° Ln^{27} 72485).

le public en engloutissant devant lui plusieurs kilos de viande crue, supposée d'homme. C'en est trop et... c'est indigeste !

Vidocq quitte la troupe de Comus pour un théâtre de marionnettes où l'accueillent un bateleur et sa femme, une jolie brunette de seize printemps. Il ne faut pas trois jours pour que cette belle créature devienne sa maîtresse. Hélas, pendant une représentation, une marionnette tardant à faire son entrée en scène, le mari se retourne et voit dans les coulisses son épouse échanger un baiser fougueux avec Vidocq. Ce dernier doit fuir au plus vite.

Il regagne enfin Arras après avoir été au service d'un négociant ambulant en élixirs. Nouvel enfant prodigue, il se précipite dans les bras de sa mère, l'implore et obtient aisément son pardon. Quant à la colère paternelle, elle se laisse fléchir à la bonne parole d'un ami de la famille, Pierre-Thomas Le Pesteur, aumônier du régiment d'Anjou.

Les hagiographes de Vidocq affirmeront qu'il avait l'étoffe d'un corsaire, qu'il aurait dépassé Jean Bart et Robert Surcouf s'il avait eu l'opportunité de s'embarquer durant cette première malheureuse escapade. S'ébattre entre mer et nuages n'aurait pas déplu à notre aventurier, mais encore aurait-il fallu se montrer patient et accepter des emplois subalternes avant de commander un navire. Cette forte tête ne réussira pas davantage une brillante carrière dans l'armée, bien que les guerres de la Révolution aient abondé en jeunes généraux car elles permirent l'ascension spectaculaire de nombreux soldats, par l'héroïsme qu'elles nécessitaient et l'idéal qu'elles défendaient.

« Si au lieu de me jeter follement comme un cheval fougueux dans l'abîme, dira Vidocq, j'avais pris la place pour laquelle j'étais destiné par l'intelligence et l'énergie que le ciel m'avait départies, je serais devenu aussi grand que Kléber, Murat et les autres. Tête et cœur, je les valais et j'aurais fait comme eux. Le théâtre m'a manqué[1]. » Il écrira, avec un art consommé, des pages indignées sur l'homme qui n'est pas maître de l'Histoire mais jouet de la fatalité. En réalité, il n'a pas cru à la filière militaire et, surtout, il semble avoir manqué de cet enthousiasme désintéressé et de cette bravoure prodigieuse qui firent de Ney, Lannes, Augereau, des héros.

Le 10 mars 1791, il s'engage au régiment de Bourbon-Infanterie. On l'immatricule sous le numéro 1843, et on l'inscrit dans une compagnie de chasseurs. Il est vite surnommé « Sans-Gêne » en raison de son caractère turbulent qui lui vaut de très nombreux duels. D'humeur difficile, ombrageux, il expédie en six mois une dizaine de rivaux dans l'autre monde ou à l'hôpital.

L'année suivante, au soir de la bataille de Valmy, il est nommé caporal de grenadiers, mais ses nouveaux galons ne l'empêchent pas de chercher querelle à un sergent-major. Menacé de conseil de guerre, l'incorrigible bretteur déserte et court s'engager dans un autre régiment, le 11ᵉ chasseurs, avec lequel il prend part à la bataille de Jemmapes.

Certains faits militaires de Vidocq sont tellement enjolivés dans ses Mémoires qu'on ne peut en tenir compte. Il multiplie les hâbleries, les contrevérités, fournit des états de service souvent vagues et contradictoires. L'explication est simple :

Vidocq a fait le mauvais choix, celui de suivre en avril 1793 le général Dumouriez dans le camp ennemi. Le héros de Jemmapes avait harangué ses troupes, mais seulement quelques fidèles — dont Valence, le duc de Chartres, futur Louis-Philippe Iᵉʳ, et une poignée d'anonymes comme Vidocq — acceptèrent de trahir la République en accompagnant leur chef chez les Autrichiens.

Grâce à Dumouriez, Vidocq côtoya deux « amazones de la liberté », les demoiselles Fernig. Ces femmes soldats,

_____
1. Ledru, *op. cit.*, p. 13-14.

courageuses comme des hommes, ne sont pas évoquées dans ses Mémoires, le futur chef de la Sûreté ne devait parler d'elles que des années plus tard... en 1832, sous la monarchie de Juillet, lorsqu'il sera opportun de rappeler qu'il a servi sous les ordres de Louis-Philippe : « J'étais alors dans le régiment de chasseurs de Normandie, cavalerie, et en ordonnance auprès des demoiselles Fernig, aides de camp du général Dumouriez[1]. » Les récits de Vidocq sur Félicité et Théophile Fernig inspireront de très belles pages lyriques à Lamartine : leurs habits d'hommes, leurs visages voilés par la fumée de poudre, leurs lèvres noircies par les cartouches qu'elles avaient déchirées avec les dents, rendaient ces deux héroïnes de la liberté méconnaissables aux yeux même de leur propre père[2].

Mis hors la loi par la Convention, Dumouriez est devenu politiquement infréquentable. Vidocq comprend rapidement qu'il vaut mieux faire silence sur son passage à son service. Il a conscience que son attitude n'a pas été franchement « patriote » si on la compare à celle d'un colonel d'un bataillon de volontaires, un certain Davout, qui, lui, a donné l'ordre de tirer sur Dumouriez en apprenant la trahison du général en chef à un moment plutôt défavorable pour la France dont la frontière nord était désormais largement ouverte à l'invasion.

Passé dans le camp autrichien avec Dumouriez, à Ath, le 5 avril 1793, Vidocq bénéficie d'une amnistie qui lui permet de rejoindre les Français et de réintégrer son régiment, mais il ne présente pas les qualités requises pour devenir général de la Révolution et plus tard maréchal de l'Empire. Son destin est ailleurs. La vie ascétique qui fait le bon soldat n'est pas pour lui, il aime trop les plaisirs de la vie et, surtout, la gent féminine.

---

1. *L'Intermédiaire des chercheurs et curieux*, juin 1910, p. 831.
2. Lamartine, *Histoire des Girondins*, 1984, t. II, p. 187 à 190.

3

Le joli cœur

« *J'ai trop aimé les femmes. Mais je n'en ai pas
débauché une seule...* »

VIDOCQ.

Vidocq est la coqueluche des dames et s'en fait le grelu-
chon, du moins s'en vante-t-il. Le principal ressort de sa
séduction réside dans sa prompte utilisation des situations,
la mise à profit immédiate des circonstances, à la manière
de Casanova : à peine le malheureux mari a-t-il tourné la
tête que déjà la main de Vidocq s'avance pour effleurer
sous le fichu un trésor laissé sans surveillance. Les histoires galantes jalonnent sa brève carrière militaire. Même
si certaines ont été inventées pour agrémenter ses
Mémoires, les histoires réelles demeurent encore très
nombreuses.

A l'issue d'une série de duels, toujours provoqués par
des affaires amoureuses, Vidocq doit quitter le 11ᵉ chasseurs qui ne veut plus de lui.

Au cours de l'été 1793, l'infatigable escrimeur est de
retour à Arras où il ne manque pas de séduire un essaim de
jeunes filles en passant pour le plus fort des garçons de la
ville. Une jolie Constance lui tombe dans les bras, bientôt
remplacée par la fille d'un notaire, suivie de ses trois sœurs
qui ne parviennent pas à calmer ses ardeurs puisque, aussitôt la fin de cette « série », il prodigue ses attentions à
une autre femme, la maîtresse d'un ancien musicien du
régiment. Ce dernier en prend ombrage. Instantanément,
selon sa fâcheuse habitude, Vidocq le provoque en duel.
L'adversaire refuse de se battre, ses principes, dit-il, lui

interdisant toute violence. Peut-être aussi répugnait-il à se colleter avec ce garçon âgé seulement de dix-huit ans. Mais, prêt à tout pour avoir le dernier mot, Vidocq lui crache à la figure, et l'offensé, alors, se résigne au duel. Ils conviennent d'un rendez-vous pour le lendemain sur le terrain.

« Il est bon de vous apprendre que je me soucie de tuer un homme comme de ça ! » s'exclame Vautrin dans *Le Père Goriot* en lançant un jet de salive [1].

Selon Vidocq, le musicien était un lâche qui maniait mieux l'archet que l'épée. Il est vrai que le jour du duel, à l'instant où il espère engager le fer, Vidocq se sent tiré par les cheveux... C'est un gendarme qui le conduit tout droit avec des agents de la municipalité aux Baudets, une prison que connaît notre homme pour y avoir déjà été enfermé. Il affirme dans ses Mémoires que son rival l'a accusé auprès d'un très dangereux terroriste, le citoyen Chevalier, d'avoir comploté avec les aristocrates.

On ne peut accepter aveuglément sa version des faits. Il est aisé de le confondre quand on consulte les documents concernant la période révolutionnaire à Arras.

Incarcéré aux Baudets le 9 janvier 1794, Vidocq dira que sa situation était dramatique, qu'il voyait inéluctablement la guillotine au bout de son chemin.

Et d'évoquer Joseph Le Bon, un technicien de l'extermination fort mal nommé. Cédant à son caractère despotique, renforcé par le sacre de sa tonsure et par le pédantisme de son professorat à Dijon, il signait « Le Bon, prêtre de l'éternel ». Cet oratorien, né en 1765, avait été ordonné prêtre le 25 décembre 1789 par Talleyrand, évêque d'Autun, puis avait abandonné son ministère pour s'inscrire au club d'Arras, ville dont il sera le maire avant de devenir l'un des plus féroces proconsuls de la Convention. « Animé d'une sainte fureur », Joseph Le Bon fera exécuter en série religieuses et prêtres assermentés, et trois

---

1. Balzac, *Le Père Goriot, op. cit.*, p. 118.

rues entières seront balayées de leurs habitants, tous guillotinés.

Vidocq se dira très impressionné par la cruauté de ce personnage, dont, en fait, il ne connaîtra les actes sanguinaires que grâce aux témoignages des voisins, des amis d'Arras, grâce aussi aux livres qui seront consacrés à Le Bon après son exécution, le 17 octobre 1795.

Le jeune Vidocq ne se sentait pas véritablement concerné par les martyrs de la Révolution ; le plaisir des sens l'absorbait tout entier. Bien des années plus tard, il se targuera d'avoir défendu des prêtres qu'on voulait insulter pendant la Terreur. Pourfendeur de l'indicible, il dira s'être battu avec trois dragons qui venaient d'exécuter devant lui les demoiselles Sus-Saint-Léger sur la place de la Révolution à Arras. Or, le 17 mai 1794, jour de cette ignominieuse exécution, Vidocq n'était plus à Arras. Il ne devait regagner sa ville natale qu'au début de l'été 1794, après une nouvelle campagne militaire et un séjour à Lille auprès d'une Delphine, « si belle qu'on l'eût remarquée partout ».

Vidocq ne dit pas non plus la vérité lorsqu'il affirme que sa vie était en danger aux Baudets, véritable antichambre de la mort selon lui. Il est exact que quelques semaines plus tard, l'inscription d'un nom sur le registre des entrées de cette prison pourra être considérée comme un acte de décès. Mais pas en janvier 1794. Ce mois-là, le tribunal révolutionnaire ne prononce qu'une seule condamnation à mort. La guillotine n'a pas encore sévi une seule fois à l'instigation de Joseph Le Bon. Ce dernier se rend à Paris à la mi-février. Ce sont les leçons du Comité de salut public et de Robespierre qui le déchaîneront au point de le décider à porter la terreur révolutionnaire à l'incandescence dans sa bonne ville d'Arras [1].

Or, entré aux Baudets le 9 janvier 1794, Vidocq en est sorti dès le 21 janvier. Douze jours seulement en prison !

---

1. Dhotel, *Joseph Le Bon ou Arras sous la Terreur*, 1934.

Alors que la Convention a mis « la Terreur à l'ordre du jour » en septembre 1793 et voté la loi des suspects. Fallait-il qu'il fût fort peu soupçonné de menées contre-révolutionnaires pour être aussi rapidement libéré !

Il ne sera pas le seul à faire croire sous la Restauration qu'il avait bien failli être victime de la Révolution et que chaque jour, pendant sa détention, il avait craint d'entendre retentir un « Vidocq » lorsque les pourvoyeurs de guillotine aboyaient les noms des malheureux condamnés à gravir l'échelle de Sanson.

En réalité, il n'a aucune opinion politique tranchée. Ne l'oublions pas, il n'a que dix-huit ans. Un âge auquel on est sensible à l'air du temps, aux influences. En ces heures rouges, il faut crier avec les loups, et Vidocq ne s'en privera pas, lui qui, justement, a le verbe haut. Il fraternise avec tout ce qu'il y a de plus abject parmi les sans-culottes pour lesquels il affectera ensuite tant de mépris. Pour obtenir diverses faveurs, il tâche de se faire remarquer par les puissants du jour, comme Delmotte, dit Lantillette, un cureur de puits devenu très influent à Arras, qui dépêchera au couperet de nombreuses victimes. Vidocq fréquentera assidûment la sœur du dénommé Chevalier, un autre terroriste, celui-là même dont il prétendra qu'il fut à l'origine de son incarcération. Il ira jusqu'à épouser la demoiselle Chevalier. Tout ce beau monde fera l'objet d'une chanson vengeresse, au lendemain de la Terreur :

« Voyez-vous ce prêtre carnivore entrer dans les murs d'Arras... Le voyez-vous ce monstre empanaché, tenant un énorme coutelas pendu à son côté... Voyez-vous ce puits dont la corde s'agite... Regardez bien attentivement, vous devez déjà apercevoir le sommet d'un bonnet rouge... C'est le marquis de Lantillette qui va de ce pas au comité révolutionnaire remplir le fauteuil de président. Les Jacobins buveurs de sang prennent chaque emploi important, c'est ce qui me désole... Comprenons sur la même trace le capitaine Chevalier. Qu'il sache qu'ici est la place des sept nommés pour épurer... De

leur rasoir sauvez vos têtes car pour cent francs ils ont fait couper bien des têtes d'innocents[1]. »

Peu fier de sa pitoyable aventure avec la citoyenne Chevalier, Vidocq s'évertuera à accréditer la thèse selon laquelle il ne s'est marié que pour échapper à la guillotine dont le menaçait le jacobin Chevalier. En réalité, il a été dupé. Il semble également avoir laissé faire le sort avec indolence.

Le 8 août 1794, François Vidocq épouse Marie-Anne-Louise Chevalier. Il a dix-neuf ans, elle aussi. Le jeune homme a accepté le mariage parce qu'il croyait sa future femme enceinte, mais, quelques jours seulement après les noces, elle lui avoue que sa grossesse simulée n'avait eu pour but que de l'amener à dire oui. Vidocq n'éprouvait aucun sentiment amoureux pour cette brune « passionnée » dont les grands yeux noirs et la bouche fraîche ne compensaient pas les vilains traits et la silhouette disgracieuse.

— L'habitude de la voir, dira-t-il, me familiarisa avec sa laideur.

Cela n'avait rien de très exaltant, mais il s'était pourtant laissé manœuvrer par ce repoussoir grâce à qui toutes les conquêtes du « Casanova d'Arras » seront vengées.

L'union n'est point heureuse. Le ménage se querelle fréquemment, Mme Vidocq passant la majeure partie de la journée chez son frère.

— Vaut encore mieux guerroyer avec les hommes, soupire Vidocq, que de lutter avec sa femme.

Une réflexion que le Vautrin de Balzac reprendra à son compte[2].

Vidocq a renoué avec ses mauvaises fréquentations qui l'attendent chaque jour au cabaret de la Bouteille noire. La

1. *La lanterne magique ou les grands conseillers de Joseph Le Bon représentés tels qu'ils sont*, 1797 (Bibl. nat. Lb^{42} 243 A).
2. Balzac, *Le Père Goriot, op. cit.*, p. 123.

dot de sa femme est mangée en quelques mois et, lorsqu'il n'a plus d'argent, il doit recourir aux marchandises du petit commerce que le ménage a ouvert.

Mme Vidocq tombe de haut : son idole ne répond pas à ses espérances. Elle trouve une consolation dans les bras de Pierre-Laurent Vallain, adjudant major au 17e chasseurs, un homme de quarante-deux ans autrement plus mûr que son trop jeune époux.

Vidocq, qui a eu vent de cette liaison, surprend les amants en flagrant délit. Il se sent humilié par ce changement de rôle, lui qui s'était amusé à offenser tant de maris. Il pourchasse son rival dans la nuit, le prend à la gorge et le malmène. Suivra un nouveau séjour en prison.

Vidocq échappera à l'enfer conjugal en retournant une fois de plus à l'armée, non sans avoir dérobé au préalable la totalité des bijoux de sa femme. Il ne reverra Marie-Anne-Louise Chevalier qu'en 1805, à la prison de Douai, lorsqu'elle viendra lui signifier le divorce prononcé le 4 juin de la même année.

Très curieusement, en 1820, un certain Émile-Adolphe Vidocq, âgé de vingt et un ans, est condamné à six ans de travaux forcés pour vol, désertion et participation à une conspiration. Ce jeune homme était-il la victime d'un penchant atavique chez les Vidocq ? Non, car, s'il en porte le nom, il n'est pas le fils de Vidocq. Né à Arras le 8 janvier 1799, il est le fruit des amours de Marie-Anne-Louise Chevalier avec Charles-Joseph Leducq, avocat, qui a autrefois étudié sur les mêmes bancs que Joseph Le Bon chez les pères de l'Oratoire. L'enfant a été appelé, à l'état civil, Émile-Adolphe Vidocq, sa mère n'ayant pas encore divorcé. Devenu soldat, on le surnomma Émile Appoléyon, dit Poire d'angoisse ; à ses camarades, il disait qu'il était le fils « naturel » de Vidocq. On l'entendait affirmer aussi : « Mon père est un des chefs les plus éminents de la police et, s'il venait à manquer, je le remplacerais. » Mais aucun doute n'est possible, cet enfant n'est pas de Vidocq pour la bonne et simple raison que le futur chef de la Sûreté était en cavale à l'époque de la conception [1].

Automne 1794 : tout semble consommé pour Vidocq. Déserteur récidiviste, il est voué à des infortunes fulgurantes et à des voyages sans fin.

Ce qui manque assurément au jeune aventurier, c'est un véritable dessein. Au départ, il n'aspirait qu'à la liberté et, pour l'obtenir, il se précipita la tête la première dans une course errante, se condamnant dès lors à vivre d'expédients. « Je ne blâme pas nos vouloirs », dira-t-il en pensant qu'il a peut-être manqué de cette ambition susceptible de dévorer un homme, de cette volonté farouche de réussite qui impressionne tant les femmes. Vidocq le concède : « Demandez aux femmes quels hommes elles recherchent, les ambitieux. Les ambitieux ont les reins plus forts, le sang plus riche en fer, le cœur plus chaud que ceux des autres hommes. » Balzac en fera une réplique de Vautrin [2].

S'il n'a pas d'ambition précise, l'homme, en revanche, a de la prétention. Il se voit en être supérieur, au-dessus de tout, et notamment des lois. En fait, si le futur chef de la Sûreté possède un don, c'est celui des passe-murailles que nulle convenance, nulle autorité ne sauraient ligoter. Naviguant au fil des circonstances, il se fond avec aisance dans tout nouveau décor. Voilà sa force !

Autre atout : sa physionomie mobile prend l'expression et la teinte qu'il veut lui donner. Il y règne plus de ruse encore que d'intelligence. Certains de ses contemporains affirment qu'il a un sang-froid imperturbable. Tel un juge sévère, son œil vif et pénétrant semble aller au fond de toutes les questions, de toutes les consciences, de tous les sentiments. En revanche, sous son masque dont on ne retient pas fermement les traits, Vidocq réussit toujours à

---

1. *L'Intermédiaire des chercheurs et curieux*, novembre 1913, p. 610.
2. Balzac, *Le Père Goriot, op. cit.*, p. 120.

se dérober à l'examen. De l'art de voir sans être vu. Toute sa vie, il n'aimera dévoiler ni son visage, ni ses cartes. Quand il ne souhaite pas être reconnu, il a la parole rare, il est prompt à dissimuler sa figure avec ses mains. Ses activités, il les veut invisibles comme les rouages d'une montre [1].

Pour l'instant, en cet automne 1794, Vidocq vit à Bruxelles, refuge des escrocs de tout acabit.

Personne ne parvient à repérer son profil fuyant, pas même les clients du Café turc, un établissement malfamé qu'il fréquente assidûment et où de nombreux étrangers, des « gonses », se font « plumer » aux jeux dits de hasard par de redoutables professionnels. Observateur sagace, le futur « Napoléon de la police » découvre au premier coup d'œil l'odieux manège et y voit aussitôt une possible source de revenus. Il fait chanter les tricheurs, ces derniers achetant son silence par l'abandon de quelques-uns de leurs gains. Pour se justifier, Vidocq dira qu'il a toujours eu de l'aversion pour les jeux. Pas un instant, affirmera-t-il, l'idée ne l'effleura d'imiter les tricheurs dont il avait pourtant saisi le tour de main. Il préfère punir tout en subvenant à ses besoins. Cette philosophie régira souvent sa conduite.

Vivant de complicité d'escroquerie et aussi des largesses d'une femme galante, Vidocq a maille à partir avec les gendarmes. Un jour, il fait mine d'accepter de les accompagner pour une vérification d'identité. En route, il les enivre et leur échappe en fuyant par la fenêtre d'une auberge, en pleine nuit, à l'aide des draps de lit. C'est la première de ses multiples et prodigieuses évasions, accomplies avec un certain panache, qui ne manqueront pas de créer une légende autour de son nom. C'est aussi à cette occasion qu'il a décliné pour la première fois un faux nom à la police, Rousseau. Notre évadé perpétuel se

---

1. Moreau-Christophe, *op. cit.*, p. 194 ; *Le Père Goriot, op. cit.*, p. 23 ; Gozlan, *op. cit.*, p. 207-208.

cachera désormais sous un très grand nombre de pseudo-nymes : Bontemps, Lannoy, Duval, Blondel, Jacquelin, M. de Saint-Firmin, Laurent, Plumard, M. de Saint-Estève (Vautrin accaparera aussi ce nom) et le plus célèbre, M. de Saint-Jules. En se promenant à Paris, sous la monarchie de Juillet, Vidocq, devenu chef de la Sûreté, retrouvera des mauvais garçons, des filles publiques de tout âge, des escarpes en herbe, qui l'interpelleront par son fameux nom d'emprunt : « Eh bien, papa Jules, comme ça va-t-il [1] ? » Ignorant son véritable prénom, la *Biographie des contemporains* consacrera en 1834 une notice à « Jules » Vidocq [2].

De 1794 à 1796, courant sur le pavé luisant du Nord, d'Arras à Bruxelles, de Bruxelles à Paris, de Paris à Lille, Vidocq rencontre un échantillon remarquable des classes dites dangereuses dont il racontera l'histoire en 1845 dans son roman *Les Chauffeurs du Nord* : Labbe, Raoul, Ville-dieu et une bande de Zingari, des Bohémiens qui exercent leur métier de rapine et de vagabondage, sans oublier l'original Saint-Amand. Vidocq en fait un sujet d'étude, il observe avec beaucoup d'attention ce beau garçon, carré des épaules, bien pris et vigoureux, qui possède le talent de se grimer et de contrefaire le vieillard. Il faut avoir vu cet ancien dragon se métamorphoser en Mathusalem : son corps se déjette, sa taille se voûte, sa voix prend cet accent nasillard et fatigant que l'âge et la caducité seuls peuvent donner, il oscille sur place comme un arbuste harcelé par le vent. C'est alors le type parfait du vieux mendiant romain, vêtu d'un costume rapiécé, noirci par la sueur et par la poussière des routes. Du grand art !

Vidocq est très impressionné. Il s'en souviendra quand il s'efforcera à son tour d'exceller dans le déguisement. Il aura lui aussi une spécialité en ce domaine, celle de se gri-mer non pas en vieil homme mais... en femme !

---

1. Appert, *Dix ans à la cour du roi Louis-Philippe*, t. III, p. 17.
2. Rabbe, *op. cit.*, t. V, p. 863.

Il aime donc à se travestir, à revêtir des robes — ce qui ne manque pas de sel quand on sait qu'il a toujours eu un physique très mâle et athlétique, et qu'il tiendra des propos particulièrement sévères sur les pratiques homosexuelles : « N'est-ce pas un spectacle à dégoûter l'humanité tout entière que de voir des hommes renoncer aux attributs, aux privilèges de leur sexe [1] ? » Balzac verra peut-être là une contradiction, ce qui peut expliquer que le double littéraire de Vidocq, Vautrin, bien que d'allure très virile avec sa carrure de charretier, ne semble pas vouloir à toute force pourfendre la race de Sodome : « Il n'aime pas les femmes », dit-on de lui discrètement, sans s'étendre sur la question, dans *Le Père Goriot* [2].

En dépit d'une taille épaisse, bien éloignée de celle d'une jolie femme, Vidocq se travestira souvent avec succès. Pour s'évader de l'hôpital de Quimper, où il s'est fait admettre par les autorités après avoir ingurgité volontairement du jus de tabac qui lui a donné une fièvre de cheval, il subtilise à une religieuse ses vêtements, une robe, une guimpe, des bas. Et notre homme, ainsi accoutré, de battre la campagne bretonne. Adolescent, déjà, il avait été entraîné à Lille par une comédienne qui lui conseilla de se déguiser en femme pour ne pas éveiller les soupçons de son mari. Ainsi travesti, Vidocq passait pour la sœur de la soubrette. Sous les traits d'une belle jeune fille, il se piquait au jeu et renouvelait, visiblement avec jouissance, quelques scènes ambiguës du roman de Faublas.

En 1795 intervient un épisode particulièrement pittoresque dans la vie de François Vidocq : l'« armée roulante ».

Planté devant son miroir, il se regarde avec complaisance. Paré de son nouvel uniforme, celui de capitaine de hussards, il a meilleur air qu'au temps où ses vestes de simple soldat lui mangeaient les doigts. Comment a-t-il

---

1. Vidocq, *Les Voleurs*, textes restitués et présentés par J. Savant, p. 319.
2. Balzac, *Le Père Goriot*, op. cit., p. 189.

obtenu ces galons ? A-t-il présenté sa poitrine à l'ennemi avec courage ? Point n'est besoin de payer de sa personne quand on fait partie comme lui de l'armée roulante, appelée aussi l'« armée sans troupe », un ramassis d'escrocs déguisés en soldats, se tenant toujours éloignés des champs de bataille mais cherchant à profiter de leur apparence.

Vidocq s'est abouché avec ces aigrefins qui l'ont bombardé capitaine de hussards. Si à cette époque les vrais soldats, hâves, efflanqués, font la guerre dans un absolu dénuement, Vidocq et sa bande de coquins s'arrangent, eux, pour ne manquer de rien en brandissant une fausse feuille de route leur donnant droit aux vivres et au logement. Son quotidien s'améliore grâce à des épaulettes et à un brevet qui n'ont que le tort d'être factices.

« Qui s'en fût aperçu, dira-t-il, à un moment où l'administration militaire était en désarroi, où d'ailleurs l'on avait un besoin sans cesse renaissant d'hommes bien déterminés ? On n'y regardait pas de si près ; et je pourrais citer plus d'un homme qui, admis dans le cadre des officiers au moyen d'un brevet frauduleux, est devenu depuis lieutenant-général et grand-croix de la Légion d'honneur[1]. »

De nombreux membres de l'armée roulante finiront leur carrière tragiquement, certains à « l'abbaye de Monte-à-regret » (l'échafaud), d'autres au « pré » (le bagne). Vidocq retrouvera plusieurs camarades de cette époque ferrés au cou et aux chevilles, faisant route vers le bagne de Toulon, en 1799. Parmi ses compagnons d'infortune, il reconnaîtra un certain Albert Labbe qui lui avait procuré de faux papiers à Bruxelles[2]. Labbe a très mal tourné, n'en déplaise au futur chef de la Sûreté qui défendra sa mémoire en affirmant qu'il avait l'étoffe d'un grand homme de guerre. Cet individu n'a pas hésité à suivre les pratiques sadiques de ces fameux voleurs, les chauffeurs,

---

1. Vidocq, *Les Chauffeurs du Nord*, 1958, p. 148.
2. Arch. nat. F[16] 468 A.

ainsi baptisés parce qu'ils livraient la plante des pieds de leurs victimes, pour les faire parler, aux morsures du feu.

Tandis que d'autres conquièrent tous leurs grades au prix de leur sang, Vidocq poursuit ses conquêtes... féminines. Lorsque le « général » Auffray présente le « capitaine Rousseau » à la baronne d'I... (Vidocq ne révélera jamais son nom), il ne faut pas plus de dix minutes pour qu'ils bavardent comme de vieilles connaissances. Ronde et potelée, la baronne est à l'automne de sa vie mais elle est très riche, veuve de surcroît, et son grand air, ses manières aristocratiques ne sont pas sans séduire le jeune François. Il rit d'un rire perlé, en caressant son interlocutrice de ses yeux amoureux d'une douceur de velours. Beauté déchue, la dame ne résiste pas à ce semblant de renaissance, croyant prolonger son empire sur les hommes ; une idylle se noue aussitôt. Le prétendu capitaine Rousseau élit domicile chez elle sans que personne n'y trouve à redire puisque ce beau militaire possède un billet de logement et que la baronne se doit de l'héberger. Quelques semaines d'ardeur réciproque, et la liaison est soudain interrompue. En effet, la baronne presse le capitaine Rousseau de l'épouser en dépit de leur très grande différence d'âge. Impasse ! Au lieu de tergiverser, ou de s'enfuir, d'invoquer de fausses impossibilités, Vidocq se confesse. Il avoue la supercherie, sa fausse identité, ses faux galons, certaines de ses mauvaises actions, sans omettre de préciser qu'il est déjà marié, car, à ce jour, il est toujours l'époux de Louise Chevalier. Abasourdie, la baronne ne veut pas en croire ses oreilles, elle s'enferme dans sa chambre et éclate en sanglots. Sans doute, en se confiant ainsi, espérait-il que la dame lui pardonnerait tout et qu'il pourrait continuer de vivre à ses dépens. Mais Madame d'I... ne semble pas l'entendre ainsi. Le capitaine Rousseau en est réduit à disparaître et à quitter définitivement les rangs de l'armée roulante. Dans ses Mémoires, Vidocq entend nous faire croire que la baronne, bouleversée à l'excès, lui laissa, en guise d'adieu, un viatique de quinze mille francs-or. Il est plus vraisemblable que, fidèle à ses mœurs, l'escroc a emporté avec lui et sans en demander la permission une cassette richement garnie [1].

L'histoire de l'armée roulante captivera Balzac à un point tel qu'il envisagera d'évoquer ces faux soldats dans un épisode de la série *Scènes de la vie militaire*, épisode qui ne verra jamais le jour, pas plus que la pièce à laquelle il songera également [2]. Après une passionnante conversation avec Vidocq, en 1847, Balzac écrira à Mme Hanska : « Il faut que je fasse l'armée roulante pour *Le Siècle* ou *Le Constitutionnel* [3]. »

Courant vers de nouvelles destinées, Vidocq prend la route de Paris afin d'y mener grand train avec l'argent de sa malheureuse baronne ; Paris où il arrive le 2 mars 1795, sans imaginer le bruit que son nom y fera plus tard et la légende qu'engendrera son œil, pénétrant et rusé, tout étoilé de réverbères nocturnes.

Dans quelques années, il saura percevoir les contrastes de la société, l'endroit, l'envers, en observant aussi bien les sommets que les gouffres et les abîmes. Il deviendra un redoutable « sociologue de terrain », ce qui lui conférera les vertus nécessaires au grand policier.

Mais, pour l'heure, Vidocq, qui ne pèche pas forcément par modestie, y est momentanément contraint par l'« excellence » de ses camarades escrocs, de dangereux individus mieux armés que le jouvenceau qu'il est encore pour se débattre dans les pièges de la jungle citadine.

Fréquente-t-il une de ces maisons de jeu qu'on appelle « étouffoirs », c'est pour se voir plumé à l'issue d'une partie monstrueusement truquée par les facultés combinatoires des tricheurs. Lui qui se croyait rompu à ce genre d'exercice !

---

1. *Mémoires d'un forçat ou Vidocq dévoilé*, t. I, p. 81.
2. Spoelberch de Lovenjoul, *Histoire des œuvres de Balzac*, 1886, p. 219, 332.
3. Balzac, *Lettres à l'étrangère*, 1950, t. IV, p. 327.

Vagabonde-t-il dans les « maisons de rendez-vous », c'est pour s'enticher d'une fille de joie qui, après avoir simulé le plus grand désintéressement, achève de le ruiner. Lui qui s'était juré de ne plus jamais brûler d'amour et de passion irréfléchie !

Il fuit Paris, qui semble le rejeter. Il n'a pas su s'y faire une place dans la pègre ! Trop jeune encore. Il échoue une fois de plus dans le Nord, où il s'acoquine avec des Bohémiens, originaires de Moldavie. Tous les soirs, ces gens se rassemblent autour d'un feu, et chacun apporte sa part de butin, sous la surveillance de la « Crallisa » — la reine —, avant de se livrer à une danse, « la plus indécente qu'on puisse imaginer ». En ville, dans la journée, les hommes de cette bande de malfrats dépouillaient de leur bourse les promeneurs au milieu de la foule, pendant que les femmes entraient dans les boutiques d'orfèvres et dérobaient ce qui leur paraissait de bonne prise, des voleuses matoises que Vidocq appelle des « raccourcisseuses ».

Lui-même n'a-t-il été qu'un témoin ? Il niera toujours avoir participé aux larcins des Tziganes, mais le doute est permis. Ces dangereux individus se seraient très rapidement méfiés d'un homme qui n'aurait pas été un voleur. Or, Vidocq semble les avoir fréquentés suffisamment longtemps pour découvrir tous leurs méfaits et s'initier à leurs usages, à leurs foucades, à leur langage aussi. Il leur consacrera un chapitre particulièrement étoffé dans son roman *Les Chauffeurs du Nord*. Les Tziganes profitaient de leur connaissance des villages pour indiquer aux chauffeurs — qui étaient encore la terreur des Flandres — les fermes isolées où il y avait de l'argent et les moyens d'y pénétrer. L'un d'eux conseilla à Vidocq « de mettre de côté des scrupules qui ne pouvaient être que nuisibles à ses intérêts ».

A-t-il suivi ce conseil ? Est-il devenu à son tour un de ces chauffeurs qui suppliciaient les gens pour leur faire avouer où ils cachaient leurs économies ? En 1813, un lieutenant de gendarmerie d'Arras, chargé d'enquêter sur le passé de Vidocq, indiquera dans un rapport que notre personnage est soupçonné d'avoir été le chef d'une bande de chauffeurs et de garroteurs [1]. Ce document est à rapprocher d'une lettre du ministère de la Police qui stipule : « On va traduire dans les prisons de Douai (Nord) le nommé Vidocq ou Blondel, chef de chauffeurs, condamné à mort dans ce département et qu'on vient d'arrêter à Versailles [2]. »

Une note du ministère de la Justice évoque également des renseignements selon lesquels Vidocq est désigné comme un chef de chauffeurs. Ranson, accusateur public lors de son procès de 1796, affirmera cependant que ces renseignements sont faux [3]. Et, en effet, ces rapports sont entachés d'inexactitudes : Vidocq n'a jamais été condamné à mort. Il a pu être confondu avec d'autres brigands, les casiers judiciaires n'existant pas à cette époque. On ne pourra jamais établir la preuve formelle qu'il a été chauffeur, même si on peut se poser la question à divers moments de sa carrière.

Une figure fraîche, des yeux bleus, rieurs et spirituels, un sourire mutin, constituent un nouveau piège que le jeune Vidocq ne saura pas éviter. Elle s'appelle Francine. Il quitte les Tziganes pour cette femme volage dont il tombe éperdument amoureux lors d'un bal. Il trouve vite sur son chemin un rival, un capitaine de génie, qui ne laisse pas ladite Catherine indifférente. Lorsqu'il les surprend en train de souper tête à tête chez un traiteur de la place Rihourt à Lille, Vidocq voit rouge. Il attrape l'homme par le cou et, sans mot dire, le soulève d'une seule main et le roue de coups avec l'autre. Le visage ensanglanté, les lèvres cireuses, le souffle saccadé et court, le capitaine est d'abord muet de stupeur. Il lui faut de

---

1. Arch. nat. F⁷ 6542.
2. Arch. nat. BB²¹ 166, lettre du 30 prairial an XIII.
3. *Ibid.*, note du ministère de la Justice du 10 juillet 1843.

longues secondes pour retrouver ses esprits et se mettre à hurler.

Sûr de la noblesse de sa cause, Vidocq fait fi de ces cris comme des profération de Catherine. Sans autre forme de procès, il cogne plus fort encore, jusqu'à ce qu'il soit lui-même épuisé de frapper, abandonnant son rival en piteux état.

Le lendemain, le capitaine porte plainte, et Vidocq écope de trois mois de prison. C'est là sa première condamnation, une affaire minable qui, pourtant, le conduira au bagne.

Nous sommes en octobre 1795 ; Vidocq a vingt ans.

A la question : « Savez-vous comment on fait son chemin par ici ? » il peut répondre, à l'instar de Vautrin :

— Il faut entrer dans cette masse d'hommes comme un boulet de canon, ou s'y glisser comme une peste [1].

---

1. Balzac, *Le Père Goriot*, *op. cit.*, p. 124.

4

Le naufrage

« *Il y a dans notre civilisation des heures redoutables ; ce sont les moments où la pénalité prononce
un naufrage. Quelle minute funèbre que celle où la
société s'éloigne et consomme l'irréparable abandon
d'un être pensant !* »

Victor HUGO.

Dans sa cellule, à la tour Saint-Pierre de Lille où
résonnent toutes les rumeurs et les stridences coutumières
aux prisons, le raclement des clés, les battements et les grin-
cements des portes métalliques, les aboiements des gardiens,
leurs rondes continuelles, le jeune Vidocq tente de se persuader que sa situation n'est pas dramatique. Il parade au milieu
des plus mauvais garçons, il plastronne, avant de retourner à
la réalité qui se nomme solitude, mémoire empoisonnée,
dès lors que la forfanterie ne lui a pas payé ses dettes.

Vidocq a parfaitement assimilé que les prisonniers
n'éprouvent aucune commisération réciproque. On vole le
pain conservé par un camarade de chambre pour le soir,
on le dépossède de son linge, on l'escroque de cent
manières. Afin que de prévenir toute friction avec les détenus les plus nerveux, il importe aux « cerveaux » de
s'associer. Aussi Vidocq aspire-t-il à rencontrer des
comparses dignes de lui.

Ici intervient une affaire restée nébuleuse qu'il traînera
toute sa vie, et la supercherie qui la motive constituera le
maître mot de son existence. Moreau-Christophe, inspecteur des prisons, qui a bien connu Vidocq, l'a dépeint en
un lumineux raccourci. Selon ce témoin, la tromperie se

retrouve à chacune des étapes de sa carrière. Et les rapports que Vidocq rédigera en tant que chef de la Sûreté confirmeront une fâcheuse propension à l'amplification et à l'hyperbole : « La vérité y sera toujours brodée [1]. » Autant dire que nous sommes en droit de mettre en doute certaines affirmations de Vidocq dans l'affaire Boitel.

Voici les faits d'après les recoupements que nous ont permis divers documents [2] et un raisonnement bâti sans aucun parti pris si ce n'est celui de démêler le vrai du faux.

Un instant, au milieu de l'allée centrale de l'atelier de la tour Saint-Pierre, Grouard et Herbaux, deux ex-sergents-majors, âgés respectivement de dix-neuf et vingt ans, condamnés pour faux, clignent des yeux, ayant l'air de chercher quelqu'un. Quand ils aperçoivent Vidocq, occupé à trier de vieux clous, ils viennent passer près de lui, dédaigneux, balançant des épaules, et s'installent sur la même rangée.

Vidocq se retourne aussitôt pour nouer conversation avec ces deux prisonniers. Depuis plusieurs jours, il a remarqué leur « frime » à son égard, ce qui l'insupporte au plus haut degré. Jean-François Grouard, petit, brun, de beaux yeux, et un visage à l'avenant, avec de minces moustaches qu'il frise toujours d'un mouvement machinal de la main, répond de bonne grâce aux questions de Vidocq. Il lui présente son camarade, peu loquace, encore distant : César Herbaux, maigre, l'air pâle et sérieux, fils d'un bottier de Lille.

Ayant une idée précise derrière la tête, Grouard et Herbaux rendent, pendant plusieurs jours, de menus services à Vidocq, avant de lui demander de participer à un « coup juteux ». Il s'agit de faire évader le dénommé Sébastien Boitel, quarante ans, laboureur d'Annoulin.

Pourquoi se « mouiller » pour cet individu ?

---

1. Moreau-Christophe, *op. cit.*, t. I, p. 193.
2. Arch. Nord XIX[1] 97/122 ; Arch. préf. pol. E/A 90 (16) ; Arch. nat. BB[21] 166, compte rendu de l'affaire Boitel.

Il y a de l'argent à la clé. Boitel précisera, lors du procès, que Vidocq et Herbaux lui demandèrent combien il donnerait pour être mis en liberté. Le laboureur leur promit douze louis en numéraire, il leur en donna sept et s'engagea à leur verser le reste après sa fuite.

Vidocq affirme à ses complices que les difficultés de cette évasion ne l'inquiètent pas, non plus que les conséquences en cas d'échec. Il accepte avec enthousiasme de participer à l'élaboration du plan et à son exécution.

L'opération Boitel est lancée. Divers projets sont écartés : la mauvaise santé du laboureur lui interdit de faire le mur, de même qu'il est exclu de se tuer à la tâche pour creuser un tunnel.

Il faut trouver autre chose !

Boitel sortira de prison, tout simplement, par la porte, grâce à une fausse levée d'écrou. C'est une idée de Vidocq, même s'il en refusera toujours la paternité en affirmant : « Herbaux imagina de fabriquer un ordre au nom du comité de Sûreté générale et du tribunal de cassation. L'écriture fut d'Herbaux : j'ignore qui signa l'ordre. J'étais présent, je regardais ce projet comme un jeu. Rien de plus ridicule qu'un ordre émané de deux autorités aussi distinctes et évidemment incompétentes [1]. »

Vidocq ment. A cette époque, il ignorait les attributions des autorités en question. S'il avait su déceler un vice de forme dans le faux ordre de mise en liberté de Boitel, il l'aurait immédiatement signalé à ses comparses. En revanche, il dit la vérité lorsqu'il affirme que le faux a été rédigé par Herbaux.

Les choses semblent s'être déroulées ainsi.

Rien n'irrite davantage Herbaux que de perdre l'initiative et de voir un autre que lui jouir d'un certain crédit auprès de ses complices. Il conjure Grouard et Boitel de renoncer à la combinaison de Vidocq dont il craint le pire.

Il en faut beaucoup plus pour troubler Vidocq. Celui-ci,

---

1. Arch. nat. BB²¹ 166, lettre de Vidocq à Louis XVIII, 31 janvier 1818.

qui, pour ne pas trop se mouiller, ne tient pas à fabriquer lui-même le faux, taquine Herbaux, met en doute son habileté, ses connaissances, et même sa capacité d'écrire. Bref, il le défie de rédiger le faux ordre en vertu duquel Boitel pourra prendre la clé des champs.

Agacé par cette morgue, Herbaux relève le gant, s'empare du premier papier qui lui tombe sous la main, et écrit l'ordre en question, sans y apposer de signature. Vidocq se montre satisfait d'avoir ainsi poussé Herbaux à rédiger un document qui, fatalement, échouera dans les mains des autorités et qui pourrait devenir une dangereuse pièce à conviction si les événements tournaient mal.

Contraint cependant de donner une apparence d'authenticité au faux papier, Vidocq commet une imprudence. Il tamponne la pièce à l'aide d'un cachet militaire lui appartenant, ce qui servira à établir sa complicité.

Sébastien Boitel présente l'ordre de libération au concierge de la tour Saint-Pierre qui, n'y voyant que du feu, s'empresse de le laisser partir. Mais la cavale tourne court. Il faut maintenant passer devant l'inspecteur de la prison, l'ultime rempart. Or, celui-ci, moins crédule, découvre le pot aux roses après avoir examiné minutieusement la pièce qui a permis cette mise en liberté. Boitel est arrêté et ramené à la tour Saint-Pierre pour un interrogatoire durant lequel il finit par livrer les noms de ses complices.

Le 27 novembre 1795, Vidocq est interrogé à son tour. Alors qu'il était à quelques semaines seulement de sa libération, il se retrouve écroué cette fois sous la prévention de complicité de faux.

Sur cette affaire Boitel, toutes les versions ont circulé. Vidocq n'en rajoute-t-il pas un peu lorsqu'il se vante d'avoir accompli un geste humanitaire qui consistait à faire évader ce brave laboureur, condamné pour avoir volé quelques boisseaux de blé dans le but de nourrir ses enfants ?

Il est vrai qu'à cette époque, jusqu'au vote de la loi du

28 avril 1832 sur les circonstances atténuantes, un « voleur de poules » pris sur le fait risquait une peine de six ans de travaux forcés.

Seulement, Vidocq force le trait en laissant entendre que Boitel était un malheureux vieillard — il n'était âgé que de quarante ans — et qu'il avait été condamné à perpétuité, voire qu'il était voué à la guillotine. Vidocq affirmera qu'il s'est contenté de prêter sa cellule à Grouard et Herbaux sans savoir qu'ils avaient l'intention d'y rédiger un faux ordre de mise en liberté. On lui aurait fait croire qu'il s'agissait seulement d'écrire au calme un placet en faveur de Boitel.

Il dira aussi qu'il a accepté de collaborer à la tentative de libération de Boitel, non pas parce qu'il y avait de l'argent à gagner, mais parce qu'il connaissait ce malheureux laboureur qui avait livré quelquefois de la marchandise à la boulangerie Vidocq à Arras. Lors du procès de 1796, Vidocq se contredira en déclarant n'avoir connu Boitel qu'en prison.

Il nie avoir fourni le cachet qui a servi à fabriquer l'ordre de mise en liberté de Boitel, mais les divers rapports parvenus jusqu'à nous sont formels : un gardien a trouvé dans un des cachots de la maison d'arrêt de Douai un cachet de cuivre sans manche, caché sous le pied d'un lit. Or, Vidocq avait occupé le cachot la veille de cette découverte. Le cachet est le même que celui qui a été apposé sur l'acte de faux destiné à relaxer Boitel, il « présente identiquement la même empreinte [1] ».

Dernier détail qui prouve la culpabilité de Vidocq : le cachet est le sceau d'un régiment dans lequel il a servi. Il semble bien l'avoir subtilisé pour fabriquer de faux papiers. Le témoignage d'Herbaux confirmera tous ces faits [2].

— Je n'ai cessé de protester, déclarera Vidocq, et je

---

1. Arch. nat. BB^{21} 166, compte rendu du procès de Vidocq en 1796.
2. *Mémoires d'un forçat, op. cit.*, t. I, p. 117 à 122.

proteste encore aujourd'hui de toutes mes forces contre toute participation à ce crime ; comme preuve de mon innocence, il me suffirait d'invoquer, s'il en était temps encore, mon jeune âge, mon manque d'éducation et mon inexpérience, qui me rendaient peu propre à la fabrication d'un faux de cette nature, tandis qu'à côté de moi, comme accusé, figurait César Herbaux, qu'un même jugement avait condamné comme tel et auquel ni l'expérience, ni l'instruction ne manquaient. Cet individu, après sa libération, est revenu à Paris où il a payé de sa tête un assassinat commis place Dauphine, de complicité avec Armand Saint-Léger [1].

Lorsque Vidocq met sa jeunesse en avant, dans ce texte justificatif, il omet de préciser que Grouard et Herbaux avaient à quelques mois près le même âge que lui et qu'il n'a donc pas été manipulé par des vétérans du crime, comme il semble vouloir nous le faire croire. S'il se dit inexpérimenté au moment des faits, c'est oublier un peu vite toutes ses aventures antérieures à l'évasion de Boitel, dont l'épisode de l'armée roulante où il s'est « familiarisé » avec les fausses épaulettes et les documents falsifiés.

A peine Boitel a-t-il donné les noms de ses complices que Vidocq a été pris de panique. Il ne semblait pas miser sur sa prétendue innocence pour échapper à ces nouvelles complications.

Que risque-t-il ? Le bagne ? Les travaux forcés ? A cette pensée, il est sans réaction, muet. Et puis, très vite, il se reprend. Il doit s'évader de la tour Saint-Pierre de Lille. Il y parvient, le 30 décembre 1795, en endossant un uniforme semblable à celui d'un inspecteur de prison que lui a fourni l'une de ses amoureuses.

Nous savons qu'il a été rapidement repris, car le médecin Delcroix l'a examiné le 21 janvier 1796 à la prison du Petit-Hôtel de Lille. Le 2 février suivant, le commissaire du pouvoir exécutif rend compte que Vidocq s'est encore

---

1. *Vidocq à ses juges*, 1843, p. 4.

évadé. Jusqu'au mois de novembre 1796, il parviendra à s'échapper plusieurs fois. Il dispose de cette adresse particulière des évadés perpétuels qui se font un couteau d'une fourchette et une échelle de trois bouts de bois.

Un jour, déguisé en municipal avec quelques aunes de ruban tricolore et une cocarde au chapeau, Vidocq file sous le nez de ses gardiens. Si on le rattrape et qu'il est jeté en prison, ou bien il creuse une tranchée et le voilà dehors, ou bien il rompt ses chaînes avec de l'acide nitrique et se sauve à toutes jambes.

Un autre jour, conduit à l'instruction, il revêt un manteau oublié par un gendarme sur un des bancs du prétoire, prend un prisonnier par le bras, marche avec autorité et se fait tout simplement ouvrir la porte par le caporal de garde. Vautrin, lui aussi, réussira à s'enfuir du port de Rochefort en sortant déguisé en gendarme avec un complice marchant à ses côtés en forçat : « Une de ses plus belles combinaisons », écrit Balzac [1].

Dans les principales prisons du Nord, les conversations des détenus roulent sur les exploits de Vidocq et sur son incomparable talent de grime qui lui permet de glisser régulièrement entre les doigts de la police. Au fur et à mesure de ces récits, souvent embellis, il devient un héros. Les malfaiteurs s'esclaffent et affirment que l'oiseau envolé ne se laissera jamais remettre en cage. Vidocq s'attire l'admiration des plus grands « seigneurs » du vol et du crime qu'il a côtoyés au cachot, notamment Desfosseux, évadé du bagne à trois reprises, Nicolas Calendrin, envoyé aux galères pour avoir tué un archidiacre, et François Salembier, dit « le Capitaine noir », qui écrivait des chansons sur tous les bandits de sa troupe et qui

---

1. Balzac, *Splendeurs et Misères des courtisanes*, *op. cit.*, p. 507. Balzac s'est inspiré d'un épisode des *Vrais Mystères de Paris*, roman de Vidocq où le forçat Duchemin et son compagnon Salvador se costument en gendarmes et sortent tranquillement du bagne, encadrant un troisième complice, le forçat Savigny. Vidocq n'a rien inventé dans cet épisode, il avait éprouvé la méthode.

distribuera des autographes à ses nombreux visiteurs avant de se rendre à l'échafaud, espérant ainsi laisser après lui un nom immortel [1].

Salembier était le plus redouté des « riffaudeurs », nom donné en argot aux chauffeurs. Vidocq reconnaîtra qu'il a eu avec ces dangereux personnages des conversations « passionnantes ». Dans son ouvrage *Les Voleurs*, il rapportera une scène de torture ayant pour victime un riche fermier des environs de Poperinghe, un récit qu'il tenait de la bouche même de Salembier :

Salembier somme le fermier de lui indiquer où il cache son argent.

— Il y a beaux jours que je n'ai plus un sou ici. Depuis que les chauffeurs rôdent dans les environs, il n'y a pas de presse à garder des sommes.

— Ah, tu cherches des défaites, reprend Salembier. C'est bon ! Nous allons savoir la vérité.

Et à ses hommes :

— Qu'on le chauffe !

Aussitôt, deux brigands se saisissent du fermier. On lui ôte ses chaussures. Et quand ses pieds sont à nu, on les oint avec de la graisse.

— Messieurs les chauffeurs je vous en supplie...

Il pousse des cris. Puis il dit :

— Je vais vous faire un billet si vous l'exigez.

— Non pas, rétorque Salembier. Il nous prend, je crois, pour des négociants. Un billet ! Oh ! Nous ne faisons pas de ces affaires-là. C'est du comptant qu'il nous faut. Camarades, chauffez le citoyen !

Le fermier s'agite et pousse des cris affreux [2]...

Lorsqu'il devra plus tard se justifier sur son passé, Vidocq avouera qu'il s'est évadé des prisons du Nord en compagnie de la cruelle bande Salembier, mais il niera, une fois encore, toute participation à leurs crimes : « Mon

---

1. *Les Chauffeurs du Nord, op. cit.*, p. 364.
2. *Les Voleurs, op. cit.*, p. 189 à 191.

premier soin fut de me séparer de ces hommes terribles, de les signaler à la justice et de me soustraire à cette contagion funeste [1]. » Cette affirmation ne respecte pas la chronologie des faits. Avant ses deux séjours au bagne, à Brest puis à Toulon, Vidocq n'a pas collaboré avec la police, contrairement à ce qu'il semble vouloir laisser entendre.

On ne cessera jamais de s'interroger sur ses forfaits, et c'était en définitive son ambition principale. Ne se voulait-il pas indéchiffrable ?

Durant l'année 1796, le soin de l'arrêter a été confié au commissaire Jacquard, à propos de qui Vidocq écrira : « Il ne savait pas qu'un agent de police ne doit dire ses idées à personne, pas même au bon Dieu. » Le futur patron de la Sûreté reconnaîtra néanmoins que Jacquard était le plus rusé furet de Lille [2]. Devenu policier, il aura même de l'estime pour ce « collègue » qui fut son adversaire et à qui il fit bien des tours, dont un — le plus pittoresque — mérite le récit.

Le commissaire Jacquard frappe, un soir, à la porte de Vidocq. Celui-ci vient ouvrir. Cependant, s'il a juré de mettre la main sur lui, Jacquard ne l'a jamais vu et il ne dispose pas d'un signalement très précis. Flanqué de quatre agents, le commissaire déclare qu'il est ici pour appréhender un certain François-Eugène Vidocq, prévenu de complicité de faux en écritures authentiques et publiques. L'intéressé ne se démonte pas. Il répond du ton le plus naturel que ce fameux Vidocq n'est pas encore arrivé. Puis il pousse Jacquard et ses acolytes dans une petite pièce.

— Quand Vidocq entrera, je vous ferai signe. Restez ici dans ce cabinet avec vos hommes, afin qu'il ne se doute de rien et qu'il entre jusqu'ici.

Sur ces belles paroles, il ferme la porte à double tour et

1. *Vidocq à ses juges, op. cit.*, p. 5.
2. *Les Chauffeurs du Nord, op. cit.*, p. 275.

piaille d'une voix vinaigrée à l'intention du malheureux Jacquard :

— C'est à Vidocq que vous en vouliez ? Eh bien vous êtes son prisonnier. Au revoir !

Il se frotte les mains, se montrant très fier de cette apostrophe digne des héros de cape et d'épée, mais il semble ne pas mesurer que de pareils tours attiseront l'hostilité des magistrats envers lui et, surtout, apparaîtront comme de nouveaux délits. Il ne l'admettra que plus tard : « Peut-être dans l'esprit de mes juges la conviction de ma culpabilité prit-elle naissance moins sur les preuves de ma participation au crime que dans mes évasions multiples et les fanfaronnades qui les accompagnèrent [1]. »

Roi de l'évasion, il l'a été, mais il semble exagérer un peu lorsqu'il écrit pour étoffer sa légende : « A chaque évasion, j'allais déposer ma carte et mes fers chez l'accusateur public et le commandement de la gendarmerie. »

Vidocq tente de réaliser enfin le rêve de ses quatorze ans : gagner le continent américain.

« Mon idée est d'aller vivre de la vie patriarcale au milieu d'un grand domaine, cent mille arpents, par exemple, aux États-Unis, dans le sud. Je veux m'y faire planteur, avoir des esclaves, gagner quelques bons petits millions à vendre mes bœufs, mon tabac, mes bois, en vivant comme un souverain, en faisant mes volontés, en menant une vie qu'on ne conçoit pas ici, où l'on se tapit dans un terrier de plâtre [2]. »

Telles sont les paroles que Balzac mettra dans la bouche de Vautrin. Telle est la conclusion des réflexions de Vidocq, mais il a toujours la police aux trousses et il échouera dans sa tentative de mettre l'Océan entre lui et la justice.

On l'arrête le 19 novembre 1796. Il se retrouve au cachot dans les entrailles du sol, à la prison de Douai, ce

---

1. *Vidocq à ses juges, op. cit.*, p. 4.
2. Balzac, *Le Père Goriot, op. cit.*, p. 126.

cachot où l'on retrouvera le fameux cachet qui a permis de faire évader Boitel. Toutes les nuits, des punaises courent sur son visage pendant que des rats se battent autour de lui pour un quignon de pain. Vidocq partage cette « charmante » retraite avec quatre condamnés. L'un d'eux, promis à la guillotine, gît sur sa paillasse, loque à demi inconsciente, plongée dans un sommeil qui, au lieu de lui rendre des forces, le décompose. Quand ses angoisses remontent en lui, on l'entend murmurer qu'il veut se suicider.

— Pense plutôt à t'évader ! lui rétorque aussitôt Vidocq.

Il sort de sa poche une baïonnette qu'il a dérobée à l'un de ses gardiens, un « outil » avec lequel il percera le mur, dans une direction où il entend un cordonnier battre la semelle. Vidocq promet au condamné à mort si éploré qu'il aura le privilège de passer le premier par l'ouverture qui sera faite, car il est d'usage, lorsqu'on tente une évasion par un trou, d'y laisser passer en tête les condamnés aux plus fortes peines [1]. En dix jours et autant de nuits, le trou a déjà une grande profondeur ; le bruit du cordonnier semble s'approcher. Les briques, enlevées du trou, sont entassées derrière la porte. Hélas, elles occupent un large espace et un geôlier, fatalement, les remarque. Alerte ! Et les gardiens d'accourir. Et Vidocq de capituler. Jusqu'à son procès, il ne parviendra plus à jouer les filles de l'air.

L'heure de juger François-Eugène Vidocq, âgé de vingt et un ans, a enfin sonné. Il comparaît le 27 décembre 1796 devant les juges du tribunal criminel de Douai. Un grand homme mince, portant lorgnon, s'assoit en pliant sa robe avec soin. C'est l'accusateur public, Ranson, dont la morgue passe pour insoutenable. Il s'est assuré le choix des jurés. Vidocq est condamné d'avance. On fait entrer les accusés : Grouard, Herbaux, Boitel, Vidocq et un

1. Vidocq, *Les Vrais Mystères de Paris* (Savant éd.), p. 449.

certain Eugène Stofflet, marchand fripier qui s'est travesti en ordonnance pour faciliter l'évasion de Boitel. Dans le box, Vidocq ne passe pas inaperçu : des cheveux bouclés, un poitrail de taureau et un sourire de voyou charmeur.

Un huissier annonce la cour. L'homme en rouge, qui prend place dans le grand fauteuil du milieu pour présider, se nomme Delattre.

Vidocq doit préciser si oui ou non il a fabriqué un faux ordre de mise en liberté dans l'affaire Boitel. Il dit non ! Il nie l'évidence, ergote, s'embrouille.

Les jurés, eux, répondent oui ! Le faux mentionné dans l'acte d'accusation est constant ; Vidocq est convaincu de l'avoir commis « méchamment et à dessein de nuire ».

Ce 27 décembre 1796, Vidocq s'entend condamner à huit ans de bagne. Herbaux subira la même peine, tandis que les autres associés, curieusement, sont acquittés. Grouard s'était pourtant évadé, lui aussi, à plusieurs reprises. Il s'enfuyait toujours au moment où l'on reprenait Vidocq — et le manège a duré huit mois —, mais la justice lui a fait grâce. Quant à Boitel, la justice a estimé qu'il avait été manipulé.

C'est sur Vidocq, la tête du complot, le détenu indocile et audacieux, qu'il fallait faire un exemple.

Le jeune homme a écouté avec un calme parfait la sentence. Huit ans de fers ! Sans se retourner, sans regarder personne, il sort de la salle au milieu du silence général. Il ne s'était encore jamais préoccupé de son sort, se croyant invulnérable. Il a testé les capacités de résistance de la société comme un gamin teste la capacité de résistance de sa mère à lui donner une gifle.

Lui, Vidocq, décidant et agissant comme l'éclair, est soudain arrêté dans sa course folle. Vexé, il n'oserait pas se regarder dans un miroir s'il en avait un. Il entend retrouver sa liberté le plus tôt possible mais, tout en songeant à sa prochaine tentative d'évasion, il nie avoir mérité une telle sanction et maugrée contre la justice. Toute sa vie, il dira avoir été victime d'un procès inique.

C'est encore Vidocq qui parle lorsque Balzac fait dire à son Vautrin : « J'ai été comme vous le savez condamné à cinq ans de travaux forcés pour crime de faux. J'aime ma liberté ! Cet amour, comme tous les amours, est allé directement contre son but ; car en voulant trop s'adorer, les amants se brouillent. En m'évadant, en étant repris tour à tour, j'ai fait sept ans de bagne. Vous n'avez donc à me gracier que pour les aggravations de peine que j'ai empoignées au pré... (pardon !) au bagne [1]. »

Victor Hugo s'inspirera également des récits de Vidocq sur les aventures de sa jeunesse pour imaginer le point de départ du désastre d'une destinée, celle de Jean Valjean. « Les galères font le galérien », écrit Hugo à propos du personnage clé des *Misérables*. Le thème de la damnation par la loi trouve sa source dans les Mémoires de Vidocq.

---

1. Balzac, *Splendeurs et Misères des courtisanes, op. cit.*, p. 641-642.

5

Le Bonaparte des forçats

*« Les coquins le savent bien ; il est leur drapeau,
leur soutien, leur Bonaparte enfin ; ils l'aiment tous. »*

BALZAC.

Le bagne, mot terrible dont l'énoncé suffit à lui seul à
faire surgir l'ombre de Vidocq et de ses frères en littérature, Vautrin ou Valjean, personnages mythiques, ennemis
des lois. En 1831, après avoir visité le bagne de Brest,
Jules Michelet note, avec regret semble-t-il : « Le bagne
est moins effrayant que je n'aurais cru [1]. » Sans doute
avait-il lu Vidocq et cette littérature des bas-fonds qui ont
imposé l'image romantique des grandes figures du bagne.

Le 21 décembre 1797, à l'aube, entrent dans la cour de
la prison de Bicêtre de longues charrettes, semblables à
des haquets de brasseurs. On fait placer sur chacune
d'elles, que leurs occupants forcés appellent « les diligences », un cordon de vingt-six hommes, dont treize sont
tournés à gauche et treize à droite, c'est-à-dire dos à dos,
les jambes pendantes. Parmi eux, il y a François Vidocq,
accablé sous le poids de son collier et de ses liens de fer. A
ses côtés, il remarque des condamnés qui ne sont guère
plus âgés que lui : Charles Legrand, vingt-deux ans,
cordonnier, envoyé au bagne pour assassinat, Augustin
Bremont, vingt-six ans, tisserand, Laurent Arnoult, vingt-

---

1. Michelet, *Journal inédit d'août 1831*, 1947, p. 54.

huit ans, cultivateur, tous deux condamnés aux fers pour un simple vol dans une grange [1].

Le signal du départ est donné par Antoine Bault, officier invalide, chargé de la conduite de la chaîne ; les gendarmes et les argousins mettent le sabre à la main, on pousse les chevaux, les chariots roulent, les grilles s'ouvrent, et le sinistre défilé fend la foule sous les huées. La chaîne est partie. Au bout de la route : le bagne avec ses bruits de sabots raclant les pavés des cours.

Plusieurs mois se sont écoulés depuis le procès de Vidocq à Douai. Notre homme a été transféré le 20 mai 1797 à Bicêtre où il a fréquenté la haute pègre qui l'a accueilli avec bienveillance, voyant en lui un des sujets les plus « distingués » du Nord. La grosseur de ses fers ne permettait pas de douter qu'il était le roi de l'évasion. On jugeait en effet de l'audace et de l'intelligence d'un prisonnier d'après les précautions prises pour s'assurer de lui. Si bien que Vidocq a été entouré et fêté par tout ce qu'il y avait de célèbre dans la prison, dont l'un des complices de l'assassinat du courrier de Lyon. Il s'est familiarisé avec les mœurs, les astuces et les lois du monde criminel : les règlements de comptes, les combats à la savate (avec les pieds), l'argot, l'homosexualité. Vidocq confessera que c'est principalement à Bicêtre qu'il se mit « au courant de toutes les finesses du grand art du vol, de la filouterie et de l'escroquerie [2] ».

Il ne devait jamais oublier le voyage de vingt-quatre jours — cauchemardesque — qui l'amena à l'hôpital de Pontanézen, situé à une demi-lieue de Brest, où les forçats subissaient une quarantaine avant leur entrée au bagne.

Presque nu, le cou étreint dans le fameux triangle de fer, la chaîne en sautoir autour du corps, Vidocq entend faire fi des avanies, des coups de bâton des argousins

---

1. Arch. nat. F[16] 474 A.
2. *Histoire de Vidocq, par G...*, *op. cit.*, p. 89.

comme des crachats de la foule venue voir les condamnés gagner Brest en une ultime procession de bannis.

A son arrivée à Pontanézen, les sœurs de la Sagesse lui offrent une ration de vin, accompagnée de quelques paroles de réconfort. C'est une de ces religieuses qui intercédera en sa faveur lorsqu'il se rendra coupable d'une tentative d'évasion, lui évitant ainsi de subir un châtiment corporel trop violent, et c'est cette religieuse qui inspirera à Victor Hugo, dans *Les Misérables*, le personnage de sœur Simplice pour qui mentir est la face même du démon, mais qui sauvera Valjean des griffes de Javert en proférant un mensonge pour la première fois de sa sainte vie.

Un peu remis de la fatigue du voyage, Vidocq est décrassé avec un autre forçat dans une grande cuve d'eau chaude. Au sortir du bain, on lui donne des vêtements, dont chaque pièce est marquée des lettres GAL. Le « barberot » le rase et le tond pour le prémunir des poux et de la teigne, pour, aussi, prévenir l'évasion, la tête dépouillée de ses cheveux devenant la « boule », représentation même du galérien ou du bagnard. Vidocq reçoit ensuite ce qui va devenir sa plus fidèle compagne : la chaîne. Le « chaloupier », chargé du ferrement, fixe à la cheville du condamné une manicle [1] fermée par un boulon auquel il accroche la chaîne longue d'un mètre cinquante, formée de dix-huit maillons et lourde de sept kilos. Le prisonnier n'a plus qu'un souci en tête, celui d'échapper à cette laisse de fer. Mais il n'est pas aisé de s'en débarrasser lorsque, tous les matins, on doit présenter sa jambe au rondier. Celui-ci frappe du marteau la manicle ainsi que les chaînes et, à la note qui retentit, il sait si une lime a mordu le fer.

Chacun des vêtements du forçat, dont le fameux

---

1. Appert et Moreau-Christophe disent « manille » tandis que Vidocq écrit « manicle ». C'est Vidocq qui a raison, et le mot manicles figure dans le Cotgrave en 1611, au sens de *manacles* (« menottes »), *hand-fetters*.

bonnet de laine rouge, porte le numéro matriculaire de son détenteur. Ce numéro désigne le condamné et sert à retrouver son signalement dans l'un des imposants registres où il a été porté lors de son arrivée. Le matricule nous a transmis le signalement précis de Vidocq à cette époque : « Vingt-deux ans, taille de 5 pieds, 2 pouces, 6 lignes (soit 1,68 m) ; cheveux, sourcils châtains et barbe de même ; visage ovale, bourgeonné ; les yeux gris, le nez gros, bouche moyenne, menton rond et fourchu, front bas ; ayant une cicatrice à la lèvre supérieure côté droit ; les oreilles percées [1]. »

La taille de Vidocq varie suivant qu'il est à la prison de Bicêtre, au bagne de Brest ou au bagne de Toulon. Afin de brouiller son signalement, il a en effet recours à un original stratagème qui nécessite une grande souplesse physique : il diminue sa taille. Sous la toise des gendarmes, il parvient en effet à se rapetisser à volonté de quatre à cinq pouces [2]. Il peut aussi se grandir en glissant des cartes à jouer dans ses chaussures.

A propos de sa cicatrice à la lèvre, Vidocq dira qu'elle résulte d'une morsure de femme. Quant à ses oreilles, il les avait percées pour porter des anneaux puis des brillants. En épluchant le signalement des forçats dans divers documents, on constate qu'ils ont presque tous les oreilles percées [3].

Le bagne de Brest, situé dans l'enceinte du port, abrite jusqu'à trois mille forçats. Sa façade de deux cent soixante mètres de long, ses deux étages, son grand pavillon central lui donnent un air imposant. Le bâtiment comporte quatre salles, gigantesques dortoirs contenant vingt-huit lits de camp, nommés bancs, sur lesquels couchent six cents forçats. Au bord inférieur

---

1. Arch. du port de Brest.
2. Sur un passeport de Vidocq conservé aux Archives départementales du Pas-de-Calais (Arras), il est indiqué que notre personnage mesure 1,72 m. Il avait alors quatre-vingts ans.
3. Arch. nat. F^{16} 474 A ; F^{16} 468 A.

de ces lits se trouvent une série d'anneaux destinés à la chaîne qui attache chaque individu, et la longueur de cette chaîne ne laisse de libres mouvements que ceux d'une absolue nécessité.

Ces longues files d'habits rouges, ces crânes rasés, ces yeux caves, le bruit obsédant des fers, les argousins qui ne marchent que le bâton à la main, la menace à la bouche, tout concourt dans ce tableau hideux à inspirer terreur et effroi aux nouveaux venus. Les condamnés les plus intrépides l'ont reconnu : « Quelque endurci que l'on soit, il est impossible de se défendre d'une vive émotion au premier aspect de ce lieu de misères [1]. »

La journée finie, les lourdes portes des dortoirs sont fermées avec bruit et solidement verrouillées. En dépit de la lanterne fumeuse et vacillante qui combat assez mal l'obscurité s'étendant sur ce monde de forçats, Vidocq observe les sentinelles — il a des yeux de chat. Seuls le pas monotone des argousins et le sifflement de la bise à travers les mâts et les cordages troublent le silence. Tandis que le bagne de Brest s'est endormi, notre homme élabore un projet d'évasion. Il note la fréquence des rondes, repère toutes les issues, et parvient même à déclouer une planche de son lit de camp pour en faire une cachette. Il songe à toutes les difficultés, à l'intérieur comme à l'extérieur, notamment le danger que représentent les lanternes accrochées aux fenêtres qui éclairent la grande allée, parcourue toute la nuit par les surveillants.

Cependant, Vidocq est optimiste : à la différence de la prison, le bagne n'a rien d'un lieu hermétique ou parfaitement clos. On en sort pour les corvées. Le port et l'arsenal sont des lieux de passage. L'argent, les objets les plus variés et surtout les informations circulent assez facilement. En outre, scier une chaîne ne constitue pas pour le roi de l'évasion une difficulté insurmontable. Il

---

1. *Mémoires de Vidocq*, 1868, p. 59.

trouvera des outils ou il en fabriquera avec des bouts de métal, afin de se déferrer le moment venu. Quant à l'anneau de fer rivé à sa cheville, Vidocq sait bien que la méthode la plus efficace consiste à substituer un axe creux et une clavette amovible aux pièces ordinaires de la manicle. L'essentiel est d'effectuer ce « bricolage » le plus rapidement possible, après la vérification des fers par les argousins.

La première condition pour s'évader du bagne est une évidence : il faut s'assurer de la discrétion et de la bonne volonté de son camarade de « couple », chaque nouveau forçat étant « accouplé » obligatoirement avec un ancien pour une durée de trois ans. Ils dorment côte à côte, mangent à la même gamelle et effectuent ensemble les mêmes travaux. Leurs deux chaînes respectives sont réunies par trois anneaux métalliques que l'on appelle « organeaux ».

Vidocq est « accouplé » à un vigneron des environs de Dijon, condamné à vingt-quatre ans de bagne pour récidive de vol avec effraction. Ce malheureux, à demi imbécile, ne se rappelle même plus pourquoi il est là. Pour s'en débarrasser, Vidocq feint une indisposition. On détache le Bourguignon afin qu'il puisse se rendre seul à la « fatigue » (aux travaux de force). Le lendemain, rétabli, François est appareillé à un autre condamné qui, lui, a toute sa tête et comprend les choses. Il perce immédiatement les intentions de Vidocq. Moyennant quelques écus, il se propose de l'aider en lui fournissant des vêtements de matelot. Marché conclu !

Deux jours plus tard, vêtu d'une vareuse de marin ; notre candidat à l'évasion va réussir son affaire. La manicle avait été coupée la veille, puis sommairement ressoudée de manière à dissimuler les traces de scie et qu'elle puisse céder au premier effort. Libre de ses mouvements, Vidocq n'a plus qu'à disparaître derrière une pile de bois équarri, au cours d'une corvée sur le port. Il marche avec une désinvolture sans égale, à l'aise dans son costume de matelot comme s'il le portait depuis de nombreuses années, parvenant même à attraper la démarche lourde des gens de mer qui, bien qu'à terre, sentent encore dans leurs jambes le tangage et le roulis de leur bateau. Le seul obstacle sérieux, c'est un vieux factionnaire, surnommé Lachique, qui n'a pas son pareil pour distinguer un forçat, quelle que soit son apparence. En passant devant ce Lachique François Vidocq pose à terre la cruche à lait qu'il portait sur l'épaule pour se donner une contenance et demande crânement du feu au garde-chiourme. En bon fumeur de pipe, le père Lachique s'empresse de le satisfaire. C'est-à-dire qu'il s'occupe alors de la pipe elle-même, de la manière dont le tabac s'allume, mais qu'il en oublie de passer le fumeur à l'examen... C'est gagné ! Les deux hommes se lancent réciproquement quelques bouffées de tabac à la figure. On n'y voit plus rien. Vidocq quitte Lachique pour prendre la première route qui se présente à lui. Libre ! Lorsque retentissent les trois coups de canon annonçant son évasion, il est déjà loin. Son séjour au bagne de Brest n'aura été que de très courte durée. Arrivé avec la chaîne du 24 nivôse an 6 (13 janvier 1798), il s'est évadé le 10 ventôse suivant (28 février) [1].

Notre homme entame une nouvelle cavale durant laquelle il sème un garde champêtre à Morlaix, prend une nouvelle identité — il se fait appeler Auguste Duval, du nom d'un matelot qu'il croit décédé —, trouve un emploi à la foire de Cholet, chez un marchand de bestiaux, devient toucheur de bœufs, et parvient à Paris avec un troupeau.

Un soir, tandis qu'il traverse la rue Dauphine pour regagner la barrière d'Enfer, une main s'abat lourde-

---

1. Arch. du port de Brest.

ment sur l'une de ses épaules. Il se retourne et reconnaît aussitôt François Villedieu, un grand gaillard au teint basané dont les poches sont toujours garnies de papiers d'une authenticité douteuse. Vidocq a connu ce malfrat dans la fameuse « armée roulante ». Très agité, Villedieu avoue que la police le recherche, qu'il s'est fait « chauffeur » avec la bande de Salembier et qu'il a besoin d'un déguisement, un costume de toucheur de bœuf par exemple. Villedieu risquant l'échafaud, Vidocq ne désire pas être compromis avec un tel homme et décide de quitter Paris. Il abandonne à son triste sort le dangereux Villedieu, lequel sera effectivement guillotiné à Bruges quelques mois plus tard. Le « Bonaparte des forçats » s'est révélé peu solidaire, très mauvais camarade.

De la capitale, Vidocq gagne Arras où il revoit sa famille, et trouve refuge dans un village des environs chez un ancien carme, le père Lambert, qui fait le maître d'école. François l'assiste. Fatalement, une grande écolière de seize ans s'éprend de lui. Près d'elle, le temps n'existe plus. Hélas, quatre garçons du pays, jaloux, mettent fin à cette idylle en contraignant Vidocq à la fuite.

Il prend la route de Rotterdam, devient matelot, et finit par s'embarquer à bord d'un corsaire, le *Barras*, commandé par le capitaine Fromentin. Vidocq participe à toutes les prises effectuées sur les bâtiments de commerce ennemis, et il aurait sans doute poursuivi de nombreux mois encore sa course lucrative sur les océans s'il n'avait pas été contraint de montrer ses papiers à un commissaire, un jour que le *Barras* mouillait à Ostende. Il affirme se nommer Auguste Duval mais il joue de malchance car ledit Duval, qu'il croyait donc mort, est réclamé à Lorient pour être jugé comme déserteur de la Marine.

Duval, c'est la peine de mort. Vidocq, le retour au bagne. Aussi n'y a-t-il pas à hésiter. Il décline sa véri-

68

table identité. Les autorités le transfèrent aussitôt à Bicêtre [1].

Écroué le 22 juin 1799, François Vidocq quitte Bicêtre le 3 août avec la chaîne du bagne de Toulon, comprenant cent cinquante condamnés et commandée par le capitaine Vié. Il a été placé dans le sixième et dernier cordon entre Antoine Mulot et Louis-Nicolas Bonnefoy, dit Chevalier, dit aussi Chandelieu [2]. Il subit une seconde fois le cérémonial de l'enferrement. Il reconnaît, parmi ses compagnons de voyage, Jossas, talentueux voleur, surnommé « le Passe-Partout ».

A Toulon, le bagne est un bâtiment en bordure des quais de cent quinze mètres de long sur huit de large. De grandes salles peuvent abriter chacune trois cents détenus. En plus d'un siècle elles verront passer près de cent mille condamnés. Toulon, le plus important des bagnes portuaires, a laissé subsister — ultimes vestiges du temps des galères — des pontons, des bagnes flottants où les détenus dorment à même le plancher des batteries. « Quand les forçats étaient ainsi couchés, serrés et rangés, on aurait dit un équipage de négriers massacrés dont le sang aurait rougi le faux-pont [3]. »

L'aspect du port est très animé. De toute part, des condamnés, que l'habit rouge et le visage humide de sueur distinguent, sont en mouvement : les uns scient du bois, les autres portent de grosses charpentes sur leurs épaules, d'autres encore gagnent les ateliers, un grand nombre travaillent à la construction de bâtiments en pierre de taille, pendant que certains profitent d'une très courte pause pour vendre aux bourgeois en visite de menus objets en bois, os et noix de coco ; « Enfin, c'est un vaste chantier d'esclaves qui se présente aux regards du spectateur [4]. »

---

1. Arch. nat. BB²¹ 166.
2. Arch. nat. F¹⁶ 468 A.
3. Mongin, *Toulon*, 1978, p. 223.
4. Appert, *Bagnes, Prisons et Criminels*, t. III, p. 28.

Dès son arrivée au bagne de Toulon, le 29 août 1799, Vidocq est conduit à bord du *Hasard*, un des quatre anciens vaisseaux qui servent de prison flottante. Parce qu'il est un « cheval de retour », ce qui augmente sa peine de trois ans, les gardes-chiourme le placent parmi les condamnés qu'on s'abstient de conduire à la « fatigue » de crainte qu'ils ne trouvent une nouvelle occasion de s'évader. Ces hommes demeurent toujours enchaînés à leur banc, couchent sur une planche nue et reçoivent quotidiennement des coups de bâton ; des conditions de détention qui s'annoncent particulièrement difficiles pour Vidocq, âgé seulement de vingt-quatre ans.

Tandis que les gardes-chiourme quittent la pièce, l'angoisse lui tord l'estomac. La porte refermée violemment fait osciller la lampe dont la fumée — due à la mauvaise qualité de l'huile d'éclairage — voile en permanence la chambrée. Aussi Vidocq distingue-t-il fort mal ses compagnons de cellule.

Sous le va-et-vient de la lampe, les visages disparaissent, reparaissent : à gauche, tout rond, le Juif Deschamps, l'un des auteurs du vol du garde-meuble national, assassin du joaillier Deslong, somme toute une bonne tête que même cette lumière ne peut rendre sinistre. Deschamps dévore des yeux le nouveau venu. Il a l'habitude d'humilier les forçats coupables de petits délits. Il aime à répéter que le vol spectaculaire du garde-meuble a été évalué à vingt millions de francs-or.

En arrière, dans l'ombre, Vidocq remarque les petits yeux rigoleurs et le nez en l'air d'Antoine Mulot, avec qui il a fait le voyage de Bicêtre à Toulon. Fils du célèbre Cornu qui fut longtemps la terreur des paysans normands, Mulot racontera à Vidocq en riant aux larmes que sa sœur portait dans son tablier le crâne d'une femme assassinée par leur père. Déguisé en maquignon, Cornu courait les foires, observait les marchands, qui portaient avec eux de fortes sommes, et prenait la traverse pour aller les attendre dans quelque endroit désert où il les assassinait.

En arrière, dans l'ombre, se tient un certain Vidal. En passant au-dessus de sa tête, la lampe marque fortement les coins tombant de sa bouche d'assassin. Bourreau de bagne, Vidal exécute ses camarades sans sourciller. Les menaces dont il est l'objet ne l'empêchent pas de remplir son ministère. Il se charge en outre d'administrer les bastonnades infligées aux condamnés.

Ces hommes regardent Vidocq avec intensité, sans rien dire. Lui ne bouge pas, à peine son visage est-il contracté. Mais tous sentent que ce qu'il découvre le bouleverse.

Un gros baril de bois sert à satisfaire les besoins naturels. Comme il n'est vidé qu'une fois par semaine, il exhale un fumet pestilentiel. Puanteur, humidité et vermine règnent sur ce bagne flottant, l'eau et la vase s'infiltrant par les bordages. La nourriture varie peu. Elle se compose de pain noir, de légumes et quelquefois de biscuits rassis provenant des voyages au long cours, le tout arrosé d'un gros rouge à reflets violacés, au goût de vinaigre, qui coupe bras et jambes.

Toutes les pensées de Vidocq ne tendent dès lors qu'à rompre son ban. Il ne reculera devant aucune difficulté, devrait-il, pour prix de ses efforts surhumains, perdre la vie ou retomber dans un plus long esclavage.

Il remarque d'entrée que les grands coupables sont l'objet de la vénération de leurs compagnons de moindre importance. Les argousins, également, avaient pour les Beaumont, les Jossas, les Jambe d'argent, les Noël aux bésicles, une sorte de respect et des égards qu'ils n'accordaient pas aux petits délinquants. On estime que ces « héros du crime » sont plus actifs, plus industrieux ; ils ne se laissent pas abattre par la mauvaise fortune. C'est à eux seuls qu'on accorde les places de barberot, de conducteur de travaux et, surtout, celles de « payot » (forçat chargé de délivrer les vivres aux

71

cuisiniers du bagne, et devant s'occuper d'une partie de la comptabilité). Les places de payot sont les plus belles et les plus lucratives que peuvent espérer les forçats [1].

Régulièrement, Vidocq voit des hommes s'accuser de crimes abominables qu'ils n'ont pas commis pour acquérir des privilèges, des marques de déférence et même d'estime. Le « Bonaparte des forçats » n'est pas le dernier à faire connaître ses exploits, à les enjoliver ou, carrément, à les inventer, à se vanter d'avoir été un redoutable voleur, spécialisé dans la cruauté raffinée en ayant chauffé avec délectation les orteils et les aisselles de ses victimes. Qu'il ait fait répandre pareille histoire ne porte point à doute, sinon comment aurait-il pu obtenir du père Mathieu, vieil argousin en chef, terreur du bagne de Toulon, une place de fabricant de jouets ? Mieux : s'étant plaint de grandes douleurs aux jambes, il gagne une admission à l'« hôpital des chiourmes », doté de lits individuels — un « luxe » pour le bagne.

Moyennant un étonnant paradoxe qui remontait au temps des galères, les forçats étaient soignés décemment et proprement. Rien de ce qui pouvait les soulager ou les guérir ne leur était refusé. Le forçat admis à l'hôpital n'était plus un forçat, c'était un homme malade qui recevait les mêmes soins et la même nourriture que les ouvriers de l'arsenal et les équipages de la flotte. Il était alité dans la même salle que le marin, mais il conservait sa chaîne dont l'un des bouts était fixé au pied du lit. On ne la lui retirait que sur un ordre écrit du médecin, quand l'état du malade l'exigeait.

On comprend maintenant pourquoi Vidocq a prétexté des douleurs aux jambes. Le médecin accepte de lui enlever sa chaîne mutilatrice. Nul bagnard n'ignore qu'on s'échappe plus facilement de l'hôpital et des chantiers que des dortoirs de détention. Encore faut-il pouvoir se dégui-

---

1. Vidocq, *Quelques mots sur une question à l'ordre du jour. Réflexions sur les moyens propres à diminuer les crimes et les récidives*, p. 127 à 129.

ser pour franchir les portes, profiter ensuite d'échafaudages et se glisser par des cordes le long des murs.

Vidocq s'est procuré une paire de bottes, une perruque et des favoris. Pour le complément de sa toilette, il s'empare de la canne, du chapeau et du manteau d'un chirurgien. Ainsi travesti, il parvient à traverser une armée de sous-argousins sans être reconnu. Il va franchir la porte de l'arsenal lorsqu'un cri le fait sursauter :

— Arrêtez ce forçat qui s'évade !

Sans se troubler, Vidocq montre du doigt un homme qui vient de sortir et hurle :

— Ne voyez-vous pas que c'est un échappé de l'hôpital ?

Les soldats du poste s'élancent. Vidocq se croit sauvé par sa présence d'esprit. Il va franchir la grille à son tour quand il se sent immobilisé par la poigne d'un infirmier. Le subterfuge n'a pas fonctionné. Voilà une « gonnette » qui vexe Vidocq !

Pendant fort longtemps, une « gonnette » servit à désigner au bagne de Toulon une évasion mal combinée. Cette expression venait du forçat Gonnet, un vieillard repris huit fois après des tentatives malheureuses qui ne dénotaient aucune preuve d'adresse ni d'intelligence.

Vidocq se dit cependant très fier de la singularité de son tour. Comme tout grand imposteur, il s'attache à retourner son échec en sa faveur. Il trouve des accents éloquents pour démontrer aux forçats qui l'entourent que seule la chance lui a manqué. Vidocq tient beaucoup à sa réputation ; et il sait qu'il doit bénéficier de la complicité de ses camarades et de tout le corps des surveillants pour la suite des événements. Pour cela, il doit entretenir son prestige.

Il est remis à la double chaîne. La bastonnade l'attend. Même pour un organisme aussi résistant que le sien, la bastonnade peut entraîner la mort ou provoquer de très graves affections pulmonaires. Notre héros obtiendra la clémence du commissaire du bagne, non pas parce qu'il s'est laissé attendrir par un récit romanesque comme le raconte Vidocq dans ses Mémoires, mais plus sûrement parce qu'il a été impressionné par la forte personnalité du « Bonaparte des forçats ». Le commissaire affectionne les voyous de charme à la Vidocq, préférant l'arnaqueur enjôleur aux parangons de vertu.

François Vidocq est admis à travailler à la « fatigue », autrement dit avec les forçats besognant à l'extérieur du bagne. Ainsi a-t-il plus de possibilités d'évasion car les détenus se mettraient la tête à l'envers pour faire évader leur général, leur « dab », expression que retiendra Balzac pour son Vautrin [1]. L'ascendant que Vidocq exerce sur les forçats est impressionnant. Il sait convaincre, séduire et duper, entraîner les hommes et fasciner les simples. Vidocq aimera à répéter que, « si la masse de voleurs manque d'instruction, ils en connaissent cependant le prix. Ils sont désireux d'en acquérir, et ils ne manquent pas de témoigner de la considération à celui d'entre eux qui en possède [2] ». Lorsqu'on sait à quel point Vidocq était brillant intellectuellement, on comprend mieux pourquoi les malfaiteurs qu'il a rencontrés durant sa longue vie ont toujours eu pour lui mille égards, mille complaisances. Être devenu le « Bonaparte des forçats » en dit long sur Vidocq si l'on s'attache à cette réflexion du philanthrope Appert, grand connaisseur du monde du bagne et des prisons : « Les hommes qui sont le plus pervertis sont aussi ceux qui ont le plus d'influence sur les autres forçats [3]. »

Au bagne de Toulon, Vidocq se plaît à observer Jossas, à propos duquel il écrira : « C'était un beau jeune homme, d'une taille de beaucoup au-dessus de la moyenne, mais que faisaient excuser l'extrême aisance et la grâce parfaite de ses manières [4]. » Pour camper certains personnages de ses romans, Vidocq utilisera les beaux traits de Jossas qui, incontestablement, ne le laissèrent pas indifférent. A Tou-

---

1. Balzac, *Splendeurs et Misères des courtisanes, op. cit.,* p. 540.
2. Vidocq, *Quelques mots…, op. cit.,* p. 36.
3. Appert, *Bagnes, Prisons et Criminels, op. cit.,* t. III, p. 128.
4. *Les Vrais Mystères de Paris, op. cit.,* p. 34.

lon, mis à la double chaîne, confondu avec les plus misérables, Jossas conservait de grands airs sous sa casaque de forçat.

À l'instar de nombreux détenus, Jossas promet d'aider Vidocq dans ses projets d'évasion. Entretenant des intelligences avec l'extérieur, il parvient à procurer un costume de matelot au « dab ». Lorsque tout est au point, le roi de l'évasion remplace une fois de plus le boulon rivé de sa manicle par un boulon à vis.

Arrive le jour J : Vidocq se rend à la « fatigue ». Parvenu à la corderie, il disparaît derrière quelques pièces de bois. Aussitôt, sa chaîne tombe à terre comme par miracle avec sa dépouille de forçat qui, jusque-là, avait dissimulé des vêtements de marin. Il se glisse ensuite dans le quartier des prostituées, s'abouche avec la plus jolie, qui le fait monter chez elle et promet de l'aider. Avec la complicité de la fille de joie, Vidocq parvient à se mêler à un convoi funèbre qui lui sert à passer les portes de la ville de Toulon sans être contrôlé. Au cimetière, après avoir jeté une pelletée de terre sur le cercueil, il s'éloigne. Et jusqu'à ce que la nuit tombe, il marche sans repos.

Nous sommes le 6 mars 1800.

Trois coups de canon se font entendre. Tous les gens des environs savent qu'un forçat a fait la belle et qu'une prime sera accordée à quiconque le ramènera.

6

Un volant entre deux raquettes

*« C'était un homme avec de grandes capacités
qu'il ne trouvait pas à employer dans le crime. »*

Henry RHODES.

Dans son bureau, à Lyon, le commissaire général Dubois [1] regarde son interlocuteur d'un air signifiant clairement qu'il pense avoir affaire à un fou. Il ne peut en croire ses oreilles. Le coquin qui est assis en face de lui demande...

— D'être remis en liberté, parfaitement monsieur, dit une nouvelle fois François Vidocq avec un aplomb extraordinaire. En échange de quoi je collaborerai avec vous.

François-Louis Dubois a un bon rire. Toute sa vaste poitrine est secouée. Sur sa grosse face, deux grands plis moqueurs coupent les coins des lèvres.

Dans son poing fermé, Vidocq agite une feuille de papier, qu'il semble près de jeter à la tête du commissaire.

— Il ne tient qu'à vous que tous les dangereux individus dont j'ai inscrit le nom sur cette feuille dorment demain en prison.

Dubois se met à lire ladite liste où figure en effet une bande de criminels ayant pris Lyon pour théâtre de leurs exploits, des bandits peu prodigues de leurs visages, qui ne

---

1. Dubois (François-Louis), 1758-1828. Bonaparte en fit un substitut du commissaire général au tribunal de cassation puis un commissaire général de police à Lyon. Notons que Jean Savant a confondu ce personnage avec Louis-Nicolas Dubois, 1758-1847, préfet de police à Paris, qui jouera également un rôle important dans la vie de Vidocq. G. Montorgueil a été le premier à confondre les deux hommes dans un article consacré à Vidocq en 1910 dans *L'Éclair*.

sont pas de ceux qu'on voit passer dans la rue et qui, par conséquent, échappent toujours aux filets de la police. Les noms inscrits sur le papier de Vidocq ouvrent l'« appétit » du commissaire : les frères Quinet, dont un est poursuivi pour l'assassinat de la femme d'un maçon de la ruelle Belle-Cordière, Deschamps, Bonnefoi, Robineau, Métral, Lemat, bref toute la canaille du Midi [1].

Hier encore, Vidocq a dîné avec cette bande de malfaiteurs dans une misérable auberge, dans le faubourg des Brotteaux qu'habite une population ouvrière ; un repas qui n'a pas dû manquer de gaieté, à voir les bouteilles vides s'accumuler sur la table et à entendre les convives rire aux éclats. Ces individus peu recommandables, Vidocq les a connus au « pré », à Toulon. Comme lui, ils se sont évadés et se sont retrouvés à Lyon.

— Vidocq ! C'est Vidocq !

Dès qu'il a été identifié par les forçats en cavale, ces derniers ont fait cercle autour de lui et se sont empressés de le féliciter. Son évasion spectaculaire de Toulon a excité l'enthousiasme du bagne, et la renommée de Vidocq — qui, d'après la rumeur, se transformerait en botte de foin pour ne pas tomber dans les mains de la maréchaussée — a encore grandi. C'est à qui lui procurera de l'argent, des habits, et jusqu'à une maîtresse.

En écoutant l'histoire de Vidocq et sa proposition de conduire ses camarades à un traquenard, Dubois se gratte furieusement le haut du crâne, songeant qu'il a été plus d'une fois dupe de pareille combinaison. Vidocq a dit toute sa tirade en l'accompagnant d'un geste de la main droite, dont il abuse lorsqu'il veut convaincre, mais, à force d'éloquence, il a finalement raison du scepticisme du commissaire Dubois.

Ce jour-là, François Vidocq a effectué le premier pas dans cette carrière policière qui devait illustrer sa mémoire.

---

1. Arch. de Lyon, I[1] police locale, I[2] police générale.

Le 15 juillet 1800, il parvient à faire arrêter Pierre Quinet et Christian Cheredre, les deux assassins de Catherine Morel. Cinq forçats en fuite et six dangereux voleurs, venus de Paris pour ravager Lyon, tombent également dans les mains de Dubois grâce aux précieux renseignements fournis par Vidocq. Pour la première fois, il a trahi les siens en devenant l'auxiliaire des « cognes [1] », à qui il a offert sa parfaite connaissance des mauvais garçons, des divers argots, des mots de passe et surtout des planques. Après avoir été gibier, il est chasseur. N'est-il pas de meilleur garde-chasse qu'un ancien braconnier ?

A-t-il bonne conscience ? Fermement convaincu de son génie et de son étoile, excusant ses moyens frauduleux par le but assigné à son ambition, c'est un joueur qui rêve de conquérir une honorabilité et ne veut plus connaître l'enfermement.

Soucieux d'orienter l'opinion en sa faveur, il esquivera certaines questions scabreuses lorsqu'il racontera la vie édifiante de « saint Vidocq », notamment l'épisode de sa trahison du « milieu », un retournement de veste qu'il s'efforcera d'expliquer en multipliant les versions.

Dans un petit texte justificatif, Vidocq s'attachera à faire admettre que, soumis à un implacable destin, il était en butte aux provocations de ses anciens camarades, fermement désireux de le voir concourir aux vols qu'ils commettaient chaque jour : « Je me rendis à Lyon où, étant, je rencontrai plusieurs forçats évadés qui voulurent m'entraîner, mais pour mettre un terme à leurs obsessions je me rendis auprès de Monsieur Dubois, je lui confiai ma position et lui proposai de faire saisir un grand nombre de ces évadés : il accueillit ma proposition et peu de jours après plus de vingt d'entr'eux furent arrêtés avec des marchandises volées et une énorme quantité d'outils à voleurs [2]. »

Ce document corrige les Mémoires de Vidocq qui n'ont

---

1. Les gendarmes.
2. Manuscrit d'un secrétaire avec une correction autographe de Vidocq (coll. J. Claretie), catalogue Charavay, juin 1979.

cure de la vraisemblance en affirmant que le futur chef de la Sûreté a été vendu par ses amis forçats et que, motivé par la fureur où le jeta cette découverte, il prit « le parti violent » de les dénoncer à son tour.

Les forçats ne souhaitaient assurément pas s'aliéner Vidocq qu'ils estimaient au plus haut point, si on en croit l'intéressé lui-même quand il évoque l'ardent désir de ces malfaiteurs de l'associer à leurs mauvais coups : « Si l'on tenait tant à m'embaucher, c'est que l'on avait une haute opinion de mon intelligence, de mon adresse et surtout de ma force, qualité précieuse dans une profession où le profit est trop souvent rapproché du péril [1]. »

De ce respect et de cette admiration qu'on a pour sa personne, Vidocq tire une vanité qui lui fait voir ses « pairs » comme inférieurs à lui. Aussi ressent-il non plus une certaine admiration craintive pour cette dangereuse compagnie mais le dédain du vainqueur pour ceux qu'il a vaincus. Il peut dès lors les dénoncer à la police sans avoir mauvaise conscience. En affectant un certain mépris, il acquiert aussi le recul nécessaire pour observer un monde qu'il verrait beaucoup moins lucidement s'il lui appartenait complètement. Il sera assez avisé dans quelques années pour tirer de ses observations de substantiels bénéfices.

Ce que ne dit pas clairement Vidocq, c'est qu'il appréhende d'être renvoyé au bagne et qu'il est capable de tout pour ne pas revivre cet enfer.

Ses aventures au sortir du bagne de Toulon inspireront en 1846 une pièce de théâtre, *Le Capitaine des voleurs*, une comédie dans laquelle la jolie Armande déclare à Berlaudier, alias Vidocq :

— Je comprends que l'esprit d'indépendance, l'amour de la domination, de la célébrité, toutes choses fort honorables en elles-mêmes, aient pu vous jeter dans l'état que vous avez embrassé.

---

1. *Mémoires de Vidocq, op. cit.*, p. 93.

— Ah les scélérates de femmes ! rétorque Berlaudier. Quel sexe ! Elle me croit brigand, elle me cajole. Plus moyen de parler. Si je lui démontre que je suis simplement un brave garçon, elle va recommencer à me mépriser [1].

Ce charmant vaudeville a pour cadre les gorges d'Ollioules, en Provence. Or, si les pierres des gorges d'Ollioules pouvaient parler, elles nous diraient que l'innocence de Vidocq prête à caution quand on sait qu'il s'est associé à une bande spécialisée dans l'attaque des diligences sillonnant la Provence. Presque tous ses compagnons furent arrêtés à la suite d'une affaire très chaude où les forces de l'ordre intervinrent en grand nombre. Vidocq, qui s'était arrangé pour ne pas figurer en première ligne pendant le combat, parvint à échapper aux gendarmes.

Il arriva à Lyon, muni d'un faux passeport sous le nom d'Auguste Dubois, maître d'armes, mais, après avoir été arrêté lors d'une rixe avec des prostituées, la police l'identifia comme étant l'un des voleurs qui exploitaient les grandes routes du Midi. Ce fut alors que, pris de panique, il décida d'entrer en pourparlers avec le commissaire Dubois. Cette version que, on s'en doute, l'on ne trouve pas dans les Mémoires de Vidocq, a été attestée par de nombreux témoins. Elle nous semble la plus crédible [2].

Lyon et ses alentours sont maintenant purgés de quelques-uns de leurs truands. Vidocq reçoit-il un confor-

---

1. Xavier, Duvert et Lauzanne, *Le Capitaine des voleurs*, 1846 (Bibl. nat. 40 Yth 598).
2. *Mémoires d'un forçat, op. cit.*, t. I, p. 232 à 235. Contrairement à ce qu'avance J. Savant, la version de Vidocq n'a pas été confirmée par Garnier, alors secrétaire général de la préfecture du Rhône, devenu, sous la Restauration, commissaire chargé de la politique à Paris. Il n'existe aucun document. En revanche, le témoignage de M. Puteau, directeur à la préfecture de police, a été rapporté par Canler. Selon Puteau, qui a été chargé d'enquêter sur les antécédents de Vidocq, ce dernier ne s'est fait dénonciateur que pour adoucir sa position et non pas parce qu'il aurait été « outré par la déloyauté » de ses camarades.

81

table viatique de la police pour ses bons services ? Non pas. Il n'obtient de Dubois qu'un sauf-conduit, qui lui permet de gagner Paris sans être inquiété. Une fois expirée la validité du sauf-conduit, il reste à la merci d'une arrestation, en forçat évadé qu'il est. Déçu, il n'envisagera une nouvelle et durable collaboration avec la police que plusieurs années plus tard.

Vidocq connaît encore mille aventures. Jusqu'en 1809, il vit comme est contraint de vivre un forçat en rupture de chaîne, continuellement sur le qui-vive, sans cesse menacé, périodiquement repris et, derechef, fugitif. Il retrouve la paille humide des cachots dans les prisons de Versailles, de Saint-Denis, de Louvres, de Béthune, de Douai... La liste peut être établie grâce au dossier Vidocq conservé aux Archives nationales. Son évasion est constatée à la prison de Douai le 22 octobre 1805.

C'est à cette époque que la mère de Vidocq, probablement sous la pression de son fils, se décide à vendre sa maison d'Arras pour aller s'établir comme mercière à Versailles avec lui. Tandis qu'elle tient la boutique, Vidocq, sous le pseudonyme de Blondel, fait ses tournées. Tous deux décident ensuite de s'installer à Paris, dans le faubourg Saint-Denis, puis au cœur de la capitale, à la cour Saint-Martin, où Vidocq devient tailleur. Prudent, il change encore de nom. Il se fait appeler Bontemps puis Jacquelin [1].

C'est aussi à cette époque qu'entre dans sa vie une dénommée Annette à propos de qui il dira, longtemps après : « Elle tient toujours le premier rang dans les affections de ma vie. »

Citer toutes ses maîtresses serait une tâche insurmontable, mais Annette occupe dans cette liste une place particulière. D'emblée, Vidocq a été conquis.

« J'aimais son esprit, avouera-t-il, son intelligence, son bon cœur ; j'osai le lui dire ; elle vit sans trop de peine mes

---

1. Arch. nat. BB[21] 166.

82

assiduités, et bientôt nous ne pûmes exister l'un sans l'autre. » Il lui raconta dans le détail sa vie antérieure, ses forfaits, ses évasions... Émue, Annette fit montre de beaucoup de compréhension.

Les amours de Vidocq et d'Annette inspireront à Balzac dans sa jeunesse un roman, *Annette et le criminel*, appelé aussi *Argow le Pirate*.

Annette s'écrie :

— Oh ! Celui qui me regarde ainsi n'est point un criminel...

Annette ne peut se persuader que les crimes de cet homme fussent aussi horribles qu'il le faisait souvent entendre lui-même...

— Vous êtes bon et honnête.

Cette phrase prononcée par la jeune fille souleva le rideau qui par instants lui cachait sa vie passée, et il se regarda avec horreur [1].

Dans le roman de Balzac paru en 1824, Annette incarne le personnage romantique de la vierge « salvatrice » qui se dévoue à un criminel, accablé par le souvenir de ses forfaits, pour le relever de la déchéance morale. Balzac a pris le goût des créatures d'exception, que leurs passions ou leur volonté élèvent au-dessus des autres. Il cherche la grandeur de ses héros dans la violence ou l'étrangeté de leurs actes, dans l'énormité des malheurs qui les enlacent. Vidocq et Annette lui fournissent une matière propre à d'exceptionnels développements, à commencer par leur amour qui parle au cœur.

La véritable Annette partage toutes les misères de Vidocq en acceptant de vivre en marge des lois et en déclarant la guerre à une société qui n'a pas compris celui qu'elle aime à l'égal d'un dieu. Dès qu'il court un quelconque danger, elle s'empresse de brûler des cierges et de faire des neuvaines.

Pendant vingt-cinq jours, Annette sera incarcérée au

---

1. Balzac, *Annette et le criminel*, Flammarion, 1982.

dépôt de la préfecture. On la menacera même de la prison Saint-Lazare, celle des filles publiques, si elle s'obstine à ne pas vouloir indiquer le lieu de la retraite de Vidocq. « Le poignard sur le sein, elle n'aurait pas parlé », racontera son bien-aimé avec fierté.

Lorsqu'il collaborera avec la police, c'est elle qui tiendra absolument à ce qu'il purge la société des dangereux individus qui, jusqu'alors, ont sans cesse empoisonné son existence. C'est elle aussi qui exprime regrets et repentir devant les autorités, Vidocq répugnant à battre sa coulpe. S'il est en prison pour « moucharder », Annette le supplée à l'extérieur et agit avec diligence. Elle sera son bras droit, son émissaire, son agent, se travestissant au besoin pour pénétrer jusque dans les repaires des bandits qu'il faudra atteindre. Elle n'est pas moins convaincante en « fourgate » (receleuse), qu'en comtesse de Reneaulme ou en Mme de Saint-Estève, s'hispanisant le cas échéant en marquise de San Esteban, vêtue tout en noir, le chapeau couvert d'un voile, ce que Balzac n'oubliera pas. D'Annette, l'écrivain fera la tante de Vautrin, Jacqueline Collin, qui, sous le nom de Mme de Saint-Estève, offrira ses services assassins à Victorin Hulot et qui, dans d'autres circonstances, jouera le rôle d'une grande dame espagnole — marquise de San Esteban elle aussi — dont l'extravagante toilette parviendra à étourdir le personnel du palais de justice [1].

Femme exceptionnelle, Annette est pour beaucoup dans la réussite de Vidocq — qui tient du prodige. Cette réussite, il nous faut la relater en rejetant une légende lancée par Vidocq lui-même, reprise par les historiens et les romanciers, chacun ayant cherché là non point à rétablir la vérité, mais à se saisir d'un symbole.

— Être un volant entre deux raquettes, dont l'une s'appelle le bagne, et l'autre la police, c'est une vie où le

---

1. Balzac, *Splendeur et Misères des courtisanes*, *op. cit.*, p. 571.

triomphe est un labeur sans fin, où la tranquillité me semble impossible [1].

Ces paroles que Balzac fera dire à Vautrin, s'adressant au procureur général Granville, forgent la légende de Vidocq : traqué à la fois par les criminels et par les gendarmes, il lui fallait choisir...

Un de ses biographes apologistes ose écrire : « Il avait lutté, combattu, rebondissant après chaque chute, ne s'écartant jamais du chemin d'honnêteté qu'il s'était tracé... Maintenant, il était à bout [2]. »

Énigmatique, ambigu, mystificateur de génie, Vidocq a raconté ce qu'il a bien voulu sur les raisons qui l'ont poussé à collaborer avec la police. « Plus je lisais dans l'âme des malfaiteurs, dira-t-il, plus je me sentais porté à plaindre la société de nourrir dans son sein une engeance pareille. Je n'éprouvais plus ce sentiment de la communauté du malheur qui m'avait autrefois inspiré ; de cruelles expériences et la maturité de l'âge m'avaient révélé le besoin de me distinguer de ce peuple de brigands, dont je méprisais les secours et l'abominable langage [3]. » Cette explication est un tissu de mensonges et contredit ce qu'écrira Vidocq par la suite sur la société criminelle. Si l'on se fie à son livre *Les Voleurs*, il a toujours été fasciné par la classe dangereuse et par son argot dont il connaît les subtilités les plus secrètes. A l'instar de tous les anciens forçats, il emploiera dans ses conversations, jusqu'à la fin de ses jours, des termes d'argot, et ce avec un plaisir certain, comme s'il était fier de posséder deux registres de langue et d'initier le bourgeois à une culture des bagnes et des prisons exotique et un peu effrayante.

Vidocq a beau afficher l'indignation vertueuse de l'homme de bien à l'encontre de ceux qui mettent en cause l'autorité des lois, sa véritable nature transparaît dans ses actions, dans ses écrits plus personnels, et même chez

---

1. Balzac, *Splendeurs et Misères des courtisanes, op. cit.,* p. 643.
2. Jagot, *Vidocq,* p. 141-142.
3. *Mémoires de Vidocq, op. cit.,* p. 148.

Balzac. A l'exemple de Vidocq, Vautrin ne savoure-t-il pas le plaisir cynique de devenir en apparence le défenseur d'un ordre que dans le secret de son âme il continue de haïr ? Vidocq trahit une cause qui ne peut gagner qu'à la faveur de l'ombre. Or, cet homme a besoin de... lumière !

Balzac fera dire à Vautrin : « Tout en voulant renoncer à une lutte avec la loi, je n'ai point trouvé de place au soleil pour moi. Une seule me convient, c'est de me faire le serviteur de cette puissance qui pèse sur nous [1]. » Vidocq ne se faisait pas de grandes illusions sur les possibilités pour un ancien forçat de relever la tête : « Les libérés qui n'ont point de fortune doivent opter entre deux partis, mourir ou redevenir ce qu'ils étaient. »

Vidocq c'est Vautrin, mais c'est aussi le Bibi-Lupin de *Splendeurs* : l'homme qui, dégoûté par le crime, ou plutôt n'ayant pas véritablement tiré son épingle du jeu, s'en va « brouter au râtelier d'en face [2] ». Si Victor Hugo, pour camper son Jean Valjean, a retenu de l'histoire de Vidocq l'injustice dont il se prétendit la victime, Balzac, plus proche de la vérité, a démasqué chez le futur chef de la Sûreté l'ambitieux plein de faconde qui constate le train que mène la société, y joue son jeu comme tout le monde et passe avec succès du vice à la vertu estampillée, de la classe d'en bas à celle d'en haut. Rebelle assoiffé de pouvoir, Vidocq accepte sa défaite et devient le serviteur de ses ennemis lorsqu'il comprend que la ligne de démarcation ne se situe pas entre « l'honnête financier » et le malhonnête cambrioleur, mais entre le riche et le pauvre, entre le fort et le faible [3].

Les destins exceptionnels naissent de ce sentiment confus et violent qu'il y a de la lumière quelque part, et, dans cette lumière, une part de soi-même, qu'on rejoindra peut-être. La lumière, pour Vidocq, ce sera la police de Sûreté.

---

1. Balzac, *Splendeurs et Misères des courtisanes, op. cit.*, p. 644.
2. Marceau, *Balzac et son monde*, 1986, p. 349.
3. Wurmser, *La Comédie inhumaine*, p. 616.

En 1809, François Vidocq est âgé de trente-quatre ans. Il remue des idées noires. Ses problèmes d'argent ne font qu'empirer et ce n'est ni en étant un petit receleur, ni en fournissant à deux vieilles connaissances du bagne l'empreinte des serrures d'un de ses voisins, qu'il peut espérer se hisser enfin au sommet.

Un matin du mois de mars, il longe aussi vite qu'il peut le quai des Orfèvres. Il sait où il va. Arrivé dans l'étroite et brève rue Sainte-Anne, il se dirige vers une noire bâtisse, siège de quelques bureaux de la préfecture de police, pour y rencontrer M. Jean Henry, le chef de la deuxième division. Vidocq frappe à la bonne porte, Henry est en charge essentiellement de la répression du banditisme et de la sécurité des Parisiens. Le préfet de police, Louis-Nicolas Dubois, lui a confié la recherche des bagnards en rupture de ban et la surveillance des anciens forçats libérés. Pour ce faire, Henry tient un fichier très à jour, « un grimoire mouchique » où figurent repris de justice, inculpés et suspects divers.

Surnommé par ses collègues « le père Henry » et par les malfaiteurs « l'Ange malin », il connaît son fichier sur le bout des doigts. Lorsqu'on lui amène un voleur, il n'a pas son pareil pour l'appeler par son nom, lui détailler, sans consulter aucune note, les principaux actes de sa vie et le nombre de condamnations dont il a écopé. Dans ses jours de bonne humeur, il lui arrive même de reprocher à certains la maladresse avec laquelle ils se sont laissé prendre [1].

Entré dans la police en 1784, Henry y demeurera jusqu'à la Restauration [2]. Ami intime du préfet Dubois qu'il a connu au Châtelet, apprécié plus tard de Pasquier qui verra chez ce policier de grande classe « un homme précieux, fort habile [3] », Henry s'était déjà distingué sous la Révolution en dirigeant avec zèle — et ce en dépit de

---

1. Réal, *Indiscrétions*, t. I, p. 252.
2. Arch. nat. F[7] 4284.
3. Pasquier, *Histoire de mon temps*, t. I, p. 414.

moyens médiocres — le service de Sûreté du Bureau central.

Réal fait de lui dans ses Mémoires un très vif éloge. « On l'avait investi d'une sorte de pouvoir discrétionnaire. Il jouissait, dans des limites assez larges, du droit de grâce avant le jugement, et, quand il croyait devoir l'exercer, il obtenait en retour d'importants avis [1]. »

Sa réputation de droiture n'est plus à faire : s'il n'a que de très fortes présomptions et manque de preuves matérielles, il préfère remettre en liberté un suspect, quitte à le surveiller étroitement à sa sortie du dépôt. Henry est « un psychologue, un chercheur de cabinet, comparant, étudiant, échafaudant : esprit clair et minutieux à la fois, de qui les hypothèses étaient généralement exactes [2] ». Vidocq dira qu'il méritait son surnom d'Ange malin, l'aménité étant chez lui la compagne de la ruse.

Sa mauvaise santé, ses infirmités dues à un excès de travail, son âge avancé aussi, l'empêchent de quitter son bureau. C'est une « tête » à qui il faut des bras. Les effectifs dont il dispose sont d'une vingtaine de personnes. En outre, il est autorisé à recourir de façon occulte aux services d'auxiliaires de toute catégorie que par euphémisme on appelle « personnes interposées » mais que dans la coulisse on désigne sous le nom de « mouche ». Henry se montre persuadé que pour mettre la main sur les malfaiteurs les plus dangereux il faut se faire violence et utiliser leurs pareils. Déjà sous Louis XV, M. de Sartine employait à son service des voleurs repentants, ou qui se disaient tels.

Henry sera l'« inventeur » de Vidocq.

Le nez barbouillé de tabac, M. Henry se mouche plusieurs fois, semblant ne pas écouter l'homme qui vient d'être introduit dans son bureau, mais ce n'est qu'une

---

1. Réal, *op. cit.*, t. I, p. 254.
2. Jagot, *op. cit.*, p. 182.

impression car pas un mot, pas un détail n'échappent à ce fin limier. Il lève, par-dessus des lunettes vertes, ses yeux de fonctionnaire fidèle [1] et les fixe sur le visage de son visiteur, un gibier de bagne qui, curieusement, s'exprime en un français châtié, presque académique. Le policier a beau fouiller dans sa mémoire, la tête de cet homme ne lui dit rien.

C'est en quelque sorte une manifestation de dédain qu'exprime Vidocq à l'adresse de la police, en prétendant qu'il s'est évadé de prison si souvent qu'on ne pourra jamais l'y maintenir, que les forces de l'ordre se montrent incapables de résoudre le problème criminel à Paris mais que lui, il peut le faire.

Sans révéler son nom, Vidocq propose à Henry un marché. A condition que les gendarmes consentent à ne plus l'inquiéter à Paris, il se fait fort de permettre l'arrestation de nombreux voleurs et assassins dont la demeure lui est connue. Souvent trompé, Henry refuse de s'engager.

— Cela ne doit point vous empêcher de me faire vos révélations. On jugera à quel point elles sont méritoires. Et peut-être...

— Ah Monsieur, point de peut-être ! s'écrie Vidocq. Si je dois être reconduit au bagne et qu'on ait eu vent que j'ai eu des rapports avec vous, je suis un homme mort.

— Dans ce cas, n'en parlons plus ! réplique Henry en raccompagnant Vidocq à la porte de son bureau.

Les deux hommes se quittent sans en dire davantage. Ils se reverront bientôt.

Vidocq trouve provisoirement asile rue Tiquetonne, chez un dénommé Bouhin, faux-monnayeur de son état, mais les mailles du filet se resserrent autour de l'aventurier. Une nuit, à trois heures du matin, la maison de Bouhin est envahie par une armée de policiers. Vidocq, en chemise, gravit un escalier quatre à quatre, ouvre une fenêtre,

---

1. Balzac évoque brièvement Jean Henry (1755-1831) dans *Ferragus* (V) La Pléiade, 1977, p. 830-831.

s'accroche à une gouttière avec une agilité étonnante et va se cacher derrière un tuyau de cheminée.

— Ses habits sont là, crie un policier. Il ne peut être que sur les toits. Vite, des couvreurs !

Toute la toiture est passée au peigne fin. Vidocq est enfin découvert. Il est saisi au collet, garrotté et jeté dans un fiacre pour être conduit au dépôt de la préfecture. Les circonstances homériques de cette arrestation plurent tellement à Balzac qu'il ne put s'empêcher de faire arrêter son Vautrin pareillement, après une lutte sur un toit, arrestation qui conduira le héros balzacien — comme Vidocq — à ne plus être « le dab du bagne mais le Figaro de la justice [1] ».

Compte tenu de ses antécédents, le préfet Dubois ordonne que Vidocq soit écroué à Bicêtre, une prison que notre personnage connaît bien, la plus épouvantable de toutes celles qui dépendent de la préfecture. Le registre d'écrou de Bicêtre porte à la date du 20 juillet 1809 la mention suivante à propos de Vidocq : « Le nommé ci-contre a été réintégré, en venant de la préfecture de police de Paris, en vertu d'un ordre de M. le conseiller d'État, comte de l'Empire, en date de ce jour, portant qu'il doit rester céans comme condamné aux fers pendant huit années, le 7 nivôse an V pour faux, et qui s'est évadé deux fois. Remis par le sieur Labouche, inspecteur. »

Vidocq apprend qu'il sera reconduit au bagne de Toulon, avec la première chaîne. Épouvanté, il demande à revoir Henry, afin de lui faire mieux comprendre quel avantageux parti la préfecture pourrait tirer de ses services. Si le policier n'avait pas été très chaud lors de leur premier entretien, c'est qu'il avait cru discerner chez Vidocq un cerveau brûlé, redondant et trop obséquieux pour être honnête.

Cette fois, Vidocq se montre plus convaincant, parce que moins fanfaron. Il prouve ses compétences en com-

---

1. *Splendeurs et Misères des courtisanes, op. cit.*, p. 346-347, 628-629.

muniquant une liste de plusieurs forçats évadés qui se trouvent détenus à Bicêtre sous de faux noms [1]. Il ne demande qu'une chose : être épargné du bagne. Il fait valoir tous les arguments qui peuvent plaider pour lui, notamment ce faux qui lui a valu sa condamnation et qui ne comporte aucun caractère criminel.

Ne voulant pas assumer la responsabilité de la décision à prendre, Henry fait part du cas Vidocq à son supérieur, le préfet de police Dubois. Ce dernier, dès le mois d'août 1809, demande au procureur général à Douai une expédition du jugement rendu contre Vidocq dans l'affaire Boitel [2]. Les documents font apparaître que le faux commis par Vidocq n'avait eu d'autre but que celui de favoriser l'évasion d'un de ses compagnons de prison lorsqu'il était détenu pour un délit militaire. Le dossier Vidocq dans les archives de la justice est très mince, c'est sa grande force. Il n'y a pas la moindre preuve contre lui en ce qui concerne d'autres crimes ou délits, et notre homme s'obstine à ne reconnaître que de menus larcins, petite succession d'erreurs de jeunesse.

En fait, le préfet voit bien à qui il a affaire : un voleur, un tricheur, un imposteur, un faussaire, un gigolo, mais pas un assassin. C'est là l'essentiel. De toute façon, il en faut beaucoup à Dubois pour s'effaroucher devant le « curriculum » d'un malfaiteur, si on en croit ses ennemis qui lui reprochent sa mauvaise éducation due, selon eux, à des contacts professionnels trop réguliers avec les détenus et même à ses relations amicales avec des policiers de bas étage [3] — Henry serait-il visé ?

Pendant plusieurs semaines, Dubois pèse le pour et le

---

1. Canler, *Mémoires*, p. 110.
2. Arch. préf. pol. E/A 90 (16).
3. Arch. préf. pol. E/A 19 (I). Dossier Dubois. Le 8 mars 1800, Bonaparte a placé Dubois à la tête de la préfecture de police qu'il venait de créer. Dubois a rétabli la sûreté des rues de Paris et a intensifié la surveillance de nuit. Cinq cent quarante-trois ordonnances et autant d'instructions et de circulaires témoignent de son activité.

contre. A l'instar d'Henry, il n'est pas loin de penser qu'il faut employer contre les malfaiteurs leurs congénères et les admettre au nombre des mouchards comme les mieux armés à dénicher les drôles de leur trempe. Le 28 octobre 1809, il autorise enfin Henry à recourir aux services de Vidocq et à le mettre à l'épreuve, d'abord en se servant de lui comme « mouton » (espion), à la prison de la Force.

Vidocq pousse un soupir de soulagement lorsqu'il quitte la prison de Bicêtre pour celle de la Force. Il restera derrière les barreaux longtemps encore peut-être, mais il n'ira pas au bagne. A lui de montrer du zèle afin d'obtenir l'ouverture des portes de sa cage pour qu'il continue sa chasse à l'extérieur.

Il obtient un premier succès en dénonçant un projet d'évasion « qui ne tendait pas moins qu'à faire égorger le concierge et les gardiens [1] ». A la Force, il a une oreille dans chaque cellule. Son prestige est si grand auprès des détenus que, rapidement, avec une habileté diabolique, il joue un rôle d'inspecteur camouflé en recueillant les confidences nécessaires pour faire arrêter des dizaines de malfaiteurs.

Quand Henry désire s'entretenir avec son « mouton », il adresse une note confidentielle ainsi conçue : « Le chef de la deuxième division invite M. Parisot à faire amener demain auprès de lui dans la matinée le nommé Vidocq, détenu à la Force, et à recommander de le faire appeler lorsqu'on l'extraira, comme s'il s'agissait de le conduire chez le magistrat de sûreté, afin de ne pas laisser apercevoir le motif de cette translation aux autres détenus près desquels on l'a placé [2]. »

Quand Vidocq doit à son tour communiquer avec M. Henry, il est enfermé au mitard sous prétexte d'insubordination et obtient ainsi quelques moments d'isolement pour rédiger un rapport. Il cache si bien son jeu que les

---

1. Arch. nat. BB[21] 166, lettre de Vidocq à Louis XVIII, 1818.
2. Arch. préf. pol. E/A 90 (16).

prisonniers sont loin de supposer la moindre connivence entre lui et la police. Son influence ne fait que grandir de jour en jour. Lorsque les détenus en veulent à quelqu'un, ils s'en réfèrent toujours à lui pour le châtiment.

C'est ainsi qu'un certain Marie-Barthélemy Lacour, dit Coco-Lacour, accusé d'avoir mouchardé auprès de l'inspecteur général Veyrat, échappe à une exécution sauvage grâce à Vidocq qui le prend sous sa protection. Coco-Lacour lui témoigne sa reconnaissance en parlant... trop ! Il évoque ses larcins et son espoir de se tirer d'affaire, attendu que la police ignore tout de ses activités. Son sort ne dépend que d'une seule personne, un portier à qui il a parlé un long moment avant de pouvoir lui dérober sa bourse. Il appréhende vraiment beaucoup d'être mis en présence de cet individu. Vidocq fait aussitôt son sale métier de mouche. Henry est mis au courant de l'existence du portier qu'il retrouve aisément en suivant les indications de Vidocq. Confronté avec cet homme, Coco-Lacour ne peut soutenir une dénégation désormais inutile. Le tribunal le condamnera à deux années d'emprisonnement. Merci Vidocq !

La plus belle découverte de Vidocq pendant le temps de son « service » en prison fut celle d'un voleur surnommé Chante-à-l'heure, et de son camarade Blignon, qu'il parvint à convaincre d'un horrible assassinat.

Tout a commencé au préau de la Force. Les détenus se promènent dans cet étroit espace entièrement pavé, pendant quelques heures de la journée, et surtout le matin de bonne heure en été. D'ordinaire, tout y est muet — les murs et les consciences —, car tout est péril pour ce troupeau de criminels qui n'osent se fier aux uns et aux autres, dans la crainte du mouton. En dépit de son grand talent, Vidocq soutire difficilement des informations auprès des promeneurs du préau. Il veille à tout cependant et scrute les visages.

Ce jour-là survient une bagarre entre deux « amis » qu'une scène de jalousie a dressés l'un contre l'autre. Le plus viril se nomme Charpentier, dit Chante-à-l'heure, et le giton Blignon. Vidocq les regarde se battre. Blignon, pourtant le moins costaud, se défend mieux. Le visage en sang, Chante-à-l'heure va se faire panser tout en témoignant une grande animosité contre son compagnon.

— Le misérable, dit-il, si je veux « jaspiner » (parler), Blignon sera bientôt « fauché » (guillotiné).

A ces paroles, Vidocq s'approche de Chante-à-l'heure. En lui prêchant la douceur et le pardon des injures, il a soin d'exciter sa colère, et, entraîné par le vin et l'eau-de-vie, le brigand se « déboutonne ». Il raconte tous les détails d'un assassinat, suivi d'un vol, commis rue Planche-Mibray par lui et son collègue, avec l'assistance de deux autres brigands qui n'ont pas été arrêtés.

Le rapport de Vidocq, transmis à Henry, fera tomber sous la main de la police tous les complices de cet assassinat.

Le bon travail de notre héros, pendant les dix-sept mois qu'il passe à la Force, permet à la préfecture de mettre à jour ses fiches qui répertorient plus de cinq cent mille malfaiteurs, des fiches classées par genre de crime. Ce calepin, bilan des consciences, est désormais aussi bien tenu que l'est celui de la Banque de France sur les fortunes.

Il apparaît très clairement que Vidocq a le génie de la police. Il n'agit pas seulement en mouchard mais aussi en inspecteur, doté d'un cerveau qui peut mettre en branle un mécanisme unique d'inductions et de déductions, les ressources d'un répertoire de souvenirs, véritable annuaire du crime, dont le répertoire mouchique de M. Henry, en comparaison, n'est qu'une faible ébauche. Toute circonstance nouvelle survenue dans la « carrière » d'un malfaiteur est immédiatement enregistrée dans sa mémoire. En 1837, lorsque des policiers, venus perquisitionner chez Vidocq, lui demanderont où sont ses principaux dossiers, il leur répondra avec fierté :

— Dans ma tête !

(« Mes livres de commerce sont là », dira, en se frappant le front, Vautrin à Rastignac.)

Les exploits de Vidocq parviennent jusqu'aux oreilles de Fouché, ministre de la Police, « l'ennemi de Dubois » — c'est lui qui se nomme ainsi. Désireux de tenir dans ses mains un pouvoir sans partage, Fouché estime que Dubois est tout juste bon, avec son équipe, à s'occuper des filles de joie et de l'allumage à l'heure voulue des réverbères. Au début de l'année 1810, le duc d'Otrante se préoccupe assez peu de l'activité de la préfecture de police et de ce que fait Dubois, car il se consacre tout entier à sa grande idée de rapprochement avec Londres. Néanmoins, il s'intéresse à ce que lui indique le maréchal Moncey[1] sur Vidocq, ses espions de la rue de Jérusalem lui ayant abondamment parlé de cet ancien forçat, employé par Dubois à la Force.

Le 28 février 1810, Moncey a écrit à Fouché : « Des renseignements parvenus au lieutenant de gendarmerie à Arras lui donnent lieu de croire qu'un nommé François Vidocq, natif de cette ville, est actuellement détenu dans la maison de Bicêtre. Cef officier m'écrit que le même individu, évadé de la maison d'arrêt de Douai (Nord) le 2 brumaire an 14, a été condamné à 8 années de fer pour crime de faux, qu'il est soupçonné en outre d'avoir été chef d'une bande de chauffeurs et garrotteurs. Le même lieutenant m'ajoute que Vidocq est un homme astucieux, adroit et capable par son audace de se livrer aux plus grands crimes[2]. »

Un supplément d'enquête fera ressortir qu'aucune preuve ne permet d'affirmer que Vidocq a été chef de garrotteurs. Sans doute vécut-il du crime et eut-il pour asso-

---

1. Le 3 décembre 1801, Bonaparte avait créé l'inspection générale de la gendarmerie et l'avait confiée à Moncey, futur duc de Conegliano, qui en fera une sorte de ministère de la Police militaire.
2. Arch. nat. F7 6542.

ciés les pires individus et les plus dangereux, mais encore fallait-il le prouver.

A travers l'exemple de Vidocq et de quelques autres malfaiteurs, comme Coignard dont nous aurons l'occasion de reparler, le XIXᵉ siècle à ses débuts semble favoriser à plaisir un jeu de masques et de mystères. C'est le signe d'une société bouleversée par les grandes mutations de la Révolution et l'Empire où les parias d'un jour peuvent devenir les puissants de demain. Vidocq bénéficiera de cette conjoncture. Dans un pays où les régimes se succèdent si rapidement, un défenseur de l'ordre peut devenir du jour au lendemain un conspirateur dont la tête sera mise à prix, ou, s'il a plus de souplesse que de loyauté, il restera en place et choisira pour le seconder ceux-là même qu'il pourchassait la veille.

Le 2 juin 1810, Fouché n'est plus ministre de la Police. Il doit céder son portefeuille à Savary. La disgrâce de Dubois suit de près celle du duc d'Otrante. Le 1ᵉʳ juillet, son absence lors de l'incendie de l'hôtel Schwarzenberg provoque son rappel au Conseil d'État.

Pasquier sera le nouvel « employeur » de Vidocq. Issu d'une grande famille de robe, cet homme d'ordre et de rigueur est appelé à la préfecture de police pour « la nettoyer », selon l'expression qu'il emploie dans ses Mémoires [1], un « nettoyage » qui se révélera inutile, le personnel laissé par Dubois étant tout à fait compétent.

Pasquier maintient Henry à son poste, ne voulant pas se priver du concours d'un homme aussi capable. L'inspecteur général Veyrat a beau affirmer à Savary « que Monsieur Dubois avait chassé dix fois de son cabinet M. Henry pour les mensonges absurdes qu'il venait lui débiter [2] », le chef de la deuxième division, vieux policier très expérimenté, bénéficie toujours de la confiance de ses supérieurs.

---

1. Pasquier, *op. cit.*, t. I, p. 411
2. Rigotard, *La Police parisienne de Napoléon*, p. 199.

Et Vidocq, la « créature » d'Henry, qu'allait-on en faire ?

Les services administratifs semblent davantage passionner le nouveau préfet de police que les « services actifs ». Les débuts de Pasquier, rue de Jérusalem, n'ont rien de fulgurant. Napoléon en personne s'en inquiète et écrit à Savary d'une plume pleine de courroux : « Remontez la police de Paris. Elle est mal faite, et dans le public on s'aperçoit que l'activité de Dubois manque. Ne dissimulez pas à Pasquier que le bruit public à Paris est que la police de Paris est moins bien faite que sous son prédécesseur [1]. »

Henry arrive à point nommé lorsqu'il suggère à Pasquier de faire libérer Vidocq de la prison de la Force pour qu'il poursuive son rôle d'indicateur à l'extérieur. L'idée d'employer un ancien forçat révulse Pasquier, saisi d'une véritable fureur moralisatrice depuis qu'il a remplacé Dubois, mais Henry avance les bons arguments. Vidocq peut être le plus précieux des auxiliaires pour mettre la main sur les auteurs d'un assassinat ou d'un vol très qualifié, pour « entreprendre » en quelque taverne les « chevaliers grimpants », les « boucardiers », les « venterniers », les « tireurs », les « floueurs »... Initié professionnellement aux moyens d'exécution de ces crimes et délits, et, par ces moyens mêmes, autorisé à désigner sans erreur le coupable dans une armée de gredins dont il connaît directement ou indirectement beaucoup de chefs, sachant les planques où ils se tapissent, Vidocq épurera Paris de sa canaille.

Pasquier accepte la proposition d'Henry, à condition de n'avoir aucun contact direct avec cet homme infréquentable. « Il n'aurait jamais passé le seuil de mon antichambre », écrira le deuxième préfet de police de Napoléon dans ses Mémoires. Tout en reconnaissant que peu d'agents ont été aussi utiles que Vidocq, Pasquier affirmera que « cette confiance publiquement accordée, et avec

---

1. Hauterive, *Napoléon et sa police*, 1943, p. 218.

tant d'abandon, à un homme condamné, a été d'un très mauvais effet, et elle a beaucoup contribué, en plusieurs occasions, à déconsidérer la police [1] ».

Les collaborateurs du préfet — Vidocq les surnomme méchamment les « eunuques du sérail » — verront d'un très mauvais œil cet ancien forçat régner sur Paris. Les ruses d'autrefois, destinées à berner les gendarmes, Vidocq les utilisera désormais pour prendre au filet les malfaiteurs de tout acabit.

On comprend pourquoi Balzac sera fasciné par le personnage. Le créateur de *La Comédie humaine* n'a-t-il pas proclamé bien haut qu'il fallait être « le Napoléon de quelque chose » ?

---

1. Pasquier, *op. cit.*, t. I, p. 520.

7

Le Napoléon de la police

« *La police comporte des inconvénients : si vous la confiez à un imbécile, elle perd son utilité ; si vous la confiez à un homme intelligent, elle devient dangereuse.* »

Bernard FAY.

Paris, une nuit d'encre. On ne voit, là où passe l'une de ces curieuses voitures d'osier justement baptisées « panier à salade », qu'un redoublement de ténèbres que troue de place en place la pâle lumière de quelques fenêtres.

Panier à salade est un nom approprié quand on sait que les détenus y sont secoués comme de la laitue entre les mains d'une cuisinière.

Un homme, vêtu de la bure des prisonniers, a été précipité par deux gendarmes dans la voiture cellulaire, dont les secousses, sitôt le départ, l'ont envoyé de droite et de gauche, d'avant en arrière, contre les doublures de cette niche de bêtes fauves, véritable cage dotée de deux petites lucarnes latérales pour donner de l'air, tout juste ce qu'il faut pour ne pas être asphyxié.

L'homme, de haute stature, a été contraint de s'asseoir dans la posture d'une idole égyptienne, rentré en lui-même, les tibias perpendiculaires aux cuisses et les bras serrés contre les côtes.

Au moment précis où la geôle roulante débouche dans la Cité, par le pont Notre-Dame, le prisonnier parvient à ouvrir la portière, en dépit de sa position très inconfortable, puis il se laisse rouler sur le sol et, rapide comme l'éclair, il s'évanouit dans une nuit si noire qu'elle semble être sa complice. Le bruit de ses souliers sur les dalles du pavé s'éloigne, faiblit et se perd tout à fait. Seul un œil exercé pourrait distinguer autour de la voiture, qui a arrêté sa course, quelques ombres se remuant dans tous les sens. Ce sont les gardiens, les yeux hagards. Pris de vitesse, ils ne savent, dans les ténèbres, où se diriger.

Vidocq — il s'agit bien de lui — s'accorde un temps pour respirer à pleine poitrine. Puis, il reprend sa course vers la Petite-rue-Sainte-Anne, ne s'arrêtant qu'à la porte des bureaux de la préfecture, à laquelle il frappe sans hésitation comme sans retard. Henry vient ouvrir en personne. Il l'attendait.

— Monsieur Vidocq, nous pouvons nous féliciter de notre stratagème. Votre évasion s'est passée comme il fallait. Pour vos compagnons de la Force, vous avez pris une fois de plus la clé des champs.

Un large sourire épanouit la figure de Vidocq. Il importait que les malfaiteurs ignorassent sa mise en liberté. En conséquence, son évasion a été combinée entre Pasquier, Henry et lui, mais non pas avec les gendarmes du panier à salade dont les indiscrétions l'eussent trahi. Il a donc réellement réalisé un nouvel exploit en faussant compagnie à ses gardiens.

Cette évasion, organisée le 25 mars 1811 [1], fait grand bruit à la prison de la Force, où l'aristocratie de la pègre exhorte les prisonniers à rendre hommage au roi Vidocq, celui qui met en échec toutes les polices de France. Un nommé « Marc d'Argent », condamné à vingt-quatre ans de fers, se battra avec quelques détenus qui oseront affirmer que Vidocq ne s'est évadé que pour travailler avec les « cognes ».

— A vous, M. Vidocq, de donner toute votre mesure ! lance Henry, visiblement très confiant, car depuis plusieurs mois il a flairé en cet homme un policier hors pair.

---

1. On peut lire à cette date dans le registre d'écrou de la prison de la Force : « Vidocq, transféré à Bicêtre par ordre de M. le préfet, ordre signé Pasquier. »

Parmi les premiers malfaiteurs signalés à Vidocq par M. Henry, figure un certain Vatrin, dit Warin, prévenu d'avoir fabriqué et mis en circulation de la fausse monnaie et des billets de banque, un individu rusé que des officiers de paix ont arrêté mais qui a rapidement réussi à s'échapper [1]. Le repêcher est d'autant plus difficile que la police a perdu sa trace depuis plusieurs mois.

Vidocq mène une enquête minutieuse grâce à laquelle il découvre un des repaires de Vatrin, une maison garnie du boulevard Montparnasse. Il ne laissera plus au faux-monnayeur l'occasion de filer sans laisser d'adresse, jusqu'à ce qu'il parvienne à le débusquer d'une façon assez spectaculaire dans un appartement. Une lutte s'engage entre eux, lutte vigoureuse où l'on s'empoigne par les cheveux. Vatrin faiblit, Vidocq rassemble toutes ses forces et, par une ultime secousse, attire son adversaire dans le corridor, lui arrache le tranchet dont il s'était armé et l'entraîne au dépôt de la préfecture.

A l'époque, le régime napoléonien ne plaisantait pas avec les faux-monnayeurs. Un temps, on crut les intimider en rétablissant contre eux les peines tant soit peu archaïques du fouet et de la marque. Cela se révéla si peu dissuasif que l'on décida d'appliquer de nouveau la peine de mort. Les condamnations se succéderont, rigoureusement prononcées et rigoureusement exécutées. L'effet d'intimidation sera, là encore, plutôt médiocre.

Le 19 septembre 1811, *Le Journal de Paris* annonce en première page que le fameux Vatrin, « condamné à la peine capitale le 14 de ce mois, a subi hier son arrêt sur la place de l'Hôtel-de-Ville à 4 heures ». Pas un mot sur l'homme à qui l'on doit la capture du faux-monnayeur qui défia si longtemps la police. Le nom de Vidocq n'a pas encore droit aux honneurs de l'impression, son activité devant rester secrète pour demeurer efficace.

---

1. Arch. préf. pol. A/a 303.

Efficace, notre homme l'est, assurément. Vatrin ouvre un cortège d'arrestations dont celles de nombreux faux-monnayeurs comme Bouhin, Terrier et Allais. Vidocq se met à dénoncer sans vergogne ses anciens camarades qu'il fait envoyer au « pré » ou à « l'abbaye de Monte-à-Regret ». Il se verra même un jour dans l'obligation cruelle d'arrêter lui-même un ami d'enfance et, pour se justifier, à la fin de sa vie, il avouera qu'à l'époque où il était chef de la Sûreté il aurait « emballé » son propre père [1].

On reprochera à Vidocq d'avoir fourni les renseignements qui permirent l'arrestation du mégissier Bouhin et du docteur Terrier. Bouhin avait hébergé Vidocq lorsque ce dernier était traqué par la police. « Tous deux portèrent leur tête sur l'échafaud, en récompense de l'hospitalité qui avait été accordée au pensionné de la préfecture de police [2] », écrit dans ses *Mémoires* le policier Canler qui réprouve les méthodes de Vidocq et dénonce « la bassesse de son cœur ».

Vidocq cherchera à se blanchir, et ses principaux biographes le suivront sur cette voie, en affirmant que Bouhin et Terrier avaient persisté dans leur criminelle activité malgré les remontrances de Vidocq, et que, pour se débarrasser de lui, ils l'avaient donné à la police, qui l'avait arrêté chez Bouhin, précisément, en juillet 1809 [3]. Mais, ne l'oublions pas, Vidocq cherche toujours à passer pour une victime. Il sait bien que le rôle de Caïn n'attire pas que des applaudissements. Aussi sa bonne foi demeure-t-elle sujette à caution dès qu'il s'efforce d'augmenter les vices de ses adversaires pour amenuiser les siens.

Reste que Vidocq triomphe aux yeux de Pasquier, contraint de reconnaître que ses officiers de paix et ses agents réguliers ont manifesté moins de discernement que l'ancien forçat dans l'affaire Allais.

Un peintre miniaturiste eut la patience et le talent d'exécuter à la main plusieurs dizaines de billets. C'est

---

1. Chenu, *Les Malfaiteurs*, *op. cit.*, p. 147, 153.
2. Canler, *op. cit.*, p. 110.
3. Savant, *La Vie fabuleuse et authentique de Vidocq*, p. 164.

Vidocq qui interrompit les activités de ce contrefacteur en découvrant les pièces à conviction. La perquisition au domicile du dénommé Nicolas Allais s'avéra d'abord infructueuse. Les agents étaient au moment de sortir quand Vidocq remarqua un regard que le peintre jetait furtivement sur un poêle placé au milieu de la pièce. Le couvercle de ce poêle dissimulait deux billets, un faux et un vrai qui servait de modèle. Vidocq trouva également, dans des bosses en plâtre, du papier identique à celui des vrais billets, de l'encre de Chine et des pinceaux encore imbibés et humides.

La Banque n'apportait pas alors à l'impression de ses billets les minutieuses précautions employées de nos jours. On estima que, dans un temps où l'art de la miniature était en grande vogue, la prudence commandait d'étouffer l'affaire. Élevé à la dignité de prisonnier d'État, Allais fut mis au secret à Vincennes. Quant à Vidocq, la Banque lui alloua une récompense de six mille francs [1].

M. Henry confirme à Pasquier les grandes capacités de Vidocq. Jaloux, le personnel de la préfecture s'efforce de modérer pareil transport, mais Pasquier, en personne, ne tarit pas d'éloges sur son nouvel agent et lui accorde de la main à la main, dit-on, de substantielles récompenses, prises sur la contribution des maisons de jeux qui alimente les caisses du préfet.

Les fonds secrets prêtent le flanc aux bavardages et aux fantasmes, surtout l'emploi que Pasquier juge à propos d'en faire auprès de son bataillon de mouchards, supplétifs de la police régulière. « Le but que se proposent tous les employés de la police, c'est de l'argent ! écrit Guyon, ex-agent de la police secrète. C'est de cette caisse que sort, comme d'une autre boîte de Pandore, l'argent qui doit salarier, et même quelquefois sciemment récompenser les artisans d'un peu de bien et de beaucoup de mal [2]. »

---

1. Pasquier, *op. cit.*, t. I, p. 519 à 521.
2. Guyon, *Biographie des commissaires de police et des officiers de paix de la ville de Paris*, p. 191.

L'auteur de ces lignes, écrites en 1826, regrette amèrement de ne pas avoir eu l'opportunité d'éplucher les comptes de la police, « toujours recouverts d'un voile impénétrable ». S'il avait pu, comme nous, compulser les archives, il aurait constaté que Vidocq n'a pas été aussi bien rétribué que la rumeur l'a laissé entendre.

Vidocq apparaît dans la comptabilité de la préfecture en 1811, dans un premier temps avec la qualification d'agent particulier, puis peu après avec celle d'agent secret aux appointements de cent cinquante francs par mois, augmentés de gratifications proportionnées aux services rendus, par exemple, en 1812, vingt-cinq francs à titre de gratification et d'indemnité pour deux voleurs arrêtés de ses propres mains.

Un mandat de paiement, daté du 6 janvier 1812 et retrouvé aux Archives de la police, stipule : « M. Armand, caissier de la préfecture, payera au sieur Vidocq la somme de 18 francs tant pour lui que pour le nommé R..., autre agent secret qui l'a aidé dans la recherche et dans l'arrestation du nommé Claude Morin Deglaire, fameux voleur avec effractions extérieures et escalades, signé Henry. Vu bon pour 18 francs, signé Pasquier [1]. »

Fort de ses succès, Vidocq accablera M. Henry de doléances concernant sa rémunération qui n'augmente pas suffisamment à son goût. Le 1er octobre 1816, Henry écrit au préfet de police : « Vidocq, qui jouit d'un traitement de 200 francs par mois [2], ayant la plus forte brigade de Sûreté, et la plus utile pour les services qu'elle rend, à diriger seul, d'après les instructions que je lui donne pour les recherches à faire et les surveillances particulières et générales à exercer, sollicite le traitement dont jouissent les officiers de la paix, c'est-à-dire 250 francs par mois

---

1. Arch. préf. pol. E/a 90 (16).
2. Il est toujours difficile de donner une équivalence avec les francs actuels. Mais on peut avoir un ordre de grandeur en multipliant par vingt-deux ou vingt-trois.

au lieu de 200. Je sais qu'il le mérite [1]...» En 1824, Vidocq perçoit mensuellement 333,33 francs [2], en 1825 416,66 francs [3] auxquels il faut ajouter des gratifications, de 500 à 1 000 francs, qu'il doit partager avec ses agents. Canler affirme que Vidocq, lorsqu'il s'est retiré de la police en 1827, était « possesseur d'une fortune qui n'avait pas pour origine les économies qu'il avait pu faire sur ses appointements [4] ».

La vénalité de Vidocq étant de notoriété publique, ses ennemis affirment qu'il mange à plusieurs rateliers, comme tous les indicateurs, en tirant de l'argent à la fois de la préfecture et des malfaiteurs, avec la promesse d'une capture pour les uns et d'une libération pour les autres. Que ces « Messieurs » de la rue de Jérusalem (La Judée, dit-il en argot) répugnent à entrer en contact avec lui le laisse indifférent, Vidocq affectionnant moins la clé de la préfecture que celle de son coffre-fort.

Ainsi, Pasquier a installé ce policier pas comme les autres auprès de M. Henry au numéro 6 de la Petite-rue-Sainte-Anne, une maison qui « ressemblait plutôt à un bouge, asile de voleurs, qu'à des bureaux de police », dira Canler [5]. On a écrit aussi que Vidocq y jouissait de la direction absolue des recherches qu'il entreprenait, ce qui n'est pas exact car, même s'il se croyait investi d'un blanc-seing de ses supérieurs, il menait ses enquêtes sous le contrôle du vigilant M. Henry, d'où notre conviction que notre homme n'a guère pu, du moins dans les premiers mois, se livrer systématiquement avec les malfaiteurs à des arrangements répréhensibles. Du reste, il savait trop bien que, tout le temps qu'il n'avait pas obtenu de lettres de grâce, il dépendait du caprice d'un chef de le replonger dans l'abîme dont il s'était à peine tiré.

---

1. Arch. préf. pol. D/b 45.
2. Arch. nat. F[7] 6756, dossier 7.
3. Arch. nat. F[7] 6757, dossier 7.
4. Canler, *op. cit.*, p. 114.
5. *Ibid.*, p. 116.

En revanche, il est une accusation à laquelle nous souscrivons sans réserve : la provocation ! Une accusation qui poursuivra Vidocq durant toute sa carrière et qui trouvera véritablement créance, sous la monarchie de Juillet, auprès du préfet Gisquet. Soucieux de sa bonne image, Vidocq s'est toujours défendu énergiquement d'avoir agi en provocateur : « Je ne pense pas qu'il y ait de provocation possible. Un homme est honnête ou il ne l'est pas : s'il est honnête, aucune considération ne sera assez puissante pour le déterminer à commettre un crime ; s'il ne l'est pas, il ne lui manque que l'occasion, et n'est-il pas évident qu'elle s'offrira tôt ou tard [1]. » Ses ennemis ont beau jeu de retourner un tel argument contre lui en affirmant que cette morale « prouve bien que si lui, Vidocq, a été au bagne, ce n'est ni l'effet des mauvaises fréquentations, ni le résultat de circonstances fortuites, de nécessités impérieuses, mais bien parce que son âme était gangrenée [2] ».

Même si Vidocq aspire à se disculper en affirmant que « celui qui travaillerait à démoraliser un être faible et à lui inculquer des principes pernicieux, pour se ménager l'atroce plaisir de le livrer au bourreau, serait le plus infâme des scélérats [3] », il n'en est pas moins vrai que la provocation a été sa « botte de prédilection [4] » et que les témoignages en sa défaveur abondent.

Lors d'un procès, un juré demandera à un témoin :

— Savez-vous si Vidocq était dans l'usage de fournir des pinces-monseigneur aux voleurs qui en manquaient ?

Réponse du témoin Utinet, orfèvre, ex-agent de police :

— Plus d'une fois cela a eu lieu. Je me rappelle entre autres qu'il en a donné une au nommé Lambert, forçat libéré, actuellement à Bicêtre [5].

Guyon, qui fut lui-même mouchard, affirmera que, si le

---

1. *Mémoires de Vidocq, op. cit.*, p. 195.
2. Canler, *op. cit.*, p. 115-116.
3. *Mémoires de Vidocq, op. cit.*, p. 195.
4. *Mémoires d'un forçat, op. cit.*, t. II, p. 79.
5. *Ibid.*, t. II, p. 94.

public connaissait la destination des fonds secrets de la préfecture, nombre de machinations honteuses seraient mises au grand jour et les quittances attesteraient « les rapports mensongers, les délations, la calomnie et tous les moyens provocateurs » employés pour trouver le mal là où il n'était pas toujours [1]. Selon ce témoignage, la provocation n'était pas propre à Vidocq mais une pratique courante.

Claveau, brillant avocat [2], très bien informé sur l'organisation de la préfecture de police, raconte à propos de Bouhin et Terrier, victimes de Vidocq : « Je n'oublierai jamais qu'en 1811 j'ai vu deux malheureux auxquels on avait remis des fourneaux, des creusets et des matières pour fabriquer de la fausse monnaie, et que l'on avait livrés au moment où le feu brûlait, porter ensuite leur tête sur l'échafaud. Je les aperçois encore s'agitant, et nommant le monstre sans lequel ils n'auraient jamais songé à faillir ; j'entends toujours leurs cris déchirants. Ils ne souffrirent pas longtemps. Au bout de 24 heures la hache du bourreau avait fait raison de leurs imprécations [3]. »

Dans son argumentation, Vidocq, lui-même, se dévoile. Il nie pratiquer la provocation mais, dans le même temps, il pose cette question : « Quand un individu est perverti, l'attirer dans un piège, l'allécher par la proie qu'il convoite, mais qu'il ne pourra saisir, lui donner à flairer l'appât auquel il doit se prendre, n'est-ce pas rendre un véritable service à la société [4] ? »

En réalité, Vidocq a répété ce coup plus de cent fois avec le même succès. Il s'assoit en quelque taverne malfamée où les gendarmes n'osent plus pénétrer, boit et se bâfre, invite les escarpes aux frais de M. Henry. Il capte

---

1. Guyon, *op. cit.*, p. 191.
2. Claveau défendit aux assises Gravier et Bouton, auteurs d'un attentat « pour rire » contre la duchesse de Berry.
3. Claveau, *De la police de Paris, de ses abus et des réformes dont elle est susceptible*, p. 151 à 155.
4. *Mémoires de Vidocq, op. cit.*, p. 195.

leur confiance à l'aide de deux ou trois bouteilles de vin,
les langues se délient, puis Vidocq indique à ses victimes
un mauvais coup à faire, au besoin même, comme on l'a
vu, il leur procure les outils nécessaires, il les guide jusqu'au lieu du délit ou du crime et, une fois la porte forcée
ou le mur franchi, il les livre sans pitié à la police.

Un dénommé Corvet et sa femme furent condamnés à
dix ans de fers pour avoir dévalisé un appartement de la
rue de la Haumerie. Lors de leur procès, ils prétendirent
que Vidocq avait joué auprès d'eux le rôle de provocateur.

Avec Saint-Germain, bandit redoutable, capable de tous
les crimes, point n'est nécessaire d'avoir recours à la provocation. Ce gredin consommé a toujours une « bonne
petite affaire » en tête. Après avoir proposé à Vidocq
d'égorger deux vieillards, projet qui se révéla finalement
trop dangereux, Saint-Germain souhaite l'associer à un
autre crime, visant cette fois un banquier dont la caisse
renferme beaucoup d'or. Vidocq parvient à rendre compte
à M. Henry de ce plan funeste. Saint-Germain est surpris
par la police à l'instant où il vient de sauter dans le jardin
du banquier. Le malfaiteur fait feu sur ses assaillants et ne
se laisse prendre qu'après avoir opposé une vigoureuse
résistance. Dès les premiers coups, désireux de soutenir
son rôle jusqu'au bout, Vidocq est tombé, comme frappé
mortellement. Persuadé qu'il venait de perdre le plus
fidèle de ses camarades, Saint-Germain pleura sur son
« cadavre » avant d'être conduit en prison puis à l'échafaud.

Vidocq besogne dur. Il se dévoue corps et âme à ses
missions durant lesquelles il doit ingurgiter des quarts et
des demi-litres de ce poison brûlant débité, sous le nom
d'eau-de-vie, dans les souricières et les estaminets où notre
« mouche » s'attarde pendant des heures, pipe au bec — la
pipe inspire confiance. François Vidocq hante spéciale-
ment deux établissements de la Courtille, des nids de
repris de justice ou de délinquants futurs : l'auberge « à
Desnoyers » et celle « à Guillotin », qui lui fait face.

Ce soir-là, il pénètre dans une salle enfumée où des lampes au « sang de poisson », comme on nomme l'huile d'éclairage, jettent des lueurs faibles mais suffisantes pour des yeux aussi exercés que ceux du Napoléon de la police. Déguisé, il parcourt le théâtre des exploits de la bande Gueuvive pour chercher leur quartier général qui ne peut être qu'un cabaret borgne. Il s'attable avec des filles de joie, refuse leurs services avec amabilité mais les traite généreusement en leur offrant quelques « glacis d'lance d'aff » — quelques verres d'eau-de-vie —, et, les vapeurs d'alcool aidant, il les fait parler jusqu'à ce que résonne à son oreille le prénom Constantin — c'est celui de Gueuvive. L'occasion lui sera donnée de questionner adroitement une des filles sur l'homme qu'il recherche. Il sait si bien « jaspiner le bigorne » (parler l'argot) que la prostituée le prendra pour un ami, c'est-à-dire pour un voleur, et n'hésitera pas à lui confier que Gueuvive fréquente cet établissement.

Gueuvive, dit Constantin ou Antin, ancien maître d'armes, est à Paris un des assassins les plus redoutés. Vidocq possède son signalement : « Natif de Villedieu (Manche), trente à trente-trois ans, 1,70 m, boucles d'oreilles d'environ huit lignes de diamètre, et en or. Cheveux à la titus, et longs [1]. »

Vidocq finit par rencontrer Gueuvive qui parle bientôt de l'enrôler pour un coup que l'on doit faire le soir même dans la rue Cassette.

— Tout ira bien, lui dit-il. Pourvu que tu ne sois pas connu de ce gueux de Vidocq, tu n'as rien à craindre à Paris. C'est un fameux coquin qui en fait voir de cruelles à bien du monde ! Mais moi, je flaire ces gredins-là comme les corbeaux sentent la poudre.

A ces paroles, Vidocq rit sous cape. Henry est alerté. A peine la bande rentre-t-elle de son expédition pour le

---

1. Arch. nat. F⁷ 10352.

partage du butin que les agents de police envahissent leur repaire et réalisent là un beau coup de filet.

Vidocq obtient de prodigieux résultats : plus de huit cents arrestations dans la seule année 1813. Une année qui avait commencé sous d'heureux auspices avec le démantèlement d'une bande de vingt-deux criminels dont le chef, Delzaive jeune, dit l'Écrevisse, qui montait des deuxièmes étages sans autre secours qu'une corde et un crochet, a été conduit pieds et poings liés à la préfecture par Vidocq, le 1er janvier.

— Voilà ce qu'on appelle des étrennes, s'exclama joyeusement Henry.

Par haine pour Vidocq qu'ils considèrent non seulement comme un franc-tireur, mais comme un intrus, les fonctionnaires de la police ont facilité l'évasion de Delzaive jeune de la Maison de justice de Paris, et ce moins de trois semaines après son arrestation [1]. Peut-être Vidocq a-t-il réellement autant à craindre de la jalousie de ses nouveaux collègues que du ressentiment de ses anciens camarades...

Des employés de la préfecture tenteront de le perdre en effectuant des visites inopinées à son domicile où auront été déposés au préalable des documents et des objets compromettants. Certains inspecteurs iront jusqu'à trahir l'incognito à la faveur duquel Vidocq manœuvrait si utilement pour mettre à l'ombre tant de malfaiteurs.

Les rapports contre Vidocq s'amoncellent sur le bureau de M. Henry [2] qui n'en tient pas compte. On fait notamment grief à ce « policier improvisé » d'avoir recours aux filles publiques, dans lesquelles il voit de précieuses auxiliaires.

Circulera, en 1813, dans les services du ministère de la Police, une fiche ainsi établie : « Vidoc, marchand d'eau-de-vie, rue de Lorme-Saint-Gervais. Il est âgé d'environ quarante ans ; d'une constitution colossale, chef de

---

1. Arch. nat. F[7] 10353.
2. Certains de ces rapports figurent dans le dossier Vidocq : Arch. préf. pol. E/a 90 (16).

voleurs, évadé des fers. Cet individu n'a vécu que de crimes. Il est capable d'embrasser le parti qui le payerait le mieux. On propose de le laisser à Paris, tant qu'il servira aussi utilement la police [1]. »

On le dit marchand d'eau-de-vie dans ce document parce que Vidocq avait ouvert à l'époque une boutique de distillateur qui constituait pour lui un excellent poste d'observation.

Cette fiche, destinée au ministre de la Police, Savary, répond à un ordre de l'Empereur d'éloigner de Paris les individus douteux. Nous savons en outre que le duc de Rovigo est atteint d'une sorte de « manie » des fiches. Vidocq a eu droit à la sienne, et il s'est ainsi retrouvé sur une liste de malfaiteurs, tous très dangereux : Aubert, « homme sanguinaire », Daruel, « propre à se porter aux pillages dans une émeute », Jauvin « méchant coquin appréhendé de tous les bandits », Jumentier, « capable de marcher à la tête de brigands dans une insurrection »... Le départ de certains de ces individus est ajourné quand on estime qu'ils peuvent rendre d'importants services à la police dans la capitale. C'est le cas de Vidocq mais aussi d'un dénommé Levesque, dit Nazau, dont la fiche stipule : « 40 ans, ancien inspecteur de police arrêté comme voleur et condamné aux fers. Rappelé pour donner des renseignements sur les détenus, notamment dans l'affaire des 23 voleurs. Le commissaire Almain l'utilise et on propose de le laisser à Paris en le surveillant tant qu'il sera utile [2]. » Ce Levesque sera, avec Vidocq, un des premiers agents de la brigade de Sûreté [3].

Les fichiers de Savary renferment de précieux renseignements, mais Vidocq ne pourra jamais les consulter car ils sont destinés à la police du ministre, non à celle du préfet. Une des difficultés que Pasquier doit surmonter ressort du contrôle perpétuel de cinq ou six polices dont

---

1. Arch. préf. pol. E/a 90 (16).
2. Arch. nat. F[7] 6586.
3. Arch. préf. pol. D/b 45.

plusieurs marchent et agissent en concurrence. Quant à Vidocq, nous avons déjà constaté qu'il ne peut même pas compter sur ses propres collègues de la préfecture qui répugnent à lui faciliter la tâche. L'accès aux archives de la rue de Jérusalem lui est interdit.

Vidocq ne dispose que d'un seul allié : Henry.

Ces deux hommes sont faits pour s'entendre. Ils constituent un merveilleux attelage où la considération tient lieu de ligne de conduite.

Vidocq s'enthousiasme lorsqu'il constate que le nom d'Henry fait trembler les voleurs. Devant le chef de la deuxième division, aussi infatués soient-ils, presque toujours les grinches se démontent et finissent par se trahir dans leurs réponses, car tous sont persuadés que celui qu'ils surnomment l'Ange malin lit dans leur intérieur. Vidocq entend obtenir un pareil résultat et devenir à son tour une puissance redoutable et légendaire.

Henry a le feu sacré à un point tel que, parvenu à la retraite, il ne pourra jamais évoquer sans s'émouvoir l'heureux temps où il faisait arrêter les malfaiteurs. « Il aimait à les voir, non pas positivement à cause de leur amabilité personnelle mais par amour pour son état [1]. »

Henry et Vidocq aiment à évoquer ensemble le monde des coquins et à se délecter des odeurs du crime, du recel, du vol, de la prostitution. Grâce à son protégé, M. Henry pourra élargir ses réflexions sur la physiologie de ses adversaires. Depuis longtemps, il a pu constater que les voleurs formaient à Paris une classe à part. Ils se soutiennent dans le péril et se secourent dans l'adversité. Vidocq lui apprendra qu'ils ont ce que l'on pourrait appeler des institutions. Quand l'un des leurs est arrêté, la « société » lui fournit une femme au besoin pour faire des demandes, un avocat, et souvent des témoins à décharge. Vidocq est à lui seul une véritable « encyclopédie du crime » que M. Henry ne manquera jamais de consulter.

---

1. Guyon, *op. cit.*, p. 181.

Les informations circulent dans les deux sens. L'ancien forçat avait besoin, en la personne de M. Henry, d'un mentor pour le guider dans ses missions et le faire ainsi bénéficier d'un indispensable apprentissage du métier de policier.

Henry permet à Vidocq de donner libre carrière à deux penchants innés de sa nature : la passion de la lutte et le goût de la dissimulation. Double appétence qui trouve son accomplissement dans ce que notre personnage appelle son mandat.

Vidocq et Henry entendent quadriller le terrain pour tout savoir et tout surveiller ; pour tout savoir... les premiers ! Les deux policiers auront des réflexes et des aspirations identiques. « Ma célébrité, dira Vidocq, je la dois aux leçons qu'il m'a données. » Henry ne trouvera jamais rien à lui redire sur ses méthodes pour provoquer les confidences des grinches, les encourager dans leurs projets et leur tendre un piège. Cette pratique de la provocation, c'est l'Ange malin en personne qui l'a inculquée à M. François — comme on le nommait rue Sainte-Anne. En outre, Henry a les idées larges et admet les « petites primes », payées par les victimes, si on en croit cette anecdote rapportée par Réal.

Une nuit, vers deux heures, des malfaiteurs s'emparent dans un coffre de la coquette somme de deux cent mille francs.

A cinq heures, très énervée — on le serait à moins — la victime pénètre dans l'antichambre de M. Henry, demandant à l'entretenir d'une affaire urgente. On réveille Henry, il ouvre les yeux et déclare tout en bâillant et sans avoir l'air surpris par cette arrivée en trombe :

— Vous venez pour votre vol de cette nuit, n'est-ce pas ?

— Mais comment le savez-vous ? Il vient d'être commis.

— Je le savais depuis avant-hier et j'ai eu besoin de le laisser commettre. Votre voleur a pris la route de Saint-

113

Denis ; il doit être arrêté maintenant. On a dû le trouver à l'instant où il partageait avec ses complices ; ce soir votre argent sera entre vos mains mais il vous en coûtera un billet de cinq cents francs pour les agents. Ceci vous apprendra à mieux veiller chez vous. Au revoir Monsieur, je vais finir ma nuit et je vous conseille d'en faire autant [1].

François Vidocq a confié, à propos de celui qui l'initia aux secrets de la police : « Chez M. Henry, il y avait une sorte d'instinct qui le conduisait à la découverte de la vérité ; ce n'était pas de l'acquis, et quiconque aurait voulu prendre sa manière pour arriver au même résultat se serait fourvoyé ; car sa manière n'en était pas une ; elle changeait avec les circonstances [2]. »

En un mot, l'Ange malin avait surtout du flair, de l'intuition, et Vidocq ressemblera à son maître. Que faut-il penser du Napoléon de la police dont les enquêtes révèlent essentiellement un grand courage physique et une parfaite connaissance des ruses et des repaires des malfaiteurs ? Est-il réellement la quintessence du policier ?

En se penchant sur sa carrière, certains, dont l'écrivain Edgar Poe, diront que Vidocq était un homme de patience, qu'il avait du talent pour deviner, mais que sa pensée n'était pas suffisamment éduquée [3]. Assurément, il n'a rien du policier raisonneur qui montre de la finesse dans ses observations et de la justesse dans ses déductions. François Vidocq n'incarne pas l'astucieux détective.

En voici un exemple. C'est une affaire de « goupineur à la desserte », autrement dit un voleur recherché pour avoir dérobé un plat en argent après avoir en toute hâte mangé son contenu.

L'homme se présente dans une salle à manger encore vide et se fait passer pour un des convives auprès de la

---

1. Réal, *op. cit.*, t. I, p. 254-255.
2. *Mémoires de Vidocq, op. cit.*, p. 154.
3. Lemonnier, « Edgar Poe et les origines du roman policier en France », *Mercure de France*, 15 octobre 1925, p. 385.

domestique qui apporte deux plats d'argent où reposent des poissons. Il lui dit :

— Eh bien, allez-vous servir le potage, ces messieurs s'impatientent ?

— Oui, je suis prête, avertissez, je vous prie, la société.

En même temps, elle court à l'office, et le goupineur, apès avoir vidé les deux plats, les fourre entre son gilet et sa chemise. Il s'enfuit mais sera appréhendé un peu plus tard par Vidocq au marché Sainte-Catherine.

Ce dernier racontera comment on a trouvé sur la chemise du goupineur les marques circulaires laissées par les plats encore pleins de sauce. Le Napoléon de la police a si peu en tête les méthodes déductives et scientifiques chères à Sherlock Holmes que, lorsqu'il relate l'arrestation de ce voleur de plats, il concède que les cercles tracés à la sauce ont été une surprise pour lui.

S'il a pu trouver le coupable, ce n'est pas grâce à une investigation déductive mais uniquement parce qu'il a reconnu l'homme d'après le signalement approximatif qu'on lui en a fait. C'était une de ses vieilles connaissances, un dénommé Chimaux, dit Boyer. Un détective qui n'aurait pas eu le privilège d'avoir côtoyé ce malfaiteur en prison aurait prévu l'empreinte des plats, dont la sauce avait fatalement dessiné la forme, et aurait donc fait rechercher un individu avec une chemise tachée. Mais Vidocq n'en est pas encore à se dire que la méthode de raisonnement scientifique constituerait une arme redoutable et sûre pour la solution des énigmes les plus mystérieuses. Il symbolise la police, certes, mais il n'apparaît pas comme le type le plus achevé du fin limier [1].

Empiriques, les méthodes de Vidocq ? Peut-être, mais elles ont fait leur preuve. Plutôt que de rechercher des indices, il préférera toujours se déguiser en malfaiteur, se rendre dans les cabarets et attendre patiemment d'en-

---

1. Messac, Le « Detective Novel » et l'influence de la pensée scientifique, p. 281.

tendre parler du vol ou du crime. Tout son mérite consiste à bien connaître les coutumes, les lois, les rites des voleurs, à savoir se mêler à eux et à passer pour l'un d'eux. De tous les déguisements qu'il affectionne tant, cuisinier, ébéniste, valet allemand, c'est celui de voleur qui lui sied le mieux — et ne pourrait-on pas dire qu'il joue le rôle au naturel ?

Son extraordinaire ascendant sur les voleurs qui lui fut si utile pour réussir là où toutes les polices de France ont échoué, Vidocq l'expliquera ainsi : « Les voleurs aiment qu'on leur témoigne de la confiance, et il est bien rare qu'ils abusent de celle qu'on leur accorde. C'est à ce point qu'on peut dire avec vérité que la meilleure précaution à prendre contre eux, c'est de leur montrer qu'on n'en prend aucune. Ils vous savent gré du voile que vous jetez aussi sur leur passé, et vous en tiennent compte par une conduite exemplaire et par un vif sentiment de reconnaissance qui les domine bientôt exclusivement. Ici, c'est, pour ainsi dire, le secret de toute ma vie que je viens de dévoiler [1]. »

M. Henry lègue à son protégé un principe : le silence comme devoir et le secret comme une croix. Une pudeur particulière fera feindre à Vidocq de tenir pour comédies les humaines tragédies qu'il côtoiera journellement.

A l'instar de M. Henry, la première des qualités de Vidocq est d'être un remarquable physionomiste. L'outil le plus utile qu'il se forge est son œil, infaillible, lorsqu'il faut « rembroquer » (reconnaître) un malfaiteur. « J'ai assez étudié les races, expliquera-t-il, je ne me trompe jamais sur les origines. C'est le métier, du reste, qui donne ce tact ou, plutôt, qui le développe. Il n'y a pas d'homme de police sans faculté [2]. »

Pendant l'hiver de 1811-1812, Vidocq entreprend avec huit gendarmes une rafle à la Courtille, ce quartier de Paris faisant partie de l'ancienne commune de Belleville

---

1. Vidocq, *Quelques mots...*, *op. cit.*, p. 46-47.
2. Gozlan, *op. cit.*, p. 223.

qui était alors ce qu'à une autre époque avait été la cour des Miracles.

Il pénètre dans une salle de danse. Un geste, et les musiciens cessent de jouer. Au nom de la loi, il somme tout le monde de sortir, les femmes exceptées. Vidocq se tient à la porte et, pendant que l'évacuation s'opère, il considère le visage de chaque individu. Lorsqu'il reconnaît un malfaiteur, il trace avec de la craie blanche une croix sur son dos, puis les gendarmes lui passent les menottes. Les truands étaient noyés dans la foule mais Vidocq est parvenu à identifier les plus dangereux. Trente-deux hommes furent ainsi mis à la disposition de l'autorité.

C'est au lendemain de l'arrestation de Delzaive jeune que Vidocq obtint de Pasquier une entière indépendance. Les officiers de la paix n'eurent plus sur lui d'autorité et l'on cessa de l'obliger à ne se déplacer que flanqué d'inspecteurs. Quant à la réussite de son expédition à la Courtille, elle lui valut le privilège de constituer une brigade spéciale. Contrairement à ce que Vidocq affirme dans ses Mémoires, et qui sera répété par l'ensemble de ses biographes, ce n'est pas lui qui proposa à Henry et à Pasquier de créer une police de Sûreté. C'est une initiative de ses supérieurs. Vidocq le reconnaîtra lui-même en faisant écrire dans un document qui relate, sans user d'artifices, les principaux épisodes de sa vie : « Je fus employé comme agent secret : mes débuts dépassèrent toutes les prévisions, mais les succès que j'obtenais... me firent regarder d'un mauvais œil par tous les officiers de paix et les agents de sûreté, puis les voleurs les plus hardis furent épouvantés, les deux classes avaient un égal intérêt à me rendre odieux... Mes supérieurs comprirent alors le danger de me mettre en contact avec la police ordinaire et me chargèrent de créer une police particulière de sûreté [1]. »

---

1. Manuscrit d'un secrétaire avec une correction autographe de Vidocq (coll. J. Claretie), catalogue Charavay, juin 1979.

Si Pasquier a eu cette idée de constituer une brigade avec Vidocq à sa tête, c'est au fond parce que l'ancien forçat demeurait à ses yeux un individu peu recommandable et qu'il ne souhaitait pas le mêler trop ouvertement à sa police. Le préfet aurait-il voulu recruter un homme aussi bien initié aux astuces des voleurs et des assassins, il ne l'aurait pas trouvé. Ainsi s'est-il résolu à cette solution avec l'accord de Savary.

Vidocq entre parfaitement dans le système policier du duc de Rovigo qui, pour compléter son information, ordonne à ses mouchards, recrutés dans les milieux les plus différents, d'ouvrir des salons. Il s'agit de mettre à profit l'ambiance de détente et de conversation qui règne dans ces lieux pour surveiller les divers invités et les faire parler. Vidocq peut jouer le rôle d'agent provocateur en toute quiétude. C'est de saison !

La fameuse brigade de Sûreté a bien été créée, mais non avouée, en 1812. Le fait que Pasquier en confia le commandement à Vidocq dès l'origine est confirmé par Peuchet, archiviste de la préfecture de police [1]. Sur les contrôles de la préfecture, pour les périodes de l'Empire et de la Restauration, n'apparaissent que les noms des dirigeants de la deuxième division, qui ont été successivement et jusqu'en 1832 : Henry (1800-1821), Parisot (1821-1827), Duplessis (1827-1828) et Le Crosnier (1828-1832). Cette discrétion autour des fonctions réelles de Vidocq, puis de son successeur en 1827, Coco-Lacour, fera dire en 1912 à Xavier Guichard, chef de la Sûreté : « Jamais un repris de justice, un criminel sortant du bagne, n'a dirigé notre service. Vidocq ne fut rien qu'un indicateur, un entrepreneur de dénonciations. Il n'a jamais appartenu régulièrement à l'administration [2]. »

Vidocq a toujours été aux prises avec la police officielle qui lui tirait dessus à boulets rouges. Porté par ses excel-

---

1. Peuchet, *Mémoires*, t. IV, p. 289.
2. Arch. préf. pol. D/b 45.

lents résultats, il a fait front. Il remontait des filières auxquelles les inspecteurs n'auraient pas songé.

Quand il entame une mission, il disparaît plusieurs jours, comme certaines rivières deviennent souterraines, puis jaillit soudain à l'air libre, malfaiteurs en main, haletant, hilare et content. Les voleurs le voient partout, sauf où il est. Il demeure méconnaissable sous une fabuleuse variété de déguisements dont il lui arrive de changer jusqu'à dix fois par jour.

Dans les derniers temps du Premier Empire, Vidocq offre un ultime cadeau à Pasquier : l'arrestation du fameux Fossard. Sa capture présentait d'autant plus de difficultés que les dénommés Goreau et Florentin, dit Châtelain, détenus à Bicêtre, l'avaient signalé au préfet comme un bandit fort adroit, armé jusqu'aux dents et décidé « à faire sauter la cervelle » à l'agent qui tenterait de l'appréhender.

Jean-Pierre-Étienne Fossard, connu aussi sous le nom d'Hippolyte Breteuil, avait été condamné pour vol de billets de banque à douze ans de travaux forcés, le 24 juin 1808. Conduit au bagne de Brest, il fit la belle le 29 mars 1810 [1]. Pour vol de numéraire, avec fausses clés et effraction, il fut condamné aux travaux forcés à perpétuité, le 5 octobre 1811. On le ramena à Brest. Il s'évada encore, en mars 1812 [2]. Nullement impressionné par ce forcené, Vidocq parvint à le garrotter dans son lit. Stupéfait de cette attaque inopinée, l'homme n'eut même pas le loisir de proférer une parole. Vidocq offrit cette belle prise en guise d'étrennes à Pasquier, le 1ᵉʳ janvier 1814. Le 31 mai, Fossard était à Bicêtre, prêt à partir avec la chaîne destinée au bagne de Brest où il arriva le 21 juin 1814 [3].

Bicêtre, la chaîne, le bagne. Ce pandémonium poursuit encore l'ancien forçat.

De toutes les scènes de la vie de Vidocq, c'est celle-là très probablement qui inspirerait un peintre, une scène

---

1. Arch. nat. F⁷ 10352.
2. Arch. nat. F⁷ 10364.
3. Arch. nat. F¹⁶ 476 A.

hugolienne, alors que tant d'autres moments de son existence sont balzaciens. Poussé par on ne sait quel sentiment — cynisme, masochisme, provocation —, Vidocq a souhaité assister au départ d'une chaîne à Bicêtre. Henry l'a exhorté à renoncer à cette idée.

— Ils ont juré votre perte. Et vous iriez, imprudent, vous exposer parmi eux, dans ce fatal moment ?

— Il faut que je connaisse tous les visages, répond Vidocq, résolu à revoir l'horrible ferrement du condamné, mais cette fois de l'autre côté de la barrière, à l'instar de Jean Valjean, voyant passer la chaîne de forçats partie avant le jour de Bicêtre, et qui lui rappelait de si lugubres souvenirs.

— Père, est-ce que ce sont encore des hommes ? demanda Cosette.

— Quelquefois, répondit le misérable [1].

Vidocq retrouve le lugubre défilé des condamnés devant l'enclume du forgeron. Quel horrible spectacle que la vue de ces malfaiteurs qui sont là pour contracter un mariage monstrueux que « bénit » le bourreau, et dont les chaînes sont l'anneau sinistre et symbolique ! Les fers tintent, tandis que le chef de la Sûreté reçoit des enchaînés ce regard distrait et apeuré que jette le malheureux sur tout ce qui l'entoure. Mais qui est-il, ce curieux visiteur à chapeau haut de forme gris, à la redingote grise, au pantalon cannelle ?

Soudain, un cri :

— Vidocq ! C'est Vidocq ! A mort la mouche ! A mort !

Vidocq se raidit. Les prisonniers hurlent tous, maintenant, indifférents aux argousins et à leurs bâtons.

— Allez les gars ! Tuez-le ! Bouffez-lui les tripes ! Saignez-le !

Vidocq reste une minute sans pouvoir parler, ni bouger, ni même tourner la tête. Enfin, il rassemble tout son courage et avance résolument, les bras croisés, jetant sur les condamnés les éclairs pétillants de ses petits yeux.

---

1. Hugo, *Les Misérables*, 4ᵉ partie, livre 3ᵉ, VIII : « La cadène. »

Huées et invectives se multiplient. Rouge jusqu'aux oreilles, Vidocq lève la main, tel un César qui s'apprête à parler à son peuple. A la fois populaire et dominateur, proche et lointain, il est de ceux qui choisissent et que l'on ne choisit pas. Le silence se rétablit. Sa voix s'élève, un rien traînante, accentuant à dessein l'accent faubourien. Il faut absolument parler à ces arsouilles leur langage.

— Tas de canailles ! leur crie-t-il. A quoi vous sert de brailler ? C'est quand je vous ai « emballés » qu'il fallait non pas crier, mais vous défendre. En serez-vous plus gras, pour m'avoir dit des injures ? Vous me traitez de mouchard ? Eh bien oui ! J'en suis un. Mais vous l'êtes aussi, puisqu'il n'y en a pas un seul d'entre vous qui ne soit venu offrir de me vendre ses camarades, dans l'espoir d'une impunité que je ne puis ni ne veux accorder. Je vous ai livrés à la justice parce que vous étiez coupables. Je ne vous ai pas épargnés, je le sais, mais quel motif aurais-je eu de garder des ménagements ? Y a-t-il quelqu'un, ici, qui puisse me reprocher d'avoir jamais « travaillé » avec lui ? Et puis lors même que j'aurais été voleur, dites-moi ce que cela prouverait, sinon que je suis plus adroit ou plus heureux que vous, puisque je n'ai jamais été « paumé marron » (pris en flagrant délit). Je défie le plus malin de montrer un écrou qui constate que j'aie été accusé de vol ou d'escroquerie. Opposez-moi un fait, un seul fait et je m'avoue plus coquin que vous tous. Est-ce le métier que vous désapprouvez ? Que ceux qui me blâment le plus sous ce rapport me répondent franchement : ne leur arrive-t-il pas cent fois par jour de désirer d'être à ma place ?

Ce long discours déclenche chez les prisonniers des cris de fureur et de dégoût. Vidocq ne perd rien de sa superbe et de son audace. Il dévisage chaque homme, le fixant en sa mémoire, notant le moindre signe particulier : ces oreilles en chou-fleur, cette bouffissure imberbe et féminine, cette tache de vin sur la joue, ce tatouage...

Lorsqu'ils passent devant Vidocq, les prisonniers ont encore les mains et les pieds libres. Les insultes fusent :

— Qu'il vienne, ce salaud ! Il reste à la porte, comme un lâche, ce gros cochon !

Les joues gonflées de colère, Vidocq se fait suivre d'un agent et se poste au milieu de deux cents criminels qui lui doivent, pour beaucoup, le malheur d'aller au bagne. Ces hommes, qui ne sont pas encore ferrés, ont maintenant la possibilité de le lyncher. De leurs fenêtres, les condamnés à la réclusion les enjoignent de lui faire un mauvais parti, mais personne ne bouge devant cette « puissance » qui tétanise. Les prisonniers partant pour le bagne baissent la tête. Vidocq triomphe. Après le ferrement, certains viennent même à sa rencontre, lui demandent d'excuser leurs injures et le prient de leur rendre quelques services. « Frappés de la mort civile, écrira Vidocq, ils me regardaient pour ainsi dire comme leur exécuteur testamentaire [1]. »

Vidocq sera amené à gérer les avoirs de certains bagnards. On lit dans un ouvrage de l'époque : il « était le dépositaire des ressources de ceux qui se gardaient une poire pour la soif. Et jamais on n'a entendu dire [soulignons que c'est un malveillant qui parle] qu'ils n'aient pas trouvé en lui un trésorier fidèle. » Ce trait caractérisera Jacques Collin, alias le Vautrin de Balzac : « Banquier des trois bagnes, Collin était riche des dépôts confiés à sa probité connue, et forcée d'ailleurs [Balzac est réaliste.] Entre de tels associés, une erreur se solde à coups de poignard [2]. »

C'est parmi les anciens forçats que Vidocq recrutera ses agents, mais, contrairement à ce qu'il dira, tous ne briguaient pas la faveur d'être sous ses ordres [3]. A quelqu'un lui ayant demandé pourquoi il ne s'était pas enrôlé dans la

1. *Les Vrais Mémoires de Vidocq*, op. cit., p. 190 à 192.
2. Balzac, *Splendeurs et Misères des courtisanes*, op. cit., p. 102.
3. *Histoire de Vidocq par G...*, op. cit., p. 185.

« Bande à Vidocq », Pierre Petit, un bagnard de Toulon qui, attaché au carcan, vendait l'histoire de sa vie, a répondu :

— Moi ! Jamais je ne m'avilirai à ce point [1].

---

1. *Le Monde criminel...*, p. 75.

8

« La bande à Vidocq »

> « *Pour être compris, Vidocq doit être étudié non comme un simple aventurier, mais comme un auteur. Un auteur d'une espèce particulière puisqu'il s'exprime, non par les moyens de l'écriture, mais grâce à une troupe de personnages — lesquels ne sont que la multiplication indéfinie d'un comédien unique : Frégoli-Vidocq.* »
>
> Georges NEVEUX.

Le 31 mars 1814, l'ancien forçat déboulonne l'Empereur. Vidocq brise avec un merlin les tenons qui fixent la statue de Napoléon au faîte de la colonne Vendôme, puis il attache la corde à laquelle s'attellent M. de Maubreuil et autres gentilshommes portant de grands noms de France. La statue du vainqueur d'Austerlitz tombe sous les applaudissements de cette horde de royalistes.

La scène est poignante, révoltante, mais elle est imaginaire, du moins fortement dénaturée. Beaucoup l'ont ainsi colportée, peu ont vérifié son authenticité. Cette accusation émane du policier Canler qui cite ses sources : Vidocq aurait été vu avec son gros marteau sous les pieds de Napoléon par l'officier de paix Yvrier et l'inspecteur Bias, qui, « depuis cette époque, ne purent jamais prononcer le nom de Vidocq, ou l'apercevoir, sans éprouver un sentiment d'indignation [1] ».

Vidocq a-t-il abattu la statue de l'Empereur ? A cette

---

1. Canler, *op. cit.*, p. 111.

question, des documents, dont les Mémoires du général comte de Rochechouart, permettent de répondre [1].

Au début du mois d'avril 1814, tandis que l'Empereur s'apprête à abdiquer, le comte de Sémallé et le vicomte de La Rochefoucauld, accompagnés d'un petit groupe d'exaltés, se rendent sur la place Vendôme, avec la ferme intention de renverser la statue de Napoléon. Plusieurs personnes sont montées sur la colonne avec des limes pour scier la statue par les pieds, alors que d'autres ont attaché des cordes à son cou et attelé des chevaux pour accélérer la chute. Selon deux témoins, dont le marquis de Maubreuil lui-même, Vidocq a martelé les « chevilles » de l'Empereur, pendant qu'un autre individu s'est assis sur les épaules de la statue, a proféré de grossières insultes et a agité un mouchoir blanc en criant « Vive le roi [2] ! ».

Les autorités ayant été alertées, le général de Rochechouart, commandant de Paris pour le tsar de Russie, se voit chargé d'empêcher toute dégradation du monument, qui, en blessant les susceptibilités, pourrait provoquer des affrontements qu'il est prudent d'éviter. Les chevaux sont dételés, mais les gens d'en haut font quelque résistance. Ils ne cèdent que devant la menace d'être arrêtés et sur la promesse que l'effigie de Napoléon va disparaître.

Le 8 avril 1814, avec l'autorisation de Pasquier, qui s'était proclamé « Bourboniste » aux yeux de tous, Rochechouart fait descendre la statue de l'Empereur aussi prestement que possible mais sans outrage, au moyen de poulies. A la stupéfaction des spectateurs, le lourd fardeau atterrit directement et en douceur sur le chariot destiné à le transporter dans un atelier. Seul un serrurier-mécanicien pouvait dessouder la statue de son piédestal. Vidocq a peut-être été vu avec les royalistes manifestant

---

1. Rochechouart, *Souvenirs*, 1932, p. 374-375 ; Sémallé, *Souvenirs*, 1898, p. 173-175 ; *Détails intéressants sur l'ancienne statue de Napoléon, sur sa descente et sa conservation*, 1833 (B N LK⁷ 7615).

2. *Mémoires d'un forçat, op. cit.*, t. II, p. 141-142 ; Maurice, *Vidocq, vie et aventures*, p. 116.

place Vendôme, mais ce n'est pas lui qui a « descendu » Napoléon.

Lorsque les troupes alliées entrèrent dans Paris avec leurs souverains, le 31 mars, par la barrière de Pantin, le bruit courut que la police avait reçu la consigne de protéger « les hommes qui se mettraient en avant pour la maison de Bourbon ». Or, dès le faubourg Saint-Denis, fusèrent quelques cris de « Vive l'empereur Alexandre ! Vive les Alliés ! Rallions-nous aux Bourbons ! » Massés sur les trottoirs, les Parisiens répondirent, un tantinet goguenards :

— Les Bourbons ? Connais pas !

A partir du boulevard des Italiens, les manifestations royalistes prirent une plus grande intensité et des mouchoirs d'une blancheur immaculée furent agités [1]. On n'a pas été sans parler de policiers derrière tout cela. Il est fort possible que Vidocq, voyant la préfecture divisée d'opinions, se soit mêlé aux attroupements de jeunes royalistes et qu'il ait crié avec eux autour de la colonne Vendôme. Son supérieur, Pasquier, avait déjà tourné casaque et il a pu, dès lors, suivre son exemple.

Si une partie de l'armée, hostile au port de la cocarde blanche, regimbe, le monde de l'administration et la plupart des maréchaux se prosternent aux pieds de Louis XVIII. Vidocq a vite compris où se situaient ses intérêts. Il voit les fonctionnaires napoléoniens clamer « leur dévouement et leur soumission absolus, leur amour sans bornes, et leur fidélité inaltérable » au roi. Tous tiennent à conserver leur place. Les sous-ordres malins cherchent à se mettre dans les bonnes grâces des nouveaux maîtres en envoyant des rapports, modèles de flagornerie.

L'inquiétude de Vidocq est grande quand il apprend que, à peine installés aux Tuileries, le comte d'Artois, lieutenant général du royaume, et son homme de confiance, l'ambitieux baron de Vitrolles, ont organisé une police secrète. Cette coterie n'a pas manqué de gens venant lui

---

1. Arch. préf. de pol. A/a 418.

offrir assistance et lumières : c'était le rebut de toutes les polices qui avaient existé depuis vingt-cinq ans ; c'était tout ce qui avait été chassé comme incapable, indigne ; espions, doubles espions de tous les partis.

Vidocq se montre jaloux de l'agent Noël que Pasquier a mis à la disposition du commandant de Paris, Rochechouart. Ce dernier déclare à qui veut bien l'entendre que Noël est un « homme fort intelligent, d'une capacité peu commune, d'une rare probité, très distingué sous tous les rapports », et que sa collaboration a permis de maintenir à Paris la tranquillité, la sécurité et l'ordre dans des circonstances exceptionnelles [1].

Vidocq entend lui aussi tirer son épingle du jeu et servir habilement la cause des Bourbons. Lui en donnera-t-on l'occasion ou devra-t-il se contenter, au mieux, de faire de la figuration ? Une fois de plus, Henry le réconforte. Fier de sa longévité professionnelle, l'Ange malin lui rappelle qu'il a pu servir tous les régimes depuis 1784. Sous l'Empire, ne trouvait-on pas en très grand nombre à la préfecture d'anciens employés de la lieutenance générale de la vieille monarchie qui avaient servi avec le même zèle les comités révolutionnaires ?

En 1815, après les Cent-Jours, Vidocq tremble davantage encore pour son avenir, constatant la vague d'épuration qui sévit dans toutes les administrations : cette fois-ci, les préfets, policiers et magistrats qui, après avoir fait allégeance en avril 1814 avaient retourné leur casaque en mars 1815, sont révoqués et parfois inquiétés. C'est à cette époque qu'il semble avoir décidé de s'occuper assidûment de police politique. Après tout, déjà sous l'Empire, il traquait les individus coupables d'avoir couvert les murs de graffitis hostiles à Napoléon [2].

---

1. Rochechouart, *op. cit.*, p. 377.
2. Arch. préf. pol. E/a 90 (16).

Vidocq s'est défendu avec une âpreté singulière d'avoir appartenu à la police politique. Il l'a même stigmatisée avec une extrême vigueur, ne voulant avoir été qu'un chasseur de criminels : « J'ai toujours eu un profond mépris pour les mouchards politiques, pour deux motifs. C'est que, ne remplissant pas leur mission, ils sont des fripons, et la remplissant, dès qu'ils arrivent à des personnalités, ils sont des scélérats [1]. »

Au dire de Vidocq, ni les cris séditieux ni autres délits d'opinion n'étaient de sa compétence, et eût-on proféré, lui présent, la plus insurrectionnelle de toutes les acclamations, il ne se serait pas cru obligé de s'en apercevoir. Vidocq met trop d'insistance à se disculper pour qu'il n'y ait pas un fond de vérité dans les accusations qui furent portées contre lui. Des documents, retrouvés aux Archives de la police, permettent de ne pas attacher foi à ses dénégations, témoin cette instruction émanant de la deuxième division de la préfecture adressée à « M. Vidocq, chef de la police de Sûreté ». La note indique que Louis XVIII se rendra le lendemain à l'Hôtel de Ville et que Vidocq est invité « à prendre toutes les précautions préliminaires qui doivent garantir la personne sacrée de Sa Majesté ». Vidocq et ses agents sont priés d'animer de la voix et du geste les spectateurs indifférents et de crier « Vive le roi ! » deux fois de suite au moins. « Si l'agent remarque dans certains individus de l'opiniâtreté à garder le silence, il devra sur-le-champ faire le signal d'examen. » Il est demandé également à Vidocq et à ses hommes d'engager des conversations avec les spectateurs présents sur la bonne mine du roi et sur l'avenir heureux que promet le règne du duc de Bordeaux... [2].

Vidocq lui-même, par inadvertance, se laisse parfois aller à évoquer certaines missions secrètes qui ne sont

---

1. *Mémoires de Vidocq, op. cit.*, p. 186.
2. Arch. préf. pol. D/b 45.

aucunement du ressort de la police criminelle. Somme toute, la simple considération des documents authentiques laisse bien peu de poids aux affirmations de Vidocq trop facilement acceptées par ses biographes [1].

« Le jeu de Vidocq, écrit Henry Jagot, était trop gros, trop brutal, pour qu'il pût tenir avec succès un emploi qui exige surtout de la finesse et de la délicatesse de touche [2]. » C'est bien méconnaître Vidocq, chef-d'œuvre de duplicité, capable, assurément, de jouer le rôle du mouchard politique qui suscite les confidences en exposant lui-même avec une feinte violence ses griefs contre le régime.

En 1816, Vidocq prête main-forte à l'agent Scheltein pour compromettre les malheureux Pleignier, Tolleron et Carbonneau dans l'affaire dite des Patriotes de 1816. Le public ignora la participation de Vidocq, connue seulement dans les milieux de la police officielle et des mouchards [3].

L'argument de Jean Savant selon lequel le nom de Vidocq, s'il avait été mêlé à l'affaire, aurait été fatalement prononcé au procès et repris par l'opposition et la presse ne tient pas, le chef de la Sûreté ayant agi incognito. L'étoile centrale d'une constellation n'est pas toujours la plus visible, la plus brillante. La plus active peut aussi être la plus discrète.

Balzac semble croire que Vidocq n'a pas été étranger à ce piège tendu par la police lorsqu'il évoque l'affaire dans *Splendeurs et Misères des courtisanes*. Le rôle de Peyrade est celui que les *Mémoires d'un forçat* prêtent à Vidocq [4].

Cette triste affaire intervient à une époque où la police jouit d'une très grande puissance. Élie Decazes,

---

1. Galtier-Boissière, « Les mystères de la police secrète », p. 92.
2. Jagot, *op. cit.*, p. 194.
3. *Mémoires d'un forçat*, *op. cit.*, t. II, p. 271 ; Canler, *op. cit.*, p. 111-112.
4. Balzac, *Splendeurs et Misères des courtisanes*, *op. cit.*, p. 135.

nommé préfet de police lors de la seconde Restauration, correspond directement avec Louis XVIII par-dessus la tête de Fouché et remplace bientôt ce dernier au ministère de la Police. Rapidement, les agents de Decazes s'imposent et multiplient les rapports. Aussi le nouveau ministre, cultivant le goût pour l'intrigue, possède-t-il des informations de première main qu'il saura utiliser.

Expert ès influences, Vidocq ne demande qu'à servir un tel homme. Attentif, séducteur, expansif, un brin flagorneur, le chef de la Sûreté, qui est aussi un gros travailleur, sait être toujours là quand il le faut.

A la préfecture, les conversations tournent exclusivement autour de l'affaire des Patriotes de 1816. Pour avoir refusé de collaborer avec le nommé Scheltein, les agents Métrécé, Sevray et Coste furent mis au secret et ne sont sortis de la prison de la Force que longtemps après l'affaire [1].

Scheltein, un Alsacien, ardent révolutionnaire en 1789 et surnommé Marat Cadet, avait été « agent d'exécution », c'est-à-dire aide bourreau, sous la Terreur puis mouchard sous l'Empire, aux ordres de Vidocq. Il était un de ses « cuisiniers à la tête », autrement dit agent qui n'était payé qu'à raison de tant par individu qu'il dénonçait. Le nouveau régime l'a écarté et il aspire à rentrer en grâce par quelque coup d'éclat. Cet agent provocateur n'a pas rompu toute attache avec la rue de Jérusalem. Il a intérêt à grossir l'importance des conspirations qu'il découvre et même à les développer pour agrandir le mérite de ses découvertes. Scheltein a flairé dans la Société des patriotes de 1816 une occasion de se remettre en selle.

Il faut savoir que, dès l'origine, comme l'avouera Decazes au *Moniteur*, la police tint les fils de la « conspiration » des prétendus patriotes. Dans ce sin-

---

1. *Mémoires d'un forçat, op. cit.*, t. II, p. 269.

gulier complot, dont la frayeur a grossi les conséquences et auquel un parti a donné une importance
mensongère, il semble qu'un nuage épais ait été constitué à dessein pour dérober au regard du public les fils
d'une intrigue grossière et les causes qui ont empêché,
quoiqu'on le pût, de la déjouer dès le principe [1].

Les agents ayant participé à l'affaire seront priés de
garder le silence sur cette provocation policière qui
n'honore nullement le gouvernement de Louis XVIII
et sur un procédé si contestable qu'il suscitera contre la
monarchie restaurée de durables rancunes. Vidocq s'attachera donc à nier toute participation à cette affaire qui
n'avait pas de quoi le rendre fier ; sa perfidie le
conduira à en rajouter même un peu, en écorchant le
nom de Scheltein, lorsqu'il fera allusion à « l'histoire
des patriotes de 1816 sollicités par l'infâme Schilkin [2] ».

Les agents provocateurs se rapprochent du Gibassier
d'Alexandre Dumas plus que du Javert de Victor Hugo.

Pour mettre la main sur les pitoyables « patriotes »,
Vidocq a endossé la longue redingote, a coiffé le trom-
blon aux larges ailes, a orné sa boutonnière du ruban
rouge et a pu ainsi affecter le plus ardent bonapartisme
chez un marchand de vins faisant le coin de la rue de
Calandre et de la Barillerie, et portant pour enseigne :
« Au sacrifice d'Abraham ». Scheltein y fit passer
Vidocq pour un ancien officier de l'Empire auprès de
Pleignier, cambreur de tiges de bottes, Tolleron, cise-
leur, Carbonneau, écrivain public, et autres modestes
artisans, tous attachés au souvenir de l'Empereur. Ces
hommes imaginèrent de distribuer des cartes qui
seraient à la fois un moyen de dénombrement et un
signe de reconnaissance des citoyens bonapartistes ou
tout simplement hostiles. Cependant, les cartes, ornées
d'un triangle maçonnique et portant pour devise

---

1. Bibl. nat. Lb⁴⁸ 595 à 601, F 46669.
2. *Mémoires de Vidocq, op. cit.*, p. 196.

« Union, Honneur, Patrie », n'offraient rien de franchement séditieux. Scheltein, qui le savait pertinemment, persuada ses trois « amis » que, beaucoup de patriotes doutant de l'efficacité des cartes, il serait préférable de monter une manifestation faisant connaître le but de l'opération. Pleignier céda aux pressions de Scheltein et rédigea un manifeste que Carbonneau recopia.

Scheltein, parachevant la provocation, proposa enfin de passer de l'écrit à l'action en attaquant le palais des Tuileries. Selon lui, il était aisé d'introduire, en fracturant la grille d'un égout, une vingtaine de barils de poudre dans les sous-sols de la tyrannie.

Il y a quelque différence entre un projet, un complot purement verbal, et une tentative réelle. Mais Scheltein dénonça ces pauvres bougres entraînés dans un projet qui n'avait pas encore débouché sur l'ombre d'un début d'exécution. Il ne fut pas le seul délateur, quatre ou cinq autres mouchards ont fait à la police le rapport de ce qu'ils venaient d'entendre [1]. Vidocq était assurément du nombre.

Cette dénonciation provoqua vingt-huit arrestations et, à l'issue d'une instruction de deux mois, les prisonniers furent traduits en cour d'assises.

Les agents provocateurs qui menèrent l'affaire — Scheltein, Vidocq et son acolyte Ricloky — se gardèrent bien de paraître au procès. Un des accusés, Pleignier, ne cessa de demander à parler au roi. Il avait, disait-il, d'importantes révélations à faire. On lui proposa de les confier au ministre de la Police. Il s'y refusa constamment. L'opposition affirmera que ces révélations portaient sur les responsabilités de la police et que Decazes ne voulut pas que Louis XVIII en fût informé.

La cour a condamné Pleignier, Carbonneau et Tolleron au supplice des parricides. Ils ont été conduits à

---

1. Vaulabelle, *Histoire des deux Restaurations*, 1847, t. IV, p. 173.

l'échafaud, en chemise, pieds nus, la tête couverte d'un voile noir. Le bourreau, Henri Sanson, leur a coupé le poing droit sur un billot et, immédiatement après, il les a précipités sur la bascule pour les décapiter.

Cette affaire sordide eut à Paris un retentissement considérable et contribua à déconsidérer la police royale. Scheltein, seul nom d'agent prononcé au procès, fut envoyé en mission à l'étranger. Quant à Vidocq, que son déguisement et sa fausse identité protégèrent une fois de plus, il put poursuivre son activité à la Sûreté.

« Une activité de général en chef », a écrit Balzac, insistant beaucoup sur le terme de « général » qu'il emploie à plusieurs reprises pour qualifier Vautrin-Vidocq [1].

Il est vrai que la lutte contre les bandits n'est pas une sinécure.

La ville offre naturellement au malfaiteur un lieu d'action tout désigné : il y trouve les cibles les plus argentées, des moyens et du matériel, des positions de repli, enfin, qui lui permettent d'échapper aux recherches et à la surveillance.

Les plus dangereux des hors-la-loi sont les évadés des bagnes et les libérés des fers qui reviennent se cacher à Paris malgré toutes les interdictions : Vidocq en surveille plus de mille deux cents. Ils sont soupçonnés de former entre eux une sorte de mafia, avec des signes de reconnaissance et des lieux de réunion et de refuge.

Pour risquer sa vie, et au moindre mal sa bourse, il suffit à un Parisien de se promener dans les quartiers du centre eux-mêmes, où la croissance complexe et désordonnée de la capitale, enchevêtrant ruelles, passages, cours et culs-de-sac, a multiplié les coins et recoins propices aux agressions de nuit et même de jour. L'oisiveté, le jeu, le vagabondage, la prostitution grossissent sans cesse le nombre de ceux que la police épie et que la

---

1. Balzac, *Splendeurs et Misères des courtisanes*, *op. cit.*, p. 655.

justice attend. Sans la peur qui saisit Paris devant l'activité de ses bas-fonds, le nom de Vidocq aurait-il retenti aussi longtemps [1] ?

C'est au milieu de l'immense population de Paris que le « caroubleur » crochète les portes, le « vanternier » escalade les fenêtres, le « bonjournier » s'introduit comme par mégarde dans les chambres des garnis, le « détourneur » dévalise les boutiques en se présentant comme acheteur, le « rouletier » vole sur les voitures, le « poivrier » s'attaque aux ivrognes, le « carcagnolier » se fait payer à dîner par ses dupes...

Vidocq arrête de cinq cents à huit cents malfaiteurs par an en sillonnant le Paris des lieux louches, des bouges où le vin délie les langues, sans négliger pour autant le Paris des beaux quartiers où il a vite fait de distinguer déserteur, imposteur ou autre mystificateur. L'agilité de son regard livre au chef de la Sûreté les secrets du livret social : manger l'aloyau en gelée révèle le duc, préférer le poulet fricassé sent de loin sa roture.

Un rapport de gendarmerie du 3 au 4 février 1816 porte à notre connaissance les incidents typiques d'une nuit à Paris : arrestation d'un forçat évadé, rixe dans une maison de prostitution du Palais-Royal, deux femmes ivres ramassées dans la rue et une autre sous la table, arrestation par Vidocq d'un dangereux malfaiteur porteur de fausses clefs, de faux papiers et de fausses décorations, arrestation par le même d'un forçat libéré et de son complice [2].

Ce même mois de février 1816, Vidocq a mis la main sur un nommé Louis Letellier, échappé du bagne, tandis qu'il faisait appréhender par un de ses agents un certain Hypolite Caire, porteur de la croix de Saint-Louis, mais connu pour être un évadé des galères [3].

---

1. Chevalier, *Classes laborieuses et classes dangereuses*, p. 35.
2. Arch. nat. F⁷ 4166.
3. *Ibid.*, rapports du 12 au 13 février et du 18 au 19 février 1816.

Vidocq n'a pas son pareil pour démasquer un forçat en rupture de ban. « Mettez-moi au milieu d'une foule de mille individus, aime-t-il à répéter, je découvrirai un galérien rien qu'à l'odeur. Ceux qui ont vécu à Brest ou à Toulon contractent un musc que je reconnais au bout de vingt ans sur eux ; ça vient me trouver comme le parfum de la rose [1]. »

La police de la Restauration n'a rien à envier à la police impériale, machine complexe, beaucoup moins efficace qu'on l'a prétendu, en raison principalement de son goût des rapports poussés jusqu'à la manie et du culte du renseignement pour le renseignement, entraînant une « espionnite aiguë ». Depuis la chute de Napoléon, la rivalité des polices parallèles, trop nombreuses [2], perdure. La Restauration a maintenu l'organisation antérieure dans ce qu'elle a d'utile sinon d'avouable. Rue de Jérusalem, la police conserve ainsi son caractère, ses cadres et son mode de fonctionnement intérieur ou extérieur. Vidocq n'est nullement menacé : le nouveau préfet, le comte Jules-Jean-Baptiste Anglès, « enfant de la police impériale dont les formes étaient douces, polies, affectueuses [3] », n'a pas l'intention de se passer des services de cet auxiliaire si dévoué et si efficace, considéré maintenant comme étant « du bâtiment », où il s'est habitué à prendre, sinon ses aises, du moins ses habitudes.

M. Henry s'est beaucoup démené pour développer la brigade de Sûreté et ne s'est jamais lassé d'envoyer des requêtes. Dès le 22 juin 1814, il soupire à bon escient, en exposant au directeur général de la police du royaume que « la paix générale ramenant à Paris beaucoup de malfaiteurs, que la guerre en avait fait sortir, il

---

1. Gozlan, *op. cit.*, p. 223.
2. Arch. nat. F⁷ 6624, dossier 394 ; les *Mémoires d'un forçat* (t. III, p. 220) parlent de dix à douze polices en 1814-1815 ; Peuchet (*op. cit.*, t. VI, p. 60-61) en compte huit à dix qu'il prend soin d'énumérer.
3. Claveau, *op. cit.*, p. 118-119.

faudra beaucoup d'activités pour maintenir la sûreté des habitants de la capitale et de leurs propriétés ; que les moyens ordinaires doivent en conséquence être augmentés [1] ».

De très nombreux rapports témoignent de l'activité de Vidocq et de ses méthodes sous la Restauration. Le 1er décembre 1816, il parvient à découvrir et à appréhender le nommé Alexandre Vininski, un Russe recherché depuis de longs mois comme prévenu de différents vols et qui avait été mis provisoirement en liberté « à l'effet de faire arrêter quantité de déserteurs russes mais qui, au lieu de tenir sa promesse, s'était enfui sans rien dire [2] ». Cette fois, Vidocq entend bien l'utiliser, de même qu'il manipulera bon nombre d'individus qu'il menace d'un très long séjour derrière les barreaux s'ils ne viennent pas témoigner dans certains procès, comme un dénommé Bertrand dans une affaire relative à l'attaque d'une diligence entre Lyon et Paris. Vidocq admet les répugnancs de cet homme « à être déprécié en public par les accusés contre lesquels il allait déposer ». Aussi obtient-il de la préfecture une rétribution pour « le sieur Bertrand qui a donné des preuves non équivoques de son dévouement à la chose publique [3] ».

De multiples fibres connectives relient le monde du crime à celui de la prostitution ; et là est la raison essentielle de l'attention portée à cette dernière par Vidocq. Le 1er juillet 1826, il fait arrêter sur la voie publique Mlle Élisa Boutique, passementière, âgée de quinze ans, comme prévenue de se livrer à la prostitution et à la débauche. Vidocq n'a franchement rien contre les filles de joie, dont il est encore parfois le client [4]. Il a appréhendé la jeune Élisa Boutique uniquement parce qu'elle

---

1. Arch. préf. pol. D/b 45.
2. Arch. préf. pol. A/a 419.
3. Arch. nat. F⁷ 6756.
4. *Mémoires d'un forçat, op. cit.*, t. II, p. 66.

pouvait lui donner des renseignements importants sur la veuve Mattel, liée à une affaire criminelle [1].

Plutôt que de les pister lui-même, Vidocq préfère confier à ses agents la chasse aux « rutières », filles publiques que la police appelle « filles isolées ». Elles sont toutes voleuses et exercent dans les rues qui avoisinent le Palais-Royal. Ces prostituées accostent le bourgeois sur lequel elles ont jeté leur dévolu, et savent, en un clin d'œil, lui enlever sa bourse, son portefeuille ou sa montre. Les « rutières » les plus adroites, Pauline la Vache, Louise la Blagueuse et Agathe la Comtesse, sont des personnages pittoresques pour lesquels Vidocq semble nourrir davantage de tendresse que de fiel [2].

La brigade de Vidocq est désignée par les malfaiteurs sous le nom injurieux de « la Rousse » en témoignage de leur haine. Ce sobriquet fait allusion au renard dont le poil est roux, à Judas, le traître, dont les cheveux étaient supposés roux, et à la « lune rousse », la plus mauvaise lune de l'année [3].

Devenu « l'homme à abattre », Vidocq risque sa vie quotidiennement. Il considère les situations dangereuses qu'il doit affronter comme autant d'invitations à se maintenir en forme. Sa puissante stature, qui eût fait fortune, dira Balzac, à poser pour les hercules dans une troupe de saltimbanques, lui est très utile dans la mission qui lui a été confiée. Il déclarera à Balzac, doté comme lui d'un nez fendu : « Nous flairons de loin. » Et il précisera : « J'ai bien d'autres instincts. En me levant, je prévois si, dans la journée, je recevrai un coup de couteau de quelques-uns de ces braves gens que j'ai fait boucler. Cela dépend beaucoup du temps. Il n'y a rien de plus barométrique que moi [4]. »

Une nuit de juin 1814, tandis qu'il entreprenait un

---

1. Arch. préf. pol. D/b 45.
2. *Les Voleurs, op. cit.*, p. 301-302.
3. Moreau-Christophe, *op. cit.*, t. II, p. 202.
4. Gozlan, *op. cit.*, p. 223-224.

nouveau raid contre quelque malfrat, Vidocq a-t-il eu un pressentiment ? Quatre brigands et une femme redoutant le chef de la Sûreté et ses agents, dont ils savaient être connus, résolurent de leur tendre un piège dans une des ruelles les plus malfamées de la capitale. Deux policiers furent d'abord attaqués à coups de sabres, de couteaux et de bâtons. Vidocq et un de ses hommes leur portèrent aussitôt secours ; ils furent également frappés et blessés, mais beaucoup moins que les deux premières victimes. Les malfaiteurs détalèrent rapidement, ayant éprouvé la force de Vidocq [1].

M. Henry saisit cette occasion pour exiger de ses supérieurs une augmentation des effectifs. De quatre agents, on passa alors à sept. C'était encore bien modeste, vu l'ampleur de la tâche qui incombait à la brigade de Sûreté, « la bande à Vidocq » comme on commença à l'appeler au début de la Restauration.

Vidocq use de son entregent, de sa séduction, de son intelligence pour qu'on lui laisse les coudées franches dans le choix de ses lieutenants, des hommes qui doivent être initiés aux astuces, aux mœurs, au langage de la pègre. Aussi les recrute-t-il dans le monde des repris de justice. A tous ceux qui fustigent « la bande à Vidocq », habile à faire la bourse et la montre, le chef de la Sûreté répond simplement et sans détours : « Obligés de consacrer dix-huit heures par jour à la police, mes subordonnés se dépravaient moins que s'ils eussent été des sinécuristes [2]. »

Cette équipe singulière rend d'inestimables services en arrêtant des criminels, mais, lors des procès en cour d'assises, quand déposent les agents de la Sûreté, les jurés ont parfois grande envie de déclarer les témoins aussi coupables que les accusés.

En octobre 1816, la brigade est portée à treize, encore

---

1. Arch. préf. pol. D/b 45.
2. *Mémoires de Vidocq, op. cit.*, p. 197.

par les bons soins de M. Henry. Sont intégrés à cette occasion deux agents vivement recommandés par Vidocq, un certain Martin, « qui connaît beaucoup de voleurs et tous les escrocs du jeu », et un nommé Soyez, indicateur depuis plusieurs années. Henry obtient également une augmentation des émoluments de Barthélemy Lacour, « agent très délié, actif et sachant bien écrire, seul capable de suppléer Vidocq en cas de maladie ou autre empêchement [1] ».

La plupart des agents de Vidocq sont des libérés des fers que le chef de la Sûreté a lui-même arrêtés ou dénoncés à l'époque où ils se sont brouillés avec la justice. A l'expiration de leur peine, ils viennent prier leur ancien ennemi de les enrôler. C'est le cas du fameux Marie-Barthélemy Lacour, dit Coco-Lacour, détenu à la Force, qui demanda à faire partie de la brigade de Sûreté en promettant d'être utile et de ne plus commettre de fautes ; il y fut admis, et Vidocq, lui ayant reconnu de l'intelligence, le choisit pour secrétaire.

Il est piquant de voir Vidocq fraterniser avec Coco-Lacour quand on sait que le premier a toujours été dans ses écrits le pourfendeur de l'homosexualité, « vice ignoble que l'imagination ne peut que difficilement concevoir [2] », et que le second, lorsqu'il était un adolescent languide pourvu d'une voix douce et de manières efféminées, n'a pas repoussé les avances d'un sodomiste et criminel nommé Mulner qui, outre les plaisirs charnels, lui a appris à lire et à écrire. Depuis cette expérience, Coco-Lacour, virtuose du vol de dentelles, aime à se couvrir de breloques et de rubans aux couleurs les plus tendres, en général réservé à la vêture des Amours. Vidocq s'accommode très bien de ce style. Ne se travestit-il pas lui-même pour les besoins d'une enquête, comme il s'est travesti souvent quand il était en cavale ?

---

1. Arch. préf. pol. D/b 45.
2. *Les Voleurs, op. cit.*, p. 318.

Le choix de Coco-Lacour se révéla très malheureux pourtant ; cet individu peu recommandable, écroué à la Force dès l'âge de onze ans comme prévenu de vols, fut l'un de ceux qui se donnèrent le plus de mal pour « caresser » Vidocq et lui nuire tout ensemble. Il ne se passait guère de jours que les mouches de Vidocq ne vinssent l'avertir que Lacour était l'âme de conciliabules où se tenaient toutes espèces de propos sur le compte du chef. Lorsque, en 1827, notre héros claquera la porte de la Sûreté, le préfet lui donnera comme successeur ce Coco-Lacour, auteur d'un livre sur les stratagèmes des voleurs qui n'aura pas le succès des ouvrages de Vidocq consacrés au même sujet [1].

Les individus qui gravitent autour de la Sûreté ne sont assurément pas des enfants de chœur. Ainsi, dans une affaire de « vol au poivrier » (profiter de l'ivresse de quelqu'un pour le détrousser), un malfaiteur confesse au commissaire de police Gronfier qu'il était auxiliaire à la brigade de Vidocq, que grâce à ses fonctions il était informé des nuits où les surveillances de la police devaient être effectuées et que, muni de ces renseignements précieux, il avait cru pouvoir commettre des vols sur des ivrognes en toute impunité sur le boulevard du Temple [2].

Les subordonnés de Vidocq sont peut-être des forçats repentis, mais ils ont conservé leurs mauvaises manières. Un nommé Moureau, agent de la Sûreté, se voit condamné à un mois de prison comme coupable de voies de fait [3], tandis que Goury, un autre lieutenant de Vidocq, a su profiter d'un mandat de perquisition pour s'approprier des bijoux [4].

Les ennemis de Vidocq crient comme un seul homme : « Qu'on se hâte de licencier cette troupe dont le nom est

---

1. Coco-L., *Trente-six espèces de vols* (Bibl. Nat. Li³ 259).
2. Canler, *op. cit.*, p. 90.
3. *Gazette des tribunaux*, 1826-1827.
4. Guyon, *op. cit.*, p. 232.

déjà la plus sanglante injure ! Car pour la caractériser elle a été surnommée bande avec l'addition de son chef originaire. » Il se répète dans les couloirs de la préfecture que Vidocq et ses hommes ne dédaignent pas de toucher des commissions plus ou moins honnêtes à l'occasion de certains délits : « Quand un habitant de Paris avait été spolié, il allait les trouver et leur offrait une récompense pour les exciter à découvrir les choses qui avaient été enlevées. Ceux-ci écoutaient, dictaient leur conditions, se mettaient en campagne, retrouvaient souvent avec facilité et recevaient la somme promise ; et cependant ils étaient payés par l'autorité pour aller à la recherche des malfaiteurs [1]. »

Le recrutement des agents de la Sûreté a donné lieu à une abondante littérature. Ainsi imagine-t-on, en 1828, Vidocq discutant avec un mouchard de sa rétribution :

— Ah ça, dit le mouchard, tu vas me flanquer une bonne place soignée ; pas grand-chose à faire et du beurre...

— Une place ? rétorque Vidocq. Diable ! Puis-je avoir confiance en toi ? Tu étais un fameux brigand.

— Non je ne travaille plus ; vrai je ne travaille plus.

— J'ai bien quelqu'un à remplacer. Voyons, combien veux-tu ? Tu peux commencer par vingt sous par jour.

— De quoi vingt jacques ! Quand on a de la rubrique, un état dans la main, et TF sur l'épaule... vingt sous ! Change de vue.

— Nous irons à quarante sous la semaine prochaine si je suis content de toi.

— C'est pas la peine de devenir honnête pour quarante sous. Est-ce que je connais pas tous les trucs d'en bas et d'en haut [2]...

« Je ne me plaindrais pas, dira Vidocq, si les chanson-

---

1. Claveau, *op. cit.*, p. 151 à 155.
2. *Scènes contemporaines laissées par la vicomtesse de Chamilly*, 1828. Dans la scène intitulée « Le revers de la médaille », p. 301, on reconnaît Vidocq dans Lecoq, policier installé rue de Jérusalem (Bibl. Nat. Yf 8557).

niers qui m'ont chansonné, si les dramaturges qui m'ont mis en pièces, si les romanciers qui ont esquissé mon portrait m'avaient chansonné, mis en pièces ou esquissé tel que je suis... La calomnie ne ménage personne. Et plus que tout autre, j'ai servi de but à ses atteintes [1]. »

Dès qu'il se commet un vol dans Paris, la police officielle donne à entendre que les auteurs présumés appartiennent à « la bande à Vidocq ». Le créateur de la Sûreté, lui, affirme que les soldats de son escouade, comparés à ceux de M. le chef de la police centrale, sont de forts honnêtes gens, témoin cette anecdote qu'il aime à raconter.

Aubé, agent de la Sûreté, trouva un jour dans l'antichambre de Vidocq la coquette somme de cinquante-huit mille francs. Il restitua les billets de banque à son chef alors qu'il eût pu assurément les conserver sans éveiller le moindre soupçon. « La confiance, souligne Vidocq, était la base de ma conduite vis-à-vis d'eux. Lorsque j'avais des sommes et des valeurs considérables à déposer à la préfecture ou au greffe, mes agents briguaient souvent l'honneur d'en être chargés ; je les remettais à celui que je voulais récompenser et je défendais à ses camarades de l'accompagner, dans la crainte qu'il pût penser que je le faisais surveiller ; j'étais sûr alors que le dépôt serait fidèlement remis [2]. »

Fatigué des attaques de ses concurrents, Vidocq va partout répétant qu'aucun des voleurs ou forçats employés à la Sûreté ne s'est compromis aussi longtemps qu'il a fait partie de la brigade. Comment peut-on accorder crédit à ces propos, alors qu'il a été lui-même éclaboussé dans des affaires peu reluisantes ?

En décembre 1823, lors du procès d'un marchand de tableaux, Léonard Laville, et de ses complices en escro-

---

1. *Les Voleurs, op. cit.*, p. 235.
2. *Quelques mots..., op cit.*, p. 214 à 216.

143

queries, il sera prouvé « qu'ils avaient toujours été protégés par l'agent de police nommé Vidocq qu'ils s'étaient gagné au moyen de la rétribution qu'ils lui ont faite d'une certaine somme d'argent, d'une tabatière en or à musique, d'une pendule et de plusieurs pièces d'argenterie [1] ».

Les conclusions de ce procès sont à rapprocher des interrogations portant sur le train de vie de Vidocq qui ne peut guère s'expliquer si on se réfère à ses seuls appointements de policier. Ne dit-on pas que l'ameublement de sa résidence, rue de l'Hirondelle, pourrait rivaliser avec le faste des hôtels de certains ministres ? Cette accusation est abusive quand on connaît le luxe de ces demeures ; mais, à la fin de sa vie, son appartement fera songer à un « magasin de bric-à-brac », où s'entasseront les objets les plus hétéroclites dont treize pendules à sonnerie, de différents modèles, que Vidocq prendra un vif plaisir à faire tinter toutes ensemble [2].

Le portrait de Guyon nous montre François Vidocq dans tout l'éclat d'une ambition satisfaite : « Quoi que changeant souvent de costume, sa mise est toujours très soignée ; et comme il est dans une position fort aisée, il a un cabriolet où il est souvent accompagné d'un de ses familiers, mais qu'il place tantôt devant et tantôt derrière, suivant le rôle qu'il va jouer. Jamais il ne sort sans être armé d'un long poignard, dont la lame, fort large, est damasquinée en or, et dont le manche est inscrusté de pierreries [3]. »

La considération dont Vidocq est investi irrite la police officielle qui se plaint amèrement de ce qu'on a donné des cartes d'inspecteurs aux agents de la Sûreté. « Dans l'intérêt du service, nous nous permettons de faire observer qu'il devrait peut-être exister une sorte

---

1. *L'Intermédiaire des chercheurs et curieux*, 1910, p. 926.
2. Chenu, *Les Malfaiteurs, op. cit.*, p. 146.
3. Guyon, *op. cit.*, p. 230.

de distinction entre eux et les autres agents avoués de
l'administration et avec d'autant plus de raison que,
pour se donner un peu plus de relief, les employés du
sieur Vidocq montrent leur carte en public et se disent
inspecteurs, sorte de similitude que ces derniers considèrent comme une injure [1]. »

Le 28 septembre 1815, deux agents, Conselin et
Régnier, dénoncent en ces termes Vidocq au directeur
de la police particulière du roi : « Nous croyons devoir
exciter l'attention sur un nommé Vildoc [*sic*] employé
par M. Henry, chef de la deuxième division. Nous
transmettons l'analyse d'une partie des faits d'après
lesquels l'on jugera si cet homme devrait par sa présence souiller la société dont il a été rayé par plusieurs
jugements criminels... Cet homme qui, par ses crimes,
a acquis une célébrité très grande dans son genre, est
la terreur de Paris. Lorsqu'il passe dans les rues avec sa
brigade, car il est autorisé à avoir des adjoints qu'il
paye, et il en a un grand nombre, on entend dire :
" Voilà la bande à Vildoc qui cherche ou des voleurs,
ou à voler ! " Ceci devient d'autant plus scandaleux
qu'il est connu comme voleur et comme employé de
police, car il prend le titre d'officier de paix. Enfin cet
homme est capable de commettre les plus grands
crimes [2]. »

Un autre agent, Dolard, fera savoir à sa direction que
le policier Putaud « s'est fait sauter la cervelle il y a un
an pour se venger des intrigues que sa femme entretenait avec Vidocq [3] ».

Ses détracteurs, toujours très actifs, répandent aussi
le bruit que certains des agents de Vidocq sont payés
sur le produit des jeux de hasard « qu'on voit particulièrement sur les boulevards, jeux défendus par la police

---

1. Année, *Le Livre noir de MM. Delavau et Franchet*, t. I, p. 3-4.
2. Arch. préf. pol. E/a 90 (16).
3. *Ibid.*

et exploités par des filous, jeux prohibés par l'autorité qui, d'un autre côté, souffre que le chef de la brigade de Sûreté en exploite le loyer qui, dit-on, lui rapporte mille à douze cents francs par mois [1] ». Selon les rapprochements des documents et des témoignages que nous avons pu faire, il apparaît que la préfecture a réellement usé de ce moyen pour financer la brigade de Sûreté. Dans ses Mémoires, Peuchet reproduit une lettre édifiante du préfet Delavau : « A compter de ce jour, les sieurs Drissen et Ripaud, précédemment autorisés à tenir sur la voie publique un jeu de " troumadame ", feront partie de la brigade particulière de Sûreté sous les ordres de Vidocq, chef de cette brigade. Ils continueront à tenir ce jeu, mais il leur sera adjoint six autres personnes qui feront également le service d'agents secrets [2]. » On aura beau jeu, dans les rangs de la police officielle, de stigmatiser cet étrange remède qui consistait à doubler le mal en tolérant une friponnerie publique pour pouvoir en surveiller une autre.

En dépit de ces arguments non dénués de fondement, pas une seule des violentes campagnes que ses rivaux déclenchent contre lui ne parvient à freiner la réussite du chef de la Sûreté, pas même le départ à la retraite de son cher protecteur M. Henry, remplacé en 1821 par M. Parisot, autre vétéran de la police jusqu'alors chargé du bureau des prisons [3], qui deviendra à son tour un inconditionnel de Vidocq en constatant l'indubitable efficacité de sa brigade.

Il est difficile de ne pas s'entendre avec Parisot, « l'ange consolateur d'une foule de malheureux [4] », connu pour son humanité lorsqu'il était chargé de signer des permis de visite aux familles des repris de

---

1. Guyon, *op. cit.*, p. 236-237.
2. Peuchet, *op. cit.*, t. IV, p. 292-293.
3. Arch. nat. F⁷ 4284.
4. Girard, *Le Rideau levé*, s.d., p. 152.

justice [1]. Vidocq ne laissera jamais personne le supplanter dans la faveur de Parisot, encore qu'il n'ait plus besoin des services d'un mentor. Seul l'aval du préfet reste nécessaire au « chef de la police de France », ainsi que l'appellent souvent les malfaiteurs qui lui donnent également du « général », du « monseigneur », de l'« excellence », un peu comme s'il était ministre.

Le préfet Anglès, formé à l'école de Fouché, n'est pas homme à s'émouvoir des multiples accusations portées contre Vidocq, étant lui aussi en butte aux reproches des royalistes mécontents de sa modération et aux criailleries des bonapartistes et patriotes ; ceux-ci l'accusent en effet de sacrifier la liberté et la justice aux vues de la Cour et à la haine des courtisans [2].

Il n'est guère de pamphlets sur la police qui ne réservent une place de choix aux agents secrets, tant ils paraissent s'être multipliés depuis la Restauration. Aux indicateurs chargés de rendre compte de ce qui se dit dans les salons des plus grands personnages du royaume, Anglès préfère Vidocq et ses forçats, s'il faut en croire la lettre qu'il écrit à Monnier le 29 septembre 1820 : « Les coquins sortis des bagnes et de Bicêtre, dont je me sers pour dépister leurs semblables, sont d'un caractère beaucoup plus honorable que de misérables gredins de l'espèce de Morgan, Beaumont-Brivazac et Cie [3]. »

Vu les très bonnes dispositions d'Anglès à l'égard de Vidocq, il est aisé d'imaginer les regrets du chef de la Sûreté lorsqu'il apprit, en décembre 1821, le renvoi de ce préfet et l'entrée en fonction de Delavau. L'arrivée au pouvoir de la droite royaliste a entraîné le départ du comte Anglès, qui s'était maintenu à son poste depuis 1815 avec une telle constance qu'on aurait pu le croire

---

1. Chastenay, *Mémoires*, 1896, t. II, p. 154.
2. Peuchet, *op. cit.*, t. II, p. 118-119.
3. Hérisson, *Un pair de France policier*, 1894, p. 282-283.

inamovible [1]. Sa destitution est saluée par toute l'opinion ultraroyaliste comme la chute définitive de la police bonapartiste.

L'arrivée de Delavau constitue le premier séisme politique à la préfecture depuis les Cent-Jours. Fils d'un président à la chambre des comptes de Bretagne, Jean-Baptiste Delavau est entré dans la magistrature sous la seconde Restauration et a été nommé à la cour royale de Paris où il s'est fait remarquer grâce à son intégrité. Le gouvernement exige du nouveau préfet une grande purge éliminant les éléments tarés ou foncièrement hostiles au régime, qui avaient été protégés par Decazes et Anglès.

Vidocq échappera-t-il au coup de balai ? Le clair-obscur de sa carrière, ses imprudences prébendières, son cheminement tortueux dans le clanisme à géométrie variable de la classe politique, tout expose le chef de la Sûreté à ce vent qui se lève et veut tourner la page.

En fait, on sait gré à François Vidocq d'être peu encombré par les convictions politiques. Il est maintenu à son poste. Mieux : il voit l'effectif de sa brigade porté à vingt-huit. « La bande à Vidocq » aura-t-elle désormais un plus grand nombre de missions politiques à accomplir ? On peut le penser quand on sait que tous les crédits, sous le règne de Delavau, seront consacrés à la police politique, au détriment de la Sûreté et de la police municipale. « La police de parti, écrira un contemporain, sans doute absorbait tous les moments ou toutes les facultés du préfet, car on vit, pendant sa gestion, l'audace des malfaiteurs portée à un point qui rappelait les temps anciens où nos bon aïeux étaient obligés de se coucher avec le soleil sous peine de la vie [2]. »

Vidocq sera considéré par l'opinion comme « le colonel de M. Delavau [3] ». Pour nuire à la bonne réputation

---

1. Arch. nat. F⁷ 9868.
2. Saint-Edme, *Biographie des lieutenants généraux...*, p. 446.
3. Année, *op. cit.*, t. I, Introduction.

du préfet, Benjamin Constant de Rebecque dira qu'il trouve une « parfaite similitude » entre Delavau et Vidocq [1]. Il est vrai que le libéral Benjamin Constant a maille à partir avec la police de la Restauration qui le surveille étroitement depuis son passage, en 1815, de Louis XVIII à Napoléon. Des agents ont saisi, en 1822, un paquet de brochures qu'il venait de publier et qu'il avait envoyées au duc d'Orléans [2].

Sa très grande faveur, rue de Jérusalem, Vidocq la doit avant tout à son fabuleux tableau de chasse, de Coignard à Ouvrard. Tous les policiers de France envient cet homme présent partout mais qu'on ne reconnaît nulle part.

---

1. Salaberry, *Souvenirs politiques sur la Restauration*, 1900, t. II, p. 144.
2. Arch. nat. F⁷ 3795, bulletins des 24 septembre et 2 octobre 1822.

9

Bonne pêche en eau trouble

« Et de son excellence exaltant les hauts faits
Plus d'un auteur t'élève au-dessus des préfets[1]... »

Outre l'élimination des chauffeurs d'Orgères qui tenaient le bois de la Muette, dans le Loiret, Bonaparte avait obtenu de sa police la capture de presque toutes les bandes que le laxisme du Directoire avait laissées s'installer sur le territoire national.

Cependant, sous la Restauration, le Santerre — région située entre Montdidier, Péronne, Amiens et Beauvais — n'avait toujours pas été débarrassé de ses « hommes noirs », arrivant on ne sait d'où, armés jusqu'aux dents, ayant le pistolet rapide et le couteau léger, la figure barbouillée de suie ou masquée, défonçant les portes des fermes à coups de bûches, s'emparant de tout ce qu'ils trouvaient, l'argent, le linge, les provisions, et s'enfuyant comme ils étaient venus, en riant des belles grimaces faites par le malheureux paysan, les pieds dans le feu, pour avouer la cachette de son magot.

Au mois d'octobre 1819, le comte d'Allonville, préfet de la Somme, fait dire à Paris que cette situation n'a que trop duré. Que va-t-on faire ? Qui opposer à ces dangereux terroristes ?

— Qui opposer ? Mais Vidocq ! répond aussitôt le préfet de police [2].

---

1. *Épître à M. Vidoc de Saint-Jules sur sa disgrâce, par un mouchard,* 1827.

2. Cette affaire des chauffeurs du Santerre n'est que très rarement citée dans les grands exploits de Vidocq car les Mémoires ne la mentionnent pas.

Par un froid matin d'automne, dans la petite ville de Rosières-en-Santerre, un colporteur, à la mine assez inquiétante, descend à l'*hôtel du Cygne* où il se fait inscrire sous le nom de Frénot.

Vidocq, car ce Frénot et lui ne font qu'un, établit là son quartier général, puis il part en campagne, sa balle au dos, ouvrant largement les yeux et les oreilles aux indices et propos les plus insignifiants. De hameau en hameau, il offre sa pacotille, devise avec les fermiers, surprend des confidences.

Il ne lui faut pas plus de deux mois pour être parfaitement renseigné sur des malfaiteurs qui sèment la terreur dans la Somme depuis plus de vingt ans. Il sait maintenant que le chef des chauffeurs du Santerre n'est autre que l'aubergiste de Rainecourt, homme de mauvaise réputation, brutal et fort comme un taureau. Le Capelier, dit « Sabalaire », est lui-même à la solde d'une petite vieille très cruelle, la veuve Guiraud, surnommée la « Louve de Rainecourt », pour qui le vol et l'assassinat constituent une profession et même un divertissement. « Écabocher un bourgeois » procure une véritable jouissance à cette harpie.

Vidocq-Frénot comprend qu'il va devoir une fois de plus hasarder sa propre vie. Courageusement, il s'efforce d'être admis dans cette bande de chauffeurs. Il parvient rapidement à faire la conquête de Capelier ; ce dernier a une fille, et le colporteur s'en déclare amoureux ; il courtise avec fougue la demoiselle, manifestant le désir de l'épouser dès qu'il aura, par un bon coup, gagné une somme suffisante à l'établissement d'un ménage. Le subterfuge fonctionne : le père Capelier, ravi de caser sa fille,

Elle présente cependant le mérite de pouvoir être fidèlement reconstituée grâce au travail d'un historien local, Adrien Varloy, qui a recueilli de nombreux témoignages et qui a consulté, en 1907, les différentes notes de Vidocq sur cette affaire figurant dans le dossier judiciaire au palais de justice d'Amiens.

reçoit le faux Frénot dans son association secrète. Afin de le mettre à l'épreuve, il lui confie trois vols avec escalade et effraction dont le colporteur s'acquitte, comme on pouvait s'y attendre eu égard à son passé, avec un savoir-faire qui lui vaut l'admiration de toute la bande. Celle-ci est composée d'une soixantaine d'hommes qui obéissent militairement à Capelier. Vidocq s'applique à graver leurs traits et leurs noms dans sa mémoire et à reconnaître la planque de chacun. Il attend, comme un gros chat, en lissant ses moustaches, qu'une occasion se présente. Alors, il bondira et fera arrêter tout ce beau monde.

Capelier désigne sa prochaine victime : le père Dufay, ancien régisseur de la famille de Saint-Simon qui avait possédé un château dans le pays. Ce riche vieillard de quatre-vingt-six ans vit seul dans une confortable maison à Berny-en-Santerre. L'expédition est fixée au 25 février 1820. Vidocq se décide à agir, d'autant que la Louve se méfie de ce colporteur inconnu, tombé du ciel un beau matin, et devenu si rapidement un voleur émérite. La vieille aurait payé cher pour s'en débarrasser mais Capelier ne veut rien entendre :

— Tais-toi, bête, il est meilleur voleur que nous.

— C'est égal, murmure la Louve, il ne me revient pas ; je lui ferai son affaire toute seule.

Vers minuit, on entend des chuchotements à la porte de la maison du père Dufay. Ce sont les brigands. Ils sont six, le capitaine Capelier, le lieutenant Vitasse, cantonnier à Rainecourt, le lieutenant-sorcier Lemate, un paysan nommé Germain et la Louve qui s'est dérangée en personne, à la fois parce que l'affaire s'annonce excitante et parce qu'elle veut voir de ses yeux travailler Frénot qu'on dit si habile et qui, naturellement, complète la troupe.

Vidocq-Frénot marche le dernier, les oreilles attentives et l'œil aux aguets. Il ne cachera pas, après l'opération, qu'il était fort ému en sautant le mur de la maison de Dufay, ignorant si le lieutenant de gendarmerie avait bien reçu le message envoyé dans la matinée.

Tout semble endormi chez le vieux régisseur ; on n'entend aucun bruit, l'obscurité est complète. Sitôt que la porte est défoncée, les malfrats se précipitent dans la chambre à coucher de la victime. Une très mauvaise surprise les attend : le lieutenant de gendarmerie tire un coup de pistolet.

— Nous sommes vendus ! s'exclame Capelier, qui tire à son tour.

Alors les gendarmes sortent de leurs cachettes. Une furieuse bataille s'engage autour du lit de Dufay.

— Tue ! Tue ! vocifère la Louve en se précipitant avec son couteau sur un des gendarmes.

Voyant tomber Capelier, percé d'un coup de baïonnette, la vieille femme s'enfuit, un gendarme la poursuit, elle reçoit un coup de sabre, mais, bien que tout en sang, la mégère parvient à disparaître dans la nuit. Deux des chauffeurs demeurent aux mains des policiers, Capelier et Vitasse, l'un et l'autre grièvement blessés. Mais Vidocq se montre pleinement satisfait. Les autres brigands, il les aura.

Et, effectivement, le lendemain, on multiplie les perquisitions et on arrête à tour de menottes. La population voit François Vidocq, fier de lui, se promener devant la mairie, bavardant avec les autorités, surveillant l'arrivée des malfaiteurs que la gendarmerie, sur ses indications, est allée cueillir à leur domicile et qui le reconnaissent en arrivant sur la place — avec stupéfaction puis avec terreur. Notre héros a renoncé à son bonnet noir de colporteur pour reprendre son fameux chapeau haut de forme à large bord qui lui sied à ravir. A la fenêtre de la mairie, Capelier, fou de rage, tend vers Vidocq son poing crispé et l'injurie à plaisir en exprimant ses regrets de ne pas l'avoir éliminé ainsi que la Louve le lui suggérait.

Capelier mourra de ses blessures, ainsi que Vitasse, avant le procès ; la Louve et deux de ses complices seront condamnés à mort. Longtemps, les habitants de la région parleront avec enthousiasme de Vidocq, le plus habile agent de police de Paris, venu en personne arrêter les chauffeurs du Santerre et mettre ainsi un terme à cinquante années de méfaits.

Si les grandes bandes de malfaiteurs disparurent, n'en subsistaient pas moins de plus modestes associations qui continuaient de s'en prendre épisodiquement aux diligences et aux voyageurs. Ainsi, entre 1819 et 1824, plusieurs courriers furent dévalisés dans le sud de la France : la diligence de Rodez en 1821 qui transportait deux cent mille francs-or, celle de Moissac en 1823 où les brigands négocièrent la vie sauve des passagers moyennant une rançon de vingt-cinq mille francs-or. Les auteurs de ces vols ne furent jamais arrêtés. Il n'en a pas été de même en région parisienne, où les bandits trouvèrent à qui parler. L'affaire de la forêt de Sénart est l'un des chefs-d'œuvre de Vidocq[1].

C'est à la fin de l'automne 1822 que des brigands armés se font connaître dans les environs de Paris. Ils semblent être fort nombreux, car ils apparaissent sur toutes les routes, attaquant tout ce qui passe : diligences, chaises de poste, charrettes, cabriolets de place, et jusqu'aux promeneurs.

On n'avait aucun indice, aucun renseignement sérieux qui pût guider dans cette affaire ténébreuse, lorsqu'un mouchard, un nommé Bertrand, ancien marchand de vin, se présenta à la préfecture. Grâce à ses révélations, Vidocq se lança sur les traces d'une bande de cinq malfaiteurs qui, tous, habitaient le faubourg Saint-Antoine à Paris. Il apprit que la malle-poste de Lyon-Paris allait faire l'objet d'une attaque dans la forêt de Sénart. Vidocq prit place avec ses agents dans la voiture qui transportait une importante somme d'argent, mais les brigands renoncèrent à leur opération. Bertrand, qui avait donné à Vidocq le premier avis, lui fit savoir que le projet n'avait pas été exécuté

---

1. *Les Voleurs*, *op. cit.*, p. 106 à 118.

parce que la diligence était passée trop tôt et que la partie était remise au surlendemain.

Le 24 juillet 1824, Vidocq monte de nouveau dans la diligence avec ses agents. Et, cette fois, les brigands sont au rendez-vous. A un quart de lieue de Lieursaint, ils se précipitent sur la voiture, saisissent les chevaux et les conduisent par un chemin détourné à quelque distance de la grande route.

Un des voleurs, Pigeonnat, portant une blouse et une casquette, s'écrie :

— Le premier qui bouge, je lui brûle la cervelle.

Vidocq saute aussitôt de la diligence et essuie deux coups de feu qui le manquent. Le chef de la Sûreté saisit Pigeonnat et se bat avec lui. Autour de la voiture s'engagent des combats au corps à corps. Cette scène demeurera célèbre : une estampe populaire représentant Vidocq et ses policiers en lutte avec les bandits de la forêt de Sénart circulera dans tout Paris sous la monarchie de Juillet [1].

Les brigands sont mis en fuite, tandis que la diligence poursuit sa route jusqu'à Melun où le procureur du roi enregistre les dépositions des voyageurs. Vidocq n'a pas perdu la trace des bandits, il connaît leur domicile et les lieux qu'ils fréquentent. Vêtu en ouvrier, il se rend dans un cabaret à la barrière du Maine, où il retrouve le fameux Pigeonnat qui déclare à sa mère, sans savoir qu'il est épié :

— Je t'assure que Vidocq y était. Je crois bien l'avoir reconnu. D'abord, c'était sa taille. Un gros mal bâti, qui a le cul sur les talons. On ne me l'ôtera pas de l'idée. C'est lui qui s'est laissé couler sous la voiture pendant que je luttais avec l'autre.

Vidocq est juste derrière lui. Leurs dos se touchent. Le chef de la Sûreté ne perd pas un mot de cette conversation qui lui permettra d'arrêter les malfaiteurs près de Vincennes. L'un d'eux s'étranglera dans sa prison ; trois autres, dont Pigeonnat, seront condamnés à mort.

---

1. Bibl. nat. Ln[27] 20399.

Vidocq a un principe : une arrestation s'effectue discrètement. Le coupable ne doit jamais soupçonner qu'il est en passe d'être découvert. Ainsi tombera-t-il de lui-même, comme un fruit mûr, dans les filets de la police. Les méthodes de Vidocq constituent un sujet de conversation intarissable dans la haute société, et il n'est pas rare que des gens du monde demandent à assister à la conclusion d'une de ses brillantes entreprises.

Pour un ancien forçat, Vidocq a de la tenue, comme s'il avait toujours fréquenté la belle compagnie. C'est qu'il aime à observer les jeunes aristocrates, dépositaires des prestiges du passé autant que porteurs des manières de demain. Les salons les plus huppés se disputent le fameux policier dès qu'ils découvrent que cet homme n'a rien de l'énergumène obscène et aviné que ses ennemis se plaisent à dépeindre. Son regard subjugue : la brume qui noie ses yeux est soudain chassée par un éclair perçant qui agit comme un sortilège. Brillant, drôle, paradoxal, il séduit. Aussi les grandes dames rêvent-elles de le voir à leur table. Les gens du monde trouvent piquant de côtoyer le plus célèbre policier de France. Il en est ainsi du comte d'Avaray, du duc d'Aumont, autre pair de France, du comte de Perregaux — qui offrira son nom à la « dame aux camélias » —, de la marquise S. de T. qui lui écrit sur un ton qui laisse soupçonner une très grande intimité dans leurs rapports : « J'ai des conseils à vous demander, et peut-être quelque chose de plus... Vous connaissez j'espère les sentiments d'estime que vous m'avez inspirés [1]. »

Vidocq rend service et il conseille de nombreux quémandeurs, dont la duchesse de Fitz-James et le comte Lemercier. Le chef de la Sûreté est assurément une relation « utile ».

Il n'est pas rare de reconnaître sa fameuse silhouette sous les arcades du Palais-Royal lorsqu'il s'accorde le

---

1. *Supplément aux Mémoires de Vidocq*, t. I, p. xcij.

plaisir de s'habiller comme tout le monde. Le Palais-Royal fut le cadre d'une de ses brillantes affaires qu'il appréciait de raconter en société [1].

Le jeudi 15 décembre 1825, vers dix-huit heures quinze, pendant que sa femme, « l'une des plus belles de Paris » au dire de Vidocq, est parti au spectacle, le sieur Joseph, changeur au Palais-Royal, voit se présenter devant son comptoir deux jeunes individus. Ils lui demandent des pièces de cinq francs pour de l'or. Leur mise est correcte, leur langage convenable. M. Joseph n'a aucune raison de se méfier. Les deux personnages font mine de fouiller dans leurs poches, et l'un d'eux, en retirant sa main droite d'une poche de son pantalon, laisse tomber quelques pièces de monnaie qui roulent et prennent le chemin de l'arrière-boutique. Toujours sans défiance, le changeur se baisse pour les ramasser, et c'est à ce moment précis que l'un des deux individus, armé d'un morceau de fer acéré, lui en porte huit coups dont cinq à la tête et trois sur le corps, pendant que son complice s'introduit derrière le comptoir où il s'empare d'une quantité assez considérable d'or et de billets [2].

Pour faire taire le malheureux changeur, les deux scélérats lui donnent la « polenta à sec » — c'est-à-dire qu'ils lui mettent de la farine dans la bouche. Après quoi, ils le laissent gisant sur le parquet et baignant dans son sang. Aucun doute, il est bien mort. Ce n'est pas lui qui parlera, et personne n'a assisté à l'agression.

Miraculeusement, Joseph vit encore. Il parvient, d'une voix presque éteinte, à demander du secours aux passants. On le relève et l'autorité est immédiatement appelée.

---

1. *Les Voleurs, op. cit.*, p. 31 à 39. Quelques inexactitudes se sont glissées dans le texte de Vidocq consacré à l'affaire du changeur du Palais-Royal. Nous avons pu les corriger grâce aux bulletins de Paris conservés aux Archives nationales.

2. Arch. nat. F[7] 3879, bulletin du 16 décembre 1825.

Le lendemain, l'affaire fait grand bruit, et une foule considérable s'est massée devant la porte du changeur. Ce dernier, en dépit de la gravité de ses blessures, a pu donner à la police le signalement de ses agresseurs, précisant même qu'il avait entendu l'un des assassins dire quelques mots en italien à son camarade. A la suite de nombreuses perquisitions et de comparaisons faites avec les détails donnés par M. Joseph, plusieurs individus sont arrêtés [1]. Un vitrier piémontais, dont le signalement présentait des similitudes avec celui donné par la victime, a été conduit à la préfecture, mais les agents n'ont rien trouvé sur lui qui fût de nature à le compromettre [2].

Ordre a été donné de dresser sur-le-champ un relevé de tous les Italiens logés dans des hôtels garnis, de vérifier leurs signalements, d'examiner sur le registre des étrangers ceux à qui il a été délivré des passeports et de surveiller les individus qui demanderont des visas de départ.

Trois hommes sont arrêtés. L'un d'eux retient particulièrement l'attention de la police : un dénommé Taviglioni, appréhendé dans un quartier très éloigné de son domicile où il s'occupait de changer de nombreuses pièces d'or et chez lequel les agents ont trouvé une importante somme en billets. Après avoir attendu que l'état de santé de M. Joseph s'améliore un peu, les autorités organisent une confrontation au cours de laquelle la victime ne trouve dans les deux premiers hommes aucune ressemblance avec ses agresseurs. En revanche, lorsqu'il est amené à dévisager Taviglioni, Joseph éprouve une émotion visible et murmure :

— Il lui ressemble beaucoup [3].

Cette déclaration aurait pu être à l'origine d'une grave erreur judiciaire car, renseignements pris, Taviglioni n'avait pas la possibilité d'être à l'heure dite au Palais-Royal.

---

1. Arch. nat. F⁷ 3879, bulletin du 17 décembre.
2. *Ibid.*, bulletin du 22 décembre.
3. Arch. nat. F⁷ 3880, bulletin du 5 janvier 1826.

Puisque l'enquête piétine, plus d'hésitation ! Le grand remède. C'est-à-dire Vidocq ! Le préfet, Delavau, le prie de retrouver rapidement les deux agresseurs du changeur.

Grâce à son fabuleux réseau d'indicateurs, Vidocq apprend très vite que deux Italiens, nommés l'un Malagutti, l'autre Rata, sont logés chez le sieur Pagot, aubergiste, rue Saint-Antoine. Il y a de cela peu de temps, ils sont rentrés un soir, sans s'attarder avec l'aubergiste qui pense « qu'ils se sont mis tout de suite à laver leurs vêtements, puisque ces vêtements se trouvaient être étendus sur une corde ». Vidocq flaire là ses coupables et demande aussitôt un mandat. A la préfecture, on les interroge, ils nient. Échaudé par les mauvaises pistes, dont celle de Taviglioni, Delavau les fait relâcher, faute de preuves. Plus tard, pour justifier sa bévue, le préfet dira :

— Il semble que l'élargissement des auteurs du crime, un instant placé sous les mains de la justice, n'ait été prononcé que pour qu'ils puissent aller chercher eux-mêmes les preuves de leur forfait [1].

Vidocq est furieux car il est certain de leur culpabilité, ayant découvert dans l'auberge où ils résident une bien curieuse meule de rémouleur. Le chef de la Sûreté, qui n'a pas son pareil pour percer les secrets des instruments de contrebande, s'est aperçu que cette meule était creuse et qu'elle pouvait, sans aucun doute, transporter clandestinement de l'or.

Vidocq fait suivre les deux hommes par ses agents. Cette filature permet de constater que les Italiens se rendent dans un endroit perdu de Charonne où ils déboutonnent leur pantalon et s'accroupissent. Cette habitude paraît suspecte. Nouvelle arrestation, suivie encore d'un élargissement, l'interrogatoire n'ayant apporté aucune lumière.

Vidocq ne veut pas en démordre. Il piste toujours les deux individus. Un détail retient son attention : ils portent

---

1. Arch. nat. F^7 3880, bulletin du 4 février.

leur chapeau sous le bras alors qu'il fait très froid. Visite des chapeaux : ils contiennent mille louis d'or. Malagutti et Rata déclarent qu'ils ont trouvé ce trésor par hasard en se baissant pour satisfaire un besoin et que, dans cette position, l'un d'eux a aperçu un mouchoir sortant de terre. Ils ont creusé et découvert ainsi le pactole. Sur les lieux, Vidocq met la main effectivement sur deux mouchoirs, mais ils portent les initiales des Italiens. Voilà une preuve !

Vidocq souhaite en finir définitivement avec cette affaire. Il organise une confrontation avec Joseph, à laquelle Delavau ne croit guère. Pour que le préfet soit convaincu, Vidocq mêle aux deux Italiens trois de ses agents, de la même taille que les agresseurs du changeur et habillés comme eux. M. Joseph découvre les cinq personnes, tressaille, s'arrête, considère l'un après l'autre les visages et, sûr de lui, désigne du doigt Rata et Malagutti. Jamais confrontation n'avait été plus solennelle, ni faite avec plus de soin pour éviter toute méprise.

Les deux Italiens se confessent enfin à Vidocq. Ils reconnaissent qu'ils avaient caché leur butin à Charonne, dans la terre, et qu'ils comptaient regagner leur pays en exerçant le métier de rémouleur, avec leur meule très ingénieusement creusée dans laquelle ils auraient dissimulé les pièces d'or. C'était astucieux, mais c'était compter sans Vidocq. Rata, âgé de dix-neuf ans, a précisé que, « depuis l'instant du crime, il n'a pu trouver aucun repos, aucun sommeil, aucune jouissance par l'or qu'il s'était procuré, et qu'il se sent soulagé par l'aveu qu'il vient de faire ». Sans Malagutti, vraisemblablement, il ne fût jamais entré dans la carrière du crime.

Rata et Malagutti seront condamnés à la peine capitale et exécutés au moment même où le pauvre M. Joseph mourra de ses blessures.

Un succès de Vidocq, historique, mais parfois oublié, est l'arrestation d'Ouvrard, le 24 décembre 1824 ; un épisode méconnu car il n'apparaît, tel qu'il s'est produit, ni dans les *Mémoires* d'Ouvrard, ni dans ceux de Vidocq ; ne va-t-il pas de soi qu'un financier célèbre mais peu scrupuleux et un chef de la Sûreté ne disent jamais tout ? Sur un bon nombre d'affaires dites « spéciales », Vidocq a tenu à observer jusqu'à la fin de sa vie le prétendu « secret professionnel ».

Il existe deux versions de cette arrestation. La première, banale, émane d'Ouvrard, le fameux munitionnaire, habile jongleur d'emprunts, d'escomptes et de crédits, qui, malgré sa dextérité, n'a pas toujours la main heureuse et se retrouve parfois menacé d'emprisonnement. C'est le cas en cette année 1824. Désireux de se venger de ce grand profiteur de guerre, les milieux militaires encouragent Seguin, rival d'Ouvrard, à exiger le paiement d'une vieille créance douteuse.

Ouvrard ne mentionne aucunement le nom de Vidocq dans cette affaire. Le financier aurait décidé de ne pas se cacher, bien que sachant que Seguin avait obtenu une décision contre lui : « Reconnu rue du Bac par le garde du commerce, porteur du jugement au profit de M. Seguin, qui se rendait à l'administration avec ses affidés, je fus arrêté et conduit à la prison de Sainte-Pélagie [1]. »

La deuxième version, nous la devons à un détracteur de Vidocq qui, assurément, n'aurait pas accordé au chef de la Sûreté le mérite de l'arrestation d'Ouvrard s'il n'avait pas eu la certitude de sa participation. « Cette belle capture lui a été payée au poids de l'or », précise même ce témoin [2]. L'exploit de Vidocq est confirmé dans une biographie du chef de la Sûreté, rédigée par un de ses agents, Goury, et contrôlée, semble-t-il, par Vidocq lui-même : « Le sieur Seguin, créancier du fameux Ouvrard, lui dut [à Vidocq] l'arrestation de ce fournisseur millionnaire. Vidocq a été généreusement récompensé pour cette capture [3]. »

---

1. Ouvrard, *Mémoires*, 1826, t. III, p. 101.
2. Guyon, *op. cit.*, p. 236.
3. *Histoire de Vidocq par G...*, *op. cit.*, p. 224-225.

Il s'avère que le sieur Seguin s'est rendu chez Vidocq pour lui demander de mettre la main au plus vite sur Ouvrard, véritable anguille, dont le principal atout est de disposer d'une armée d'informateurs qui savent toujours ce que font les gardes du commerce. Il a « sa » police, affirme le procureur général Bellart.

C'est à Vidocq que revient l'honneur de prendre dans ses filets cet homme réputé insaisissable ! Il parvient à l'arrêter le 24 décembre 1824 à quatorze heures, après une première tentative malheureuse[1]. Ainsi Ouvrard retrouve-t-il le chemin de Sainte-Pélagie, puis de la Conciergerie, où il demeurera jusqu'en 1829. Il y vivra somptueusement en continuant de gérer ses affaires. Le directeur de la prison fera agrandir sa chambre en abattant une cloison, ses deux employés seront admis à s'installer dans le couloir, il aura vue sur une pelouse et un massif d'arbustes. Talma viendra dîner avec lui et déclamera pour le financier seul les rôles d'Othello et de Hamlet, de Léonidas et de Sylla[2].

Déceler les titres de noblesse usurpés est une des grandes spécialités de Vidocq. Il excelle à « démarquiser » les fripons au château de Bicêtre. Dans les couloirs des Tuileries sévissent quelques imposteurs chamarrés, chargés de cordons, de décorations, de broderies, qui font des dupes mais ne sauraient aveugler le chef de la Sûreté.

Les périodes troublées — de destruction ou d'égarement des archives —, les mouvements de population dus aux bouleversements politiques, tels la Révolution, l'émigration des nobles, leur retour sous l'Empire ou la Restauration, sont autant d'événements qui favorisent de pareilles escroqueries.

Vidocq est trop mystificateur pour ne pas déceler chez les autres ses propres capacités.

M. le marquis de Chambreuil ? Il a l'oreille de

---

1. *Supplément aux Mémoires de Vidocq, op. cit.*, t. I, p. 173-174.
2. Ouvrard, *op. cit.*, t. III, p. 155 et 353.

Louis XVIII ? Il est directeur des haras royaux et directeur de la police personnelle du roi aux Tuileries ? Et alors ? Vidocq ne craint pas le scandale en appréhendant le prétendu marquis à sa sortie du pavillon de Flore. C'est un évadé du bagne de Toulon, il s'appelle bien Chambreuil, mais particule et titre ne sont que d'adoption, et Vidocq le prouve en ordonnant une perquisition à son domicile grâce à laquelle la police découvrira une masse de faux papiers, des exemplaires en blanc de brevets de tous ordres, de tous grades, et la correspondance que l'escroc entretenait avec des ministres et des membres de la famille royale, dont le duc d'Angoulême. Condamné aux travaux forcés à perpétuité, Chambreuil est envoyé à Lorient où il reprend ses habitudes de dénonciateur. C'est ainsi que, à l'époque de l'assassinat du duc de Berry, il écrit pour qu'on le fasse venir à Paris, ayant, dit-il, d'importantes révélations à faire et des complices de Louvel à signaler. L'Administration le connaît désormais trop bien pour lui offrir ce petit voyage d'agrément [1].

Le maréchal de camp Stévenot, décoré de la croix de Saint-Louis ? Un fidèle serviteur de la monarchie légitime ? Vous voulez rire ! Sous la Révolution, il était un farouche sans-culotte et un voleur. Il s'est évadé du bagne de Brest. Le comte d'Artois le protège ? Libre à lui. En attendant, il est arrêté grâce à Vidocq qui a percé tous ses secrets [2].

Le marquis de Fénelon ? Un homme de haute naissance ? Vous plaisantez ! C'est un ancien forçat qui a réussi à devenir gentilhomme de la chambre du roi.

François Vidocq sait son monde des escarpes et des grinches sur le bout des doigts. Il démasque aisément un Morel, bagnard en rupture de ban, qui s'était introduit dans la proximité de Louis XVIII et jouissait d'un certain pouvoir au secrétariat des commandants du roi, ou encore un Jalade, devenu peut-être feutrier en chef de la Cour, l'entourage du monarque le tenant pour un honnête

---

1. *Les Vrais Mémoires de Vidocq*, op. cit., p. 165 à 168.
2. Arch. de la guerre, dossier Stévenot.

homme, mais qui, en réalité, était un faussaire ayant tâté au moins quatre fois de la prison.

A l'énoncé de tous ces mots, Vidocq a le front haut, mais il en est un qui le rend plus fier encore, celui de Coignard, alias comte André-Pierre de Pontis de Sainte-Hélène, une capture qui a jeté incontestablement un lustre nouveau sur la réputation du chef de la Sûreté.

Coignard, incarné en comte de Sainte-Hélène, dont tout Paris admirait la tournure martiale et le brillant uniforme sur le front des troupes aux revues royales ; Coignard, cet imposteur si bien en cour, ayant pour protecteur le duc de Berry, qui sera trahi par un ancien compagnon de chaîne.

L'escroquerie est un gué que Coignard passe en sautant de pierre en pierre, quand d'autres remontent le courant à la force des épaules, dérivent ou se noient ; mais tout a une fin et la fortune tourne soudain pour lui.

Lors d'une cérémonie militaire, place Vendôme, le « comte » est reconnu, malgré ses chamarrures, ses décorations, son port altier et son superbe cheval, par un dénommé Darius, forçat libéré sorti depuis peu du bagne de Toulon où il était demeuré pendant vingt ans par suite d'une condamnation pour crime de faux.

— Qui est-ce ? demande Darius en montrant du doigt le bel officier.

— C'est M. le comte de Pontis de Sainte-Hélène, lui répond un fourrier.

Darius hausse les épaules. Il a noté chez ce noble personnage un rictus de la lèvre qui n'appartient qu'à Pierre Coignard, son ancien camarade de chiourme. Comme l'écrira Balzac : « On comprend très bien que les forçats, toujours en présence les uns des autres au bagne, et n'ayant qu'eux-mêmes à observer, aient étudié tellement leurs physionomies qu'ils connaissent certaines habitudes qui doivent échapper à leurs ennemis systématiques : les mouchards, les gendarmes et les commissaires de police [1]. »

---

1. Balzac, *Splendeurs et Misères des courtisanes, op. cit.*, p. 540.

Selon Balzac, qui a suivi l'affaire Coignard avec beaucoup d'intérêt, Darius n'est pas allé place Vendôme de son propre chef. Assurément, il y fut envoyé par Vidocq, désireux de fournir un témoignage irréfutable à ses supérieurs qui n'osaient croire que le comte de Pontis de Sainte-Hélène et l'ex-forçat Pierre Coignard ne faisaient qu'une seule et même personne.

Confiant dans l'aide qu'un escroc qui a si bien réussi peut lui apporter, Darius s'empresse, dès le lendemain de la revue militaire, de frapper à la porte de M. de Pontis. Coignard, trahissant la règle d'or qui lie les anciens bagnards entre eux, fait mine de ne pas le reconnaître et l'éconduit avec dédain.

Face à cette attitude indigne, les scrupules de Darius s'envolent ; il se venge en confirmant la véritable identité de Pontis à Vidocq. Mis dans la confidence, le préfet de police fait part, le 16 septembre 1817, au ministre de la Guerre, des « bizarres agissements » du soi-disant comte de Pontis de Sainte-Hélène.

La justice militaire est maintenant en marche [1]. Ce n'est pas trop tôt ! Depuis des semaines, Vidocq entretenait Henry et Anglès de cette affaire mais rien ne se passait, le comte de Pontis bénéficiant de la protection du trône. Aux Tuileries, on espéra vivement que Pontis disparaîtrait. On alla jusqu'à lui en donner les moyens. Coignard, criminel adroit mais inintelligent, ne sut pas saisir cette ultime chance, il se fit prendre comme voleur, et dès lors le trône abandonna cet escroc dont les aventures méritent d'être racontées [2].

Le 15 mars 1804, le ministre de la Marine et des Colonies informe son collègue, le ministre de la Justice, de la dernière évasion d'un forçat, Pierre-Louis Coignard, dit Firmin [3]. Celui-ci avait été condamné, le 20 décembre

---

1. Massard et Dallier, *Pierre Coignard ou le forçat-colonel,* p. 113 à 115.
2. L'histoire de Coignard, souvent dénaturée, peut être en partie reconstituée grâce au dossier Pontis de Sainte-Hélène conservé aux archives de la Guerre à Vincennes.
3. Arch. nat. F⁷ 10343.

1799, à douze ans de fers pour vol, et ses deux premières évasions avaient fait grimper sa peine à dix-huit ans [1]. C'était le frère de notre « comte ». Quant à lui, le prétendu comte de Pontis de Sainte-Hélène, en réalité Pierre-Alexandre Coignard, il fut condamné à quatorze ans de fers, le 18 octobre 1800, pour vol commis de nuit dans une maison habitée. Il brûla la politesse aux argousins de Toulon le 27 juillet 1805. A l'époque de son évasion, il avait trente-cinq ans et mesurait 1,71 m [2].

Il résolut de changer d'état civil en Espagne où il serait aisé de vivre de vols et d'escroqueries pendant la longue guerre napoléonienne.

Pierre-Alexandre Coignard disparaît.

Le comte de Pontis de Sainte-Hélène lui succède.

Il fabrique alors de faux papiers relatant des services imaginaires, les confie à l'administration militaire, et s'en fait délivrer un récépissé authentique muni de signatures et de cachets qui présentent le mérite d'être parfaitement officiels. Ensuite, il a la bonne idée de cambrioler les bureaux où sont déposées les fausses pièces et de les détruire afin de faire disparaître toute trace de sa supercherie. Il dispose ainsi d'une pièce inattaquable, attestant son identité, sans que l'on puisse remonter à la source ; et c'est ce qui explique le succès étonnant de son imposture.

Sur un registre matricule qu'il dérobe, Coignard se crée successivement capitaine, lieutenant-colonel et chevalier de l'ordre d'Alcantara, avec un état de service et des blessures glorieuses, correspondant en réalité aux mauvais coups qu'il a reçus au bagne. L'inscription terminée, il s'ingénie à vieillir l'encre et remet le registre à sa place dans le bureau de la chancellerie.

Pour crédibiliser sa nouvelle qualité, il dispose d'un sérieux atout, son physique : « Grand, bien fait, à manières dignes, une véritable tête à commandement [3]. »

---

1. Arch. nat. F⁷ 10351.
2. *Ibid.*
3. Lauvergne, *Les Forçats*, p. 64.

Coignard avait contracté le ton, les belles manières et l'habitude du monde au contact des Montausier, une vieille famille du Poitou qu'il avait fréquentée dans sa jeunesse. Selon un médecin qui l'approcha au bagne de Toulon, Coignard était un remarquable comédien du grand monde qui « eût été parfaitement à sa place s'il fût né riche et aristocrate [1] ».

Rentré en France sous la Restauration avec celle qui allait devenir sa compagne, Rosa Marcen, l'ancien bagnard parlera très haut de ses services dans les troupes espagnoles, donc contre l'usurpateur, Napoléon. Le pseudo-comte de Sainte-Hélène pense bien que, au milieu des bouleversements politiques, un homme comme lui trouvera inévitablement de nouveaux éléments de fortune et de réussite, d'autant qu'à l'époque où il affirme avoir guerroyé devant Sarragosse il s'est offert un nouvel état de service, des plus brillants. Ce faux, modèle du genre que l'on peut encore consulter aujourd'hui aux archives de la Guerre, est si parfait qu'il semble vrai.

Coignard mène grand train à Paris dans un bel hôtel et jouit des honneurs attachés au grade de lieutenant-colonel de la 72e légion, qui était celle de la Seine. Muni de ses pièces « officielles », il s'acharne sans vergogne à obtenir des ministères de multiples avantages pécuniaires.

Le forçat anobli commet des fautes : il demande trop de papiers aux maires, aux notaires et aux préfets. Rue de Jérusalem, on apprend, grâce à un courrier de l'ambassadeur d'Espagne, le 4 décembre 1816, que jamais Coignard n'a été décoré de l'ordre d'Alcantara [2]. Après avoir obtenu la Légion d'honneur et la croix de Saint-Louis, il aurait dû faire disparaître le souvenir de cette autre supercherie, mais, au contraire, Coignard s'obstina à évoquer avec grande fierté son titre clinquant, de peur de ne pas être traité avec tous les honneurs qu'il estimait dus à son « rang ».

---

1. Lauvergne, *op. cit.*
2. Arch. de la Guerre, « Célébrités », dossier Pontis de Sainte-Hélène.

Plus grave encore : sa formidable inappétence pour une vie honnête. Se croyant sûr de l'impunité, il prend la décision de mettre sa fortune en harmonie avec ses titres, et le colonel de la légion de la Seine devient en même temps le chef d'une bande de voleurs. Aux yeux du monde, il offre la façade d'une fortune personnelle, un récent héritage, assurant l'aisance de la maison. Mais, pour les initiés, le comte de Sainte-Hélène vit du produit de ses « rapines ». Et ceux-là voient juste.

Reçu par Louis XVIII, Coignard s'est assuré de puissantes protections dans le camp royaliste par son zèle pour les Bourbons à l'époque des Cent-Jours : le duc de Berry, Montalembert, Juigné et surtout Clarke, le ministre de la Guerre. Aussi, lorsque Vidocq réclame son arrestation, le préfet de police, Anglès, temporise-t-il. A la longue, même si l'on ne veut pas appréhender le colonel-comte, il faudra bien arrêter le « grinche ».

Les protecteurs de Coignard mettent tout en œuvre pour qu'il comprenne qu'il est grand temps de s'enfuir. Le général Despinois reçoit mandat pour l'interroger : l'aplomb et la présence d'esprit de Coignard ne sont pas en défaut un seul instant, il rejette loin de lui les soupçons dont on paraît l'entourer et, sous prétexte d'aller chercher les papiers nécessaires pour prouver son identité de comte de Sainte-Hélène, il se fait conduire à son domicile d'où il s'évade par une porte secrète cachée sous du papier peint.

Au ministère de la Guerre, cette évasion passe mal ; certains fonctionnaires se demandent pourquoi on s'est laissé jouer par Coignard, « à l'aide d'une ruse déjà si usée ». On prononce le mot « connivence ». Le ministre, Clarke, duc de Feltre, doit dès lors se couvrir : ordre est donné — enfin ! — à Vidocq d'arrêter l'audacieux escroc.

Depuis plusieurs semaines, le chef de la Sûreté surveille étroitement Coignard et sa bande, laquelle vient de commettre une série de vols considérables. Le « comte », qui avait retrouvé à Paris quelques anciennes connaissances des mauvais jours échappées des bagnes de France ou d'Espagne, indiquait à sa troupe de filous les « maisons bonnes à faire », suivant le style imagé des aigrefins.

Contre cette bande, constituée de plus de trois cents malfaiteurs, Vidocq aura à agir régulièrement tout au long de sa carrière de policier. Il y avait parmi eux des personnages pittoresques qui, donnés par Vidocq à Balzac, peupleront la *Comédie humaine,* comme le fameux la Pouraille ou Jean Sélérier, dit Fil-de-Soie. Ces deux bagnards reconnaîtront l'ancien forçat Vautrin, en dépit de son déguisement en ecclésiastique, à la façon dont « il tire la droite [1] ».

Mettre la main sur Coignard n'est pas chose facile car il ne reste pas souvent en place. Un commissaire de police s'y prit si peu habilement pour surprendre l'aventurier au domicile d'un complice que l'oiseau décampa à temps. Vidocq, trop content d'avoir en poche un mandat d'arrêt contre Coignard qu'il avait mis si longtemps à obtenir, entend, lui, réussir sa mission. Les autorités, tant civiles que militaires, le pressent : elles ne veulent laisser connaître la mystification dont elles ont été victimes que si elles peuvent, en même temps, annoncer l'arrestation du coupable.

C'est ainsi que du 23 mai au 1er juin 1818, les journaux se consacreront presque exclusivement à l'arrestation de Coignard et aux exploits du comte de Pontis. Tout s'est terminé par une expédition conduite par Vidocq, travesti en fort de la halle, escorté d'une dizaine d'agents également déguisés. Coignard a été surpris, alors qu'il revenait, à trois heures du matin, dans son repaire, un cabinet ressemblant à un atelier de serrurier : « Des clés, des limes, des serrures, de la cire à empreintes et des instruments dont les honnêtes gens ignorent l'usage, attestaient les occupations habituelles de ce nouveau Cartouche [2]. »

La presse en rajoute un peu en représentant les agents

---

1. Balzac, *Splendeurs et Misères des courtisanes, op. cit.,* p. 539.
2. *Le Journal des débats,* 24 mai 1818.

de Vidocq aux prises avec trois bandits alors que Coignard n'était assisté que du seul Soffiet. Vidocq lui-même travestit la vérité dans son rapport à ses chefs lorsqu'il écrit que Coignard a tiré un coup de pistolet sur les agents au moment de l'arrestation. Le patron de la Sûreté ne tenait pas à dire que c'est lui qui avait « fait feu, pendant la courte lutte, pour faire croire à une capture périlleuse à laquelle il aurait contribué personnellement... mais dans son trouble, ou dans sa maladresse, il ne réussit qu'à blesser un de ses hommes [1] ».

Lors de son procès, Coignard voit défiler à la barre des repris de justice, devenus des indicateurs ou des moutons à la solde de Vidocq, qui affirment retrouver en l'accusé un bagnard de leur connaissance.

— Je récuse, déclare-t-il, des hommes notés d'infamie qui ne parlent ainsi qu'à l'instigation d'un agent de police, mon plus mortel ennemi [2].

Arrivé au bagne de Toulon, le 20 novembre 1819 [3], Coignard est remis à la double chaîne pour le reste de ses jours. Son procès a été retentissant et il a fait une vive impression sur le public. Son nom et ses aventures occuperont pendant longtemps les cent voix de la renommée. Michelet, qui put le voir au bagne de Brest en 1831, rapporte à son sujet : « Le comte de Sainte-Hélène se trouve mieux ici qu'à Toulon, ne veut point de séparation ni de gradation comme à Toulon, point d'arbitraire. C'est lui qui distribue le vin. Il lisait le journal avec des lunettes dorées [4]. »

La célébrité de Coignard rejaillira sur Vidocq, les deux personnages étant souvent associés. Ils font désormais partie des bagnards célèbres dont la biographie, de plus en plus enjolivée, reparaîtra dans les nombreux recueils

---

1. Massart et Dallier, *op. cit.*, p. 165.
2. Procès Coignard : cf. *Gazette des tribunaux*, 1818 et 1819.
3. Arch. nat. F[16] 471B.
4. Henwood, *Bagnards à Brest*, p. 99.

consacrés aux prisons et dans les romans-feuilletons très en vogue sous la Restauration et la monarchie de Juillet [1].

Les qualités naturelles de François Vidocq ont été aiguisées par les tribulations de sa vie. Il n'existe pas un autre policier qui ait eu pareille formation. Ne dit-on pas qu'il connaît l'histoire de tous les habitants de Paris [2] ? Il est informé de tout, s'étant créé, à son usage exclusif, un réseau exceptionnel de correspondants, ou bénévoles, ou rémunérés, mais toujours clandestins.

Lorsqu'il égrène ses souvenirs, Vidocq répète à l'envi : « L'année 1814 fut l'une des plus remarquables de ma vie, principalement sous le rapport des captures importantes que j'opérai coup sur coup [3]. »

Cette année-là, il solutionna une énigme particulièrement épineuse : « Qui a pu dérober dans les appartements du duc de Bourbon-Condé, père du duc d'Enghien, des glaces d'un très grand volume ? »

Le témoignage du gardien d'un atelier de sculpture conduisit Vidocq dans le petit hôtel Caraman où l'accueillit un jeune homme de vingt ans, d'assez jolie figure. A sa tournure et à ses manières efféminées, le policier songea qu'il avait affaire « à un de ces êtres qui trouvent plus de charme à la société des hommes qu'à celle des femmes ». Vidocq prit aussitôt, avec facilité, un ton qui lui concilia les bonnes grâces de cet individu, un dénommé Alexandre Paruitte. Confiant, il montra à Vidocq des glaces de toute beauté que le chef de la Sûreté reconnut immédiatement pour celles du duc de Bourbon. Le jeune homme fut arrêté, mais les agents chargés de le conduire à la préfecture eurent la maladresse de le laisser échapper. Vidocq le reprit dix jours plus tard à la porte de l'ambassade de Turquie, dans la voiture d'un musulman

---

1. Respecté de tous, Pierre Coignard mourut à l'hôpital du bagne de Brest à l'âge de soixante ans, le 19 décembre 1834.
2. Canler, *op. cit.*, p. 327.
3. *Les Vrais Mémoires de Vidocq, op. cit.*, p. 165.

« qui probablement n'avait pas amené à Paris ses oda-
lisques [1] ».

Paruitte fut condamné à six ans de travaux forcés [2].
Libéré à Rochefort en 1820, il fut placé sous surveillance à
Tours, devint empailleur d'oiseaux, mais disparut au
début de l'année 1822 [3].

Parmi les arrestations les plus notables qui achevèrent la
réputation de Vidocq, il faut signaler la capture de Pierre-
Prosper Guillaume, ancien forçat, qui assassinait « à tour
de bras » ; et celle des assassins de Dancé, dans l'Orne ;
de Lartigue de Bassaba, évadé de Sainte-Pélagie ; de
Sablin, titulaire de plusieurs condamnations ; du parricide
Boutillier.

En 1822, Vidocq interrompt l'activité du faux-monnayeur Louis Collard, marchand de tableaux rue de Seine [4].
Cet exploit lui vaut une belle récompense de la Banque
que ses agents lui reprochent de ne pas partager équitable-
ment. Ils se plaignent auprès de Parisot, qui a remplacé
Henry à la deuxième division, et donnent même leur
démission au préfet de police. Ce dernier les renvoie à leur
chef, en leur faisant observer qu'ils doivent leur nomination au choix de Vidocq et qu'il ne les connaît nullement
pour des employés avoués de son administration [5]. Lorsqu'il lui succédera à la tête de la Sûreté, Coco-Lacour fera
savoir à ses supérieurs que Vidocq était selon lui trop bien
rétribué par rapport à ses agents [6].

Ces critiques n'atteignent guère Vidocq, encore qu'il
sache désormais qu'il compte des ennemis non seulement
parmi les officiers de paix mais dans sa propre maison.
Deux mots reviennent sempiternellement dans son dis-

---

1. *Histoire de Vidocq*, publiée d'après des documents authentiques,
1861, p. 87-88.
2. Arch. nat. F^{16} 478A.
3. Arch. nat. F^7 10356.
4. Arch. nat. BB^{18} 1270, dossier 1110.
5. *Histoire de Vidocq par G...*, *op. cit.*, p. 188-189.
6. Arch. préf. pol. D/b 45.

cours : sa « droiture » et son « dévouement » à la chose publique.

L'ancien forçat n'est pas peu fier des félicitations que lui vaut l'arrestation des auteurs d'un crime horrible commis sur la personne d'un boucher de la Courtille. Le procureur général Bellart écrit au garde des Sceaux : « Je puis, Monseigneur, donner l'assurance à Votre Excellence que, sans le zèle, la sagacité et le dévouement de Vidocq et des agents secrets dont il est le chef et l'âme, les trois assassins dont il s'agit n'auraient jamais été arrêtés et livrés à la justice. » Le ministre répond au sujet du chef de la Sûreté, qui a déjà bénéficié de lettres de grâce en 1818 : « Je vous autorise, au besoin, en vertu de l'article 149 du décret du 18 juin 1811, à relever le sieur Vidocq de la déchéance qu'il a encourue [1]. »

Ses lettres de grâce, Vidocq les a bien obtenues en 1818, les autorités estimant qu'il devenait indispensable de régulariser sa situation, mais elles ne seront entérinées par la cour royale de Douai qu'après son départ de la Sûreté.

Un départ auquel le Napoléon de la police va devoir se résoudre en 1827.

---

1. Arch. nat. BB[18] 1270, dossier 1128.

10

L'homme aux deux visages

« Jean Valjean tire Vidocq du côté du bien, Vautrin du côté de l'indifférence au bien et au mal — et que Vautrin soit plus proche que Valjean de leur commun modèle est certain. »

André WURMSER.

Duplessis se frotte les mains. Vidocq ? Il le tient ! Le chef de la Sûreté a lui-même armé le piège qui, demain, peut se refermer sur lui.

Une véritable révolution est en cours à la préfecture où l'on voit, une fois de plus, de moindres acteurs se chercher un rôle et quelques vétérans rôder près du rideau. Delavau a cru devoir choisir un secrétaire intime ou particulier, et Duplessis, « homme mûr, âgé de 22 ans », lui a semblé réunir les qualités requises pour remplir dignement ces fonctions [1]. Il est devenu rapidement le confident de son chef, et chacun de s'empresser autour du petit jeune homme que Vidocq appelle en haussant les épaules le « mignon » de Delavau. Cet ambitieux — solliciteur éperdu de décorations — a obtenu la croix de l'ordre de Charles III d'Espagne qui lui vaut d'être appelé « M. le chevalier Du Plessis ». Dès son installation rue de Jérusalem, il surveille étroitement le personnel, escomptant avoir la haute main sur tout.

On guette le moindre battement de paupières du nouveau

---

1. Froment, *La Police dévoilée depuis la Restauration et notamment sous MM. Franchet et Delavau*, t. II, p. 54.

175

venu pour savoir qui donc il distingue et quelles têtes vont tomber...

En 1826, Duplessis remplace Peuchet aux archives.

Et d'une !

En 1827, Parisot est évincé de son poste de chef de la deuxième division et Duplessis lui succède.

Et de deux !

A présent, Duplessis veut la peau de Vidocq, ce corrupteur insatiable qui suscite tant de dégoût ou de jalousie au sein de la préfecture. On le dit trempé jusqu'au cou dans de vilaines affaires. S'il y a des preuves, que ne les produit-on ? Et surtout, que ne les a-t-on produites au moment des faits ? Mais de preuves, on en manque cruellement, au grand désarroi de Duplessis.

Une enquête sur son compte est lancée ; et on en vient à cette conclusion qu'attendait le favori du préfet : gâté par la fortune et les richesses qu'il a acquises malhonnêtement, Vidocq négligerait ses devoirs. Une affaire ridicule, imaginée de toutes pièces par Duplessis, le fait tomber. Le chef de la Sûreté n'a pas réussi à découvrir l'individu qui « aurait » dérobé le manteau de Mme Delavau, au cours d'une soirée, chez une « dame de qualité ». Les recherches n'ont donné aucun résultat, parce que le « coup » avait été parfaitement monté.

Le 21 juin 1827, Vidocq est renvoyé et Coco-Lacour lui succède séance tenante ; plus adroit ou mieux servi que Vidocq, il a trouvé le manteau de la préfète ! Ce qui justifia, dira Duplessis, sa nomination à la tête de la brigade de Sûreté [1].

Ulcéré, Vidocq affirmera avoir, de lui-même, donné sa démission, plutôt que d'avouer qu'il a été poussé dehors : « Indépendamment de ce que ce jeune homme [Duplessis] ne partageait pas mes opinions, il avait des manières qui ne me convenaient pas, une manière de commander qui ne pouvait pas m'aller. Je donnai ma démission. Il suffirait de

---

1. Froment, *op. cit.*, t. II, p. 56-57.

le voir pour être convaincu qu'il y avait de la loyauté et de l'indépendance dans ma manière d'agir [1]. »

La nouvelle du départ de Vidocq fait le tour de Paris, résonnant jusqu'au royaume des escarpes et des grinches, dans ce lacis de voies étroites, de couloirs noirs et de rues assassines qui couvraient alors tout le centre de la capitale, de la montagne Sainte-Geneviève aux boulevards. Dans les estaminets, on commente l'événement à grands coups de gros rouge sans savoir vraiment s'il faut ou non se réjouir du renvoi de « M. Jules ».

Place Maubert, une vieille chiffonnière ivre monte sur une borne et hurle de toutes ses forces :

— Vidocq a été mis à pied ; c'est M. Coco-Lacour qu'est maître de tout [2].

Le maître de tout... Ainsi était Vidocq dans l'esprit populaire.

Coco-Lacour, ancien lieutenant de Vidocq, attendait son heure depuis fort longtemps. A l'avènement de Dela-vau, il courait entendre la messe chaque dimanche à Notre-Dame : le nouveau préfet, fort confit en religion, l'avait remarqué, et dès lors Vidocq avait eu dans la place un sérieux rival. On n'est jamais si bien trahi que par les siens.

En 1827, le « Coco » se présente comme suit à ses contemporains : « Lacour est blond et chauve, il a le front étroit, l'œil bleu, mais terne, les traits fatigués. Il aime la toilette et les bijoux ; ses manières sont affectées sans pour cela être ridicules [3]. »

Coco-Lacour n'a pas été sans inspirer à Balzac le personnage de Bibi-Lupin, un autre nom d'opérette pour un ancien forçat, devenu lui aussi chef de la Sûreté. Ce Bibi-Lupin est l'ennemi personnel de Vautrin dans *La Comédie humaine*.

Coco-Lacour s'efforce de diriger la police de Sûreté

---

1. *Gazette des tribunaux*, 1843.
2. Saint-Edme, *op. cit.*, p. 478.
3. *Ibid.*, p. 482.

avec la même efficacité que Vidocq, mais l'expérience tourne court. En fait, il se contenta, « avec une doucereuse soumission », de donner des leçons d'argot à Duplessis et de l'initier aux spécialités de certains voleurs, les plus ingénieux, notamment ceux qu'on appelle les « avale-tout-cru ».

Ces individus portent toujours de très grosses bésicles fumées afin de passer pour myopes. Ils se présentent chez un diamantaire et demandent à voir les plus petites pierres qui sont conservées sur papier ; le marchand leur apporte ce qu'ils réclament ; comme ils sont myopes, ils examinent la carte de très près et savent, avec leur langue, enlever une certaine quantité de perles ou de diamants qu'ils conservent dans la bouche sans paraître gênés[1]. Une méthode que Coco-Lacour a probablement lui-même éprouvée.

Il n'allait pas tarder à retourner d'où il venait... en prison.

Le 28 septembre 1830, la brigade, créée par Vidocq, cède la place à une autre composée cette fois d'inspecteurs de police, du cadre normal, détachés au service de la Sûreté. Placée sous les ordres d'un officier de paix et sous l'autorité du chef de la deuxième division, elle est composée de trois brigadiers et de douze inspecteurs[2].

Dans *Les Comédiens sans le savoir*, Balzac fait dire à Fromenteau : « A la Préfecture depuis 1830, ils veulent d'honnêtes gens, j'ai donné ma démission[3]. »

Les mauvais côtés, l'immoralité du système « qui consistait à faire surveiller par des voleurs éhontés leurs acolytes », valent à la police d'âpres critiques qui ont un grand retentissement dans l'opinion et qui paraissent annoncer un retour à l'époque révolutionnaire, temps où

1. Coco-L., *op. cit.*, p. 116-117. Les écrits de Vidocq, Canler, Frégier, Des Rosiers, et Coco-Lacour feront connaître au public les mille et un procédés des escrocs parisiens.
2. Arch. préf. pol. D/b 45.
3. Balzac, *Les Comédiens sans le savoir* (VII), la Pléiade, p. 1162 à 1164.

l'on dénonçait « les crimes » de la Lieutenance générale de police.

La Chambre des députés est devenue le lieu privilégié d'où partent les dénonciations les plus vives contre la police. On stigmatise l'alliance du bulletin de confession et du rapport de police : la « légion noire » des Jésuites utiliserait les agents de la préfecture pour pénétrer dans le secret des familles. Selon Canler, Delavau aurait eu pour mission d'assurer « le règne des Jésuites [1] ».

L'instabilité de la fonction de préfet de police (trois préfets dans les trois dernières années de la Restauration, Delavau, Debelleyme, Mangin) conforte le public dans sa croyance en l'existence de liens étroits entre police parisienne et police politique.

Vidocq, le plus célèbre policier, devient une cible commode. Comment peut-on accepter de voir d'anciens bagnards veiller sur la sécurité des propriétés ? On jette en pâture le nom de Vidocq, comme s'il avait été la police à lui tout seul [2]. Une légende noire se crée.

Les polémiques auxquelles donna lieu la fusillade de la rue Saint-Denis en 1827 ne firent qu'accroître le discrédit de la police parisienne. « Cette police de boue finit dans le sang », écrit un contemporain aux yeux de qui ces émeutes organisées les 19 et 20 novembre dans le quartier Saint-Denis constituent l'exemple le plus tragique des provocations policières [3]. Les pamphlétaires n'hésitent pas à mêler Vidocq à cette affaire [4], alors qu'à l'époque de la fusillade il n'occupait plus son poste à la Sûreté. Canler a noté la carence volontaire de la police dans cette échauffourée et a donné d'étonnantes précisions sur l'identité des meneurs :

---

1. Canler, *op. cit.*, p. 74.
2. En 1829, un éditeur constate l'insuccès de son livre intitulé *La Police dévoilée depuis la Restauration et notamment sous messieurs Franchet et Delavau*. Il fait rallonger le titre en inscrivant après Franchet et Delavau « et sous Vidocq ». Le tirage s'écoule alors très rapidement.
3. *Histoire de l'administration de M. Debelleyme*, 1830, p. 9.
4. Les auteurs de *Mémoires d'un forçat* accusent Vidocq lui-même d'avoir organisé la provocation.

179

« Je m'approchai alors de l'homme au bâton que je reconnus avec surprise pour être un ancien forçat attaché comme auxiliaire à la brigade de la Sûreté, commandée par Coco-Lacour ; un autre de la bande était un forçat en rupture de ban que j'avais moi-même arrêté quelque temps auparavant, en flagrant délit de vol au Temple. Cette troupe n'était formée que d'individus on ne peut plus malfamés, tenant sur la voie publique et sous la protection de la brigade de Sûreté des jeux de hasard [1]. »

La prétendue insurrection de la rue Saint-Denis a été réellement une provocation de la police. La congrégation, qui sentait le pouvoir lui échapper, avait espéré, par une collision entre le peuple et l'armée, amener Charles X à prendre des mesures de rigueur et à dissoudre la Chambre nouvelle, issue d'élections triomphales pour les libéraux.

Les individus qui avaient parcouru les rues en appelant leurs frères aux armes étaient des agents occultes. C'est la police qui a dissuadé la troupe d'effectuer des patrouilles avant la nuit, permettant ainsi aux émeutiers gagés de dresser leurs barricades. Une fois l'émeute déclenchée, la police a fait appel à la troupe qui a tiré à l'aveugle, tuant d'honnêtes commerçants dans leurs logis et à leurs fenêtres.

La direction de la préfecture avait pris soin de retirer à tous ces émissaires leurs cartes d'agents, afin que, s'ils étaient arrêtés, ils ne pussent pas compromettre la police. Ces hommes, naguère recrutés par Vidocq, dépendaient au moment des faits de Coco-Lacour, mais, pour l'opinion, il s'agissait encore de « la bande à Vidocq ». Il n'en fallut pas davantage pour croire à la responsabilité de Vidocq dans cette lamentable affaire.

Un mauvais vent souffle. Vidocq croit devoir réagir :

— Les briseurs de vitres qui, en 1827, préludèrent au carnage de la rue Saint-Denis, n'étaient pas, je le pense, de la brigade de Sûreté. J'en appelle à M. Delavau, j'en

---

1. Canler, *op. cit.*, p. 93.

appelle au directeur Franchet : les condamnés libérés ne sont pas ce qu'il y a de pire dans Paris, et dans plus d'une circonstance on a pu acquérir la preuve qu'ils ne se plient pas à tout ce qu'on peut exiger d'eux [1].

Jamais encore il n'avait été autant écrit sur la police que sous la Restauration. Les petits journaux attaquent violemment Vidocq et tâchent de le salir : c'est le temps de l'*Aristarque* et de ses colonnes venimeuses, une presse de caniveau où l'opinion publique barbote. Il pleut des brochures sur Vidocq avec des caricatures fort cruelles. Résultat : son nom est exécré et le créateur de la Sûreté manque de peu d'être lynché par une foule déchaînée le 10 novembre 1830.

Ce jour-là, deux agents de police arrêtent un individu prévenu de vol et le conduisent chez le commissaire de police du quartier de l'Hôtel de Ville. Parvenus dans la rue de la Poterie, ils rencontrent Vidocq qui se trouve par hasard devant la porte du commissaire. Là aussi se promène un dénommé Renaud, ex-gendarme, qui a subi une condamnation à cinq ans de prison et qui s'écrie, de toute la force de ses poumons :

— Voilà Vidocq, il faut lui tomber dessus !

Aussitôt se forme un rassemblement de plus de cent personnes, et Vidocq est obligé de se réfugier dans le bureau du commissaire. Il tente de prendre un fiacre pour rentrer chez lui mais il se voit sur le point d'être de nouveau assailli par la multitude. L'ancien chef de la Sûreté ne reste pas en défaut : il s'adresse à l'un des curieux dont la taille est à peu près la sienne, lui passe sa redingote et le fait monter dans le fiacre, tout en lui promettant une belle récompense. Dupée, la foule suit le fiacre. Arrivé place Baudoyer, l'homme se fait connaître de ses assaillants. Pendant ce temps, Vidocq a pris la fuite sous l'habit de son remplaçant [2].

---

1. *Mémoires de Vidocq, op. cit.*, p. 186.
2. Arch. nat. F[7] 3884 ; *Gazette des tribunaux*, 1830.

Durant cette période très difficile pour lui, Vidocq se montre particulièrement agressif, n'appréciant guère de prêter le flanc à toutes les calomnies.

Le 3 décembre 1830, un certain Hénault l'interpelle, place de Grève, en s'avançant humblement et chapeau bas.

— Bonjour, monsieur Vidocq ; ça va-t-il bien, monsieur Vidocq ?

Pour toute réponse, le pauvre homme reçoit un soufflet en pleine figure, suivi rapidement de plusieurs autres donnés à poings fermés. Il tente de se défendre avec son parapluie, mais son adversaire le lui arrache aussitôt et s'en sert fort activement contre lui. Il faut une intervention de la garde nationale pour mettre fin à ce combat inégal, et par la suite le malheureux Hénault portera plainte en police correctionnelle [1]

D'après les dires d'un contemporain, Vidocq est le type même du tempérament sanguin : « Il est emporté, violent, mauvais coucheur au figuré, et néanmoins bon parfois quand la tête lui chante [2]. »

Ce n'est pas en étant aussi nerveux que Vidocq fera taire les persifleurs qui s'acharnent contre sa personne.

L'occasion lui est donnée dans une diligence de mesurer l'étendue des médisances circulant sur son compte. Son arrivée dans la voiture n'interrompt pas la conversation des autres voyageurs qui est fort animée. Soudain, l'un des passagers, un militaire en retraite, signale qu'on vient de passer devant la maison de Vidocq. Il croit connaître les principaux secrets de l'ex-chef de la Sûreté, et il en ébauche un portrait peu flatteur.

— Vidocq, affirme-t-il, c'est un gueux, un misérable, un pendard, qui a assassiné père et mère. Il a vingt fois mérité la mort, et on ne l'a gracié qu'à la condition qu'il ferait arrêter trente voleurs au moins par jour...

Il continue sur ce ton. Tous les voyageurs sont terrifiés

---

1. Maurice, *op. cit.*, p. 170-171.
2. *Supplément aux Mémoires de Vidocq*, *op. cit.*, t. I, p. xxxiij.

au récit des scélératesses dont l'orateur accuse Vidocq. Un seul auditeur sourit. Celui qui est monté dans la diligence en dernier. Quelle n'est pas la stupeur de tous les passagers lorsque cet homme, s'adressant au narrateur « bien renseigné », déclare d'une voix grave :

— Je ne dois pas trop vous remercier, monsieur, de la réputation que vous me faites. Je me nomme Vidocq, mais je vous assure que je ne me suis jamais permis toutes les peccadilles dont vous m'avez chargé. N'ayant jamais assassiné père et mère, ni personne, je n'ai pas de moi la mauvaise opinion que vous en avez. Je vous pardonne, toutefois. Mais, je vous en prie, à l'avenir, quand vous jugerez un homme, tâchez de le mieux connaître.

Sur ces paroles, Vidocq disparaît, laissant le vieux militaire ébahi et fort alarmé en même temps à la pensée de la vengeance possible que le créateur de la Sûreté pourrait exercer contre lui [1].

Vidocq a sans doute l'habitude, depuis son entrée dans la police, d'être traîné dans la boue, mais il commence à avoir les oreilles quelque peu échauffées. La rue de Jérusalem se gausse de l'honneur perdu de celui qu'elle n'a jamais voulu considérer comme un grand policier. Il est malvenu à Coco-Lacour, malfrat invétéré, de s'offusquer des diverses malversations qui auraient été commises par son prédécesseur, mais il se fait pourtant un devoir de déterrer de vieilles affaires et d'accabler Vidocq, symbole de corruption et de perversion.

Les ennemis de Vidocq affirment que le Napoléon de la police aime à faire croire qu'il inspire de la haine aux coquins et de l'amour aux femmes. Aussi Coco-Lacour remporte-t-il un franc succès lorsqu'il raconte au personnel de la préfecture que Vidocq avait entrepris la conquête de la jeune et belle épouse d'un graveur mais qu'il n'était pas arrivé à ses fins, la femme étant vertueuse. Il avait décidé alors de jeter le mari en prison, sous un prétexte

_____
1. *Histoire véridique de Vidocq par L.M.N.*, t. II, p. 36 à 38.

quelconque ; puis, tout naturellement, de se présenter comme un ange libérateur, offrant son crédit, ses soins, son pouvoir. En récompense, il comptait bien obtenir les bonnes grâces de l'épouse éplorée. Coco-Lacour précise que le « premier acte de ce drame infernal a parfaitement réussi ». Vidocq aurait fait déposer de la fausse monnaie chez le graveur et ordonné aussitôt une perquisition à la suite de laquelle on arrêta le malheureux homme. Il passa en cour d'assises, et le jury, ce qui n'était que justice, l'acquitta. Coco-Lacour ne dit pas si notre personnage a obtenu ce qu'il désirait après avoir monté cette abominable machination [1].

On ne parle pas de Vidocq uniquement dans les bureaux de la préfecture, mais dans les rues aussi, dans les cafés et les tripots du Palais-Royal, à l'estaminet de l'Univers où des bourgeois, attirés par quelque goût secret de la canaille, se délectent de toutes ces histoires pittoresques.

De même qu'il inspirera à la littérature deux personnages très différents l'un de l'autre, Vidocq a deux visages aux yeux de l'opinion publique. Il rassemble en sa personne bien et mal, ordre et désordre, police et criminalité, basses œuvres et haute politique.

Il règne sur les croyances et les terreurs populaires, ainsi qu'on a pu le constater lors d'une affaire sensationnelle survenue à la fin de la Restauration : la prétendue tentative d'assassinat du fils de Napoléon, devenu duc de Reichstadt ! C'est Vidocq qui se serait chargé de cette sale besogne, mais, à Vienne, la police l'aurait capturé au moment où il tentait d'approcher l'Aiglon, et il aurait été aussitôt pendu. Cette rumeur, partie de Paris, s'est répandue jusqu'en province où elle ne semble pas avoir été remise en cause.

Le 24 août 1827, un préfet rend compte d'un racontar entendu dans un cabaret de Saint-Malo : un dénommé Guillemin a déclaré en présence de plusieurs témoins que

---

1. Canler, *op. cit.*, p. 173.

« Vidocq, chef des mouchards de Paris, avait été pendu en Autriche pour avoir attenté à la vie de Napoléon II ». L'homme tenait cette information de son fils, menuisier travaillant à Paris [1].

Un officier de gendarmerie rapporte à ses supérieurs parisiens un autre propos tenu dans un établissement d'Azincourt-le-Haut (Somme). Un individu s'est écrié que Charles X était « un gueux, qu'il ne faisait pas aller le commerce et qu'il avait envoyé Vidocq, espion de Paris, en Bavière pour faire assassiner le petit Napoléon mais qu'il avait été arrêté et pendu [2] ». Cette incroyable rumeur trouve crédit aussi bien en ville que dans les campagnes.

Les ennemis de Vidocq exploitèrent la nouvelle qui, en chemin, fut agrémentée de quelques détails inédits et cocasses. Les Jésuites auraient donné cent mille francs à Vidocq pour faire disparaître le petit Napoléon. On dit aussi que l'ancien chef de la Sûreté ne s'est pas rendu lui-même à Vienne, qu'il a préféré y envoyer un Italien nommé Sparzi. Cet homme serait allé en Autriche avec un passeport au nom de Vidocq ; compromis peu de temps après dans un complot découvert par les autorités autrichiennes, il aurait été condamné à mort et exécuté [3].

En haut lieu, on s'inquiétait de l'attachement populaire au fils de Napoléon. Le culte impérial a pris un essor considérable : l'imagerie et la bimbeloterie napoléoniennes sont répandues sur une grande échelle. La diffusion et la vente de portraits du duc de Reichstadt ou d'objets marqués à son effigie ont tendance à augmenter à la fin de la Restauration. Selon le procureur de Paris, l'engouement de la population pour les souvenirs de l'Empire est la conséquence des attaques des libéraux contre le régime [4].

L'intérêt porté à l'Aiglon est-il purement sentimental ou bien le jeune duc autrichien est-il un pion à considérer sur

---

1. Arch. nat. F⁷ 6989, dossier 13752.
2. *Ibid.*, dossier 13764.
3. *Mémoires d'un forçat, op. cit.*, t. IV, p. 285-286.
4. Arch. nat. F⁷ 6705.

l'échiquier politique de demain ? C'est le parti royaliste qui a décidé au plus haut niveau de sonder l'opinion en lançant la nouvelle d'une tentative d'assassinat sur la personne de l'héritier impérial. Aux réactions du public, il sera possible alors de juger si le fils de « Buonaparte » représente ou non un réel danger pour Charles X. Le résultat est très net : sur l'ensemble du territoire, nulle grande émotion, une indifférence à peu près totale. Seul un nom a retenu l'attention des foules, celui de Vidocq [1].

Ce dernier annoncera dans ses Mémoires qu'il s'apprête à faire connaître « la source et le pourquoi de ce conte ridicule d'après lequel il aurait été pendu à Vienne pour avoir tenté d'assassiner le fils de Napoléon [2] ».

Cette révélation lui sera formellement interdite.

Lorsqu'il est « démissionné » de la Sûreté, Vidocq a cinquante-deux ans. Pas question de retraite pour cet homme si actif, qui a toujours une nouvelle idée en tête. La dernière en date : inventer et fabriquer un papier infalsifiable. Son activité de policier lui a appris combien de faux se commettent à chaque instant, et à quel point le papier — le papier timbré y compris — se prête à ces falsifications. Jadis, lorsqu'il était de l'autre côté de la barrière, Vidocq lui-même n'était pas sans talent pour contrefaire un papier officiel. Et, depuis ces temps héroïques, la science a fourni aux faussaires des moyens plus simples et d'une exécution plus facile pour transformer les écritures.

Vidocq utilisera les propres armes des faussaires : la chimie. Exalté par ce nouveau défi, il se met au travail. Il entend donner à son papier « révolutionnaire » l'aspect du parchemin, sa force et sa consistance, sans lui ôter cependant toute sa transparence.

Vidocq demande à ses ouvriers d'« ajouter aux sub-

---

1. *Supplément aux Mémoires de Vidocq, op. cit.*, t. I, p. xxij.
2. *Mémoires de Vidocq, op. cit.*, p. 187.

stances [qu'il] emploie pour rendre [son] papier sensible à l'action de réactif, celles suivantes : teintures de tournesol, hydriodote de potasse, iodure de potasse. L'incorporation de ces sels solubles dans la colle est d'un très bon effet : ils produisent des colorations subites qui viennent entraver le travail du faussaire, les taches qui se grandissent rapidement forment une espèce d'auréole qui doit rendre la falsification impossible [1] ».

Notre héros est à son affaire, mais cette nouvelle activité ne sera pas sans lui apporter des désagréments, parmi lesquels les rudes accusations des chimistes Debraine et Kessler qui, lorsqu'ils apprennent que Vidocq est l'inventeur d'un papier infalsifiable, déclarent à la presse : « Non, M. Vidocq n'est point inventeur d'un pareil papier ; non, M. Vidocq n'aura point un brevet pour cette invention qui n'est pas la sienne mais la nôtre [2]. »

Debraine et Kessler menacent de rendre publique la correspondance de Vidocq prouvant qu'il a voulu traiter avec eux de cette découverte, pour la présenter ensuite comme lui étant propre, et qu'il ne connaît rien de la composition du papier dont il s'agit. Les instructions données à ses ouvriers et reproduites plus hauts semblent cependant prouver le contraire.

Mais, Debraine a eu l'imprudence de trop parler :

— Oui, Vidocq, qu'on dit si malin, je lui ai joué le tour. Il croyait que je lui donnerais mon secret. C'est moi qui ai attrapé le sien. Il a fait des échantillons que j'ai pris, et j'ai demandé un brevet d'invention. Et Vidocq est enfoncé [3] !

Lorsqu'il prend connaissance de ces propos, tenus en public, Vidocq se précipite pour faire la demande d'un brevet d'invention auquel il donnera le nom de « Sécurité Vidocq ». Désormais, la propriété de l'invention ne pourra lui être contestée. Reconnaissant ses torts, Debraine

---

1. Archives privées.
2. *Gazette des tribunaux*, 23 octobre 1833.
3. Bibl. hist. Paris Ms 2928, fol. 57.

tentera de se rapprocher de Vidocq afin de réunir leurs mutuelles industries [1].

Vidocq se montre très fier de son papier, « seule garantie possible contre la science funeste des faussaires, tout en possédant les qualités du meilleur papier généralement utilisé pour l'écriture ». Il démarche auprès des ministères, faisant écrire notamment au maréchal Soult, ministre de la Guerre, afin que son administration lui confie la fabrication des papiers consacrés à la confection des actes et pièces qui, par leur nature, sont susceptibles d'être altérés ou falsifiés : congés, brevets, feuilles de route, états de services, libérations, billets d'hôpitaux [2]... Vidocq sait de quoi il parle. N'a-t-il pas berné le ministère de la Guerre avec de faux papiers en poche lorsqu'il appartenait, dans sa jeunesse, à l'« armée roulante » ?

Vidocq propose également ses services au préfet de police pour rendre les passeports, les ports d'armes et les permis de chasse totalement infalsifiables. Connaissant l'insalubrité des couloirs de la préfecture où sont entreposés les documents, il fait observer au préfet que son papier présente « l'avantage de ne pouvoir jamais être attaqué par les vers ou les insectes [3] ».

Hélas, l'inventeur n'est pas pris au sérieux. Coco-Lacour, son éternel compétiteur, le raille avec férocité : « Vidocq fait des papiers. Cela n'a rien de surprenant, il faut bien être en règle avec la gendarmerie [4]. »

Désappointé, Vidocq exprime son amertume en « jetant » pêle-mêle sur une feuille de papier ces réflexions pleines de bon sens : « Les savants ne sont pas toujours modestes. On pardonne rarement à un homme ordinaire de sortir de sa sphère. Les découvertes venant d'en bas sont toujours jugées mauvaises, elles trouvent de nombreux contradicteurs. Celles provenant des sommités sem-

---

1. Bibl. hist. Paris Ms 2928, fol. 63.
2. *Ibid.*, fol. 66.
3. *Ibid.*, fol. 74.
4. *Le Figaro*, 21 mai 1857.

blent devoir être les seules bonnes. Ils sont, sinon honteux, du moins fâchés qu'un homme vulgaire, un ignorant,
soit parvenu à ce point de perfection [1]. »

Une fois encore, cet épisode de la vie de Vidocq sera
exploité par Balzac pour traiter des « souffrances de l'inventeur » et du calvaire de David Séchard, imprimeur,
contraint de vendre aux Cointet son brevet d'invention
concernant un procédé révolutionnaire pour produire le
papier à meilleur compte [2]. Dans des conditions identiques, Vidocq vendra son invention à un dénommé
Mozart, ne pouvant la financer à lui seul.

Vidocq a installé sa manufacture de papier à Saint-
Mandé où il possède un domaine, situé entre le cours de
Vincennes et la route de Lagny, qu'il a acquis le 20 janvier
1826 pour la somme de dix-sept mille six cent quarante-
trois francs [3]. Ses détracteurs ne l'appellent plus que le
« suzerain de Saint-Mandé » et le plaisantent de plus belle
sur sa maison, ses costumes, son linge, ses collections et
ses bijoux. Les chroniqueurs observent que son épouse
porte un fichu attaché avec une épingle de diamant dont le
prix serait de plus de quinze mille francs [4].

L'honnête Barthélemy Maurice, qui a fréquenté Vidocq
à Saint-Mandé, a ramené à de justes proportions le cadre
de vie de l'ancien chef de la Sûreté et son allure à cette
époque de sa vie. Son témoignage demeure le plus
crédible : « Sa maison, bien que simple et modeste, était
décorée avec infiniment de goût... Sa tenue à lui-même
était celle d'un conseiller à la Cour de cassation. Son
cocher, bien que provenant du bagne de Brest en ligne
directe, conduisait avec une élégance peu commune de
superbes chevaux anglais [5]. »

Vidocq ne fit de Saint-Mandé ni un château ni une

---

1. Bibl. hist. Paris Ms 2928, fol. 98.
2. Balzac, *Illusions perdues* (V), La Pléiade, p. 730.
3. Archives du notariat de Vincennes (Étude Champetier de Ribes).
4. *Le Siècle*, 24 août 1829.
5. Maurice, *op. cit.*, p. 165.

maison de plaisir mais bien une usine, établissement remarquable en cela surtout qu'il n'y employa pour main-d'œuvre que des repris de justice : « Je cherchai à être utile à ces parias, qu'on a trop négligés jusqu'ici, ou plutôt dont l'autorité s'est trop occupée, peut-être, mais pour les mettre dans l'impossibilité de gagner honorablement leur vie. J'avais principalement en vue de procurer au plus grand nombre possible un métier facile et suffisamment rétribué pour qu'ils n'eussent plus besoin de chercher dans le crime les moyens de satisfaire à leurs besoins les plus impérieux [1]. » Vidocq, champion de l'insertion, dirait-on aujourd'hui !

Victore Hugo a retenu, des confidences de l'ancien bagnard, ses souffrances, l'injustice dont il fut ou se prétendit la victime, la philanthropie, l'apostolat, et il en est sorti le bon père Madeleine des *Misérables*, industriel bienfaisant établi à Montreuil-sur-Mer. Comme Vidocq, Madeleine, alias Valjean, dénonce le déclassement inhumain et périlleux des criminels et veut y remédier en employant tous ceux que la société repousse. Il n'exige qu'une chose : soyez honnête homme !

Hugo fera sienne la conclusion de Vidocq. Tout le mal vient des ténèbres : « L'éducation du peuple est encore à faire. » Qu'on répande l'instruction, qu'on traite le coupable avec humanité et avec tact, et l'on constatera qu'il n'y a pas de criminel incorrigible, que de tels hommes sont capables de se comporter plus honnêtement que quantité de gens réputés honnêtes. Victor Hugo ne conclut pas autrement son chapitre Patron-Minette dans *Les Misérables* : « Que faut-il pour faire évanouir ces larves ? De la lumière. De la lumière à flots. Pas une chauve-souris ne résiste à l'aube. Éclairez la société en dessous [2]. »

Dans ce même chapitre, consacré au quatuor de bandits, Claquesous, Gueulemer, Babet et Montparnasse, le poète

1. Vidocq, *Quelques mots...*, *op. cit.*, p. 22-23.
2. Savey-Casard, *Le Crime et la peine dans l'œuvre de Victor Hugo*, p. 185.

rend hommage directement au Napoléon de la police en le citant : « A eux quatre, ces bandits formaient une sorte de Protée, serpentant à travers la police et s'efforçant d'échapper aux regards indiscrets de Vidocq. »

La personnalité de Vidocq et ses ouvrages, authentiques ou apocryphes, ont exercé une incontestable influence au cours du XIXe siècle. Dès l'annonce de son départ de la Sûreté en 1827, la presse n'avait pas été sans évoquer l'attrait que présenteraient les Mémoires d'un tel homme. En 1825, déjà, dans un petit ouvrage intitulé *Code des gens honnêtes* et considéré par les spécialistes comme le livre fondateur de la *Comédie humaine*, Balzac exprimait son vif intérêt pour Vidocq et ses agents secrets, anciens forçats et nouveaux Janus, honnêtes d'un côté, coquins de l'autre : « Ces agents inconnus forment encore un monde à part, qu'il ne sera donné à personne de décrire, à moins que M. Vidocq ne publie ses mémoires [1]. »

Fort heureusement pour la littérature, les Mémoires de Vidocq verront le jour et Balzac pourra créer Vautrin.

---

1. Balzac, *Code des gens honnêtes ou l'art de ne pas être dupe des fripons*, 1990, p. 84.

11

Vidocq romancier

« *Douze fois faux comme personnage, Vidocq est
un authentique homme de lettres.* »

Raymond DUMAY.

En 1827, dès son départ de la Sûreté, en même temps
qu'il se lance dans la fabrication du papier et du carton,
Vidocq prépare ses Mémoires.

Lorsqu'un policier est révoqué, il lui vient très vite
l'idée de publier ses souvenirs, constatant l'étrange pouvoir de fascination qu'exerce sur la population la mysté-
rieuse puissance de la police.

Ainsi réagit Antoine, officier de police de 1817 à 1824 :
« Si M. le préfet me laisse sans place, je ne dis pas que je
ne profiterai point de la vogue qu'ont en ce moment les
livres sur la police puisque malheureusement il en a paru
et que les libraires voient qu'il y a de bonnes spéculations
à faire là-dessus [1]. »

Ainsi réagit aussi Vidocq qui flaire là une bonne affaire
et qui s'empresse de traiter avec le libraire Tenon, moyennant la somme de quatre cents louis par tome, soit douze
cents louis pour trois tomes initialement prévus.

Le Napoléon de la police connaît la curiosité craintive
du Paris bourgeois pour les classes dangereuses, à une
époque où progresse l'insécurité, où les mendiants assiè-
gent le parvis des églises, pénètrent dans les habitations,
rançonnent les honnêtes gens, « partout enfin présentent

---

1. Arch. nat. F⁷ 9868.

le contraste choquant d'une misère abjecte au sein des richesses et de l'abondance, de l'oisiveté et du vagabondage au milieu de la plus active industrie et de la civilisation la plus parfaite [1] ».

C'est dans ce Paris nerveux et effrayé par la mendicité débordante, la montée de la criminalité juvénile, la prostitution proliférante, que Vidocq fait grincer sa plume et celle de « teinturiers », de nègres, dirait-on aujourd'hui ; ses Mémoires, auxquels les écrivains de l'époque romantique devront tant, tombent comme un pavé dans la mare, en 1828.

« Vidocq, c'est l'instabilité du plancher social faite homme, ce sont les coulisses du monde, le dessous du pavé des villes, le terrifiant envers du décor — celui qu'une émeute, ou mieux encore une révolution, par son mouvement même, expose soudain à la grande lumière du jour [2]. »

Le soleil de juillet — ce « second jour de la révolution de 1789 », dira Hugo — ne va d'ailleurs pas tarder à poindre.

Traduits en anglais, adaptés au théâtre, les *Mémoires de Vidocq* connaissent un succès européen. On s'arrache l'ouvrage qui circule du salon à l'antichambre, du cabinet de lecture sur tous les comptoirs de la capitale. L'argot, dont Vidocq n'ignore aucune des subtilités, retient particulièrement l'attention, au point que quelques mots de la langue des mauvais garçons, apprise dans les geôles, pénètrent dans certains milieux d'artistes et même de gens du monde, pourtant pétris de traditions et corsetés par des siècles de beau langage.

« Les Mémoires de Vidocq qui sont venus sans doute jusqu'à vous, écrit Mérimée le 16 décembre 1828, font l'édification générale. On commence à parler argot dans les salons et une duchesse et pairesse disait l'autre jour qu'on lui avait " grinchi " des boucles d'oreilles en diamants [3]. »

---

1. *Le Journal des débats*, 27 novembre 1828.
2. Bory, *La Révolution de Juillet*, p. 200-201.
3. Mérimée, *Correspondance générale*, t. I, p. 34.

Le fameux Lacenaire, émouvant poète mais sordide meurtrier d'un repris de justice indicateur de police et de sa vieille mère quasi impotente, a lu les *Mémoires de Vidocq* avant de devenir un criminel. Il précisera que l'ouvrage lui a permis de se faire une idée de ce qu'était cette classe en continuel état d'hostilité contre la société. Il apprendra aussi, grâce à l'œuvre de l'ancien chef de la Sûreté, des rudiments d'argot, et pourra ainsi se mêler aux conversations des malfaiteurs sans risque de dire quelque balourdise. Enfin, cette lecture le convainc que c'est seulement en prison qu'il parviendra à trouver et l'instruction nouvelle qu'il prétend acquérir et des hommes qui puissent l'aider dans son projet fou de devenir « le fléau de la société [1] ».

Dès 1821, un mouvement d'opinion attire l'intérêt sur la vie authentique des criminels. Les livres consacrés aux tribulations des hors-la-loi font florès, et ce n'est pas un hasard si un libraire comme Pigoreau présente à sa clientèle un catalogue comprenant près de vingt titres qui mettent en vedette un bandit romantique dans un décor de ténèbres et d'horreurs [2].

En 1822, Marie Dorval est chaudement applaudie dans une pièce sur le bagne, et, en 1823, Henri Sanson reprend le même thème sous le titre : *Les Deux Forçats ou le Dévouement fraternel*.

C'est dire si les *Mémoires de Vidocq* arrivent à point nommé pour capter l'attention d'un grand nombre de lecteurs. Le succès remporté par les premiers volumes est tel que l'éditeur n'hésite pas à faire publier un quatrième tome sans même disposer de la matière nécessaire, comptant sur le talent du « reviseur » pour pallier cet inconvénient.

Depuis longtemps nous savons que les *Mémoires de Vidocq* n'ont pas été écrits par Vidocq ; l'intéressé en

---

1. Lacenaire, *Mémoires et Autres écrits*, 1991, p. 104, 107-108 ; voir aussi *Lacenaire, l'assassin démystifié*, de François Foucart, Perrin, 1995.
2. *Petite Bibliographie biographico-romancière Pigoreau*, 2 vol., 1821.

convenait lui-même dès la première édition. Des « teinturiers » ont utilisé ses notes, visiblement abondantes et très précises, à en juger par les détails de certains chapitres que seul l'ancien chef de la Sûreté pouvait détenir. Vidocq s'est déclaré insatisfait de cette version des *Mémoires,* mais nous subodorons qu'il entendait surtout, par le biais de ses récriminations, soutirer à son éditeur une plus grande part de la recette.

Les textes préparés par Vidocq et ses témoignages oraux ont été mis en forme par Émile Morice et L'Héritier de l'Ain, des professionnels de ce genre d'exercice. Sous la Restauration, la rédaction de Mémoires écrits par des teinturiers ou carrément apocryphes était une véritable industrie. Faute de textes émanant des principaux acteurs de l'Empire, on en fabriquait [1].

Il convient de n'accorder aucun crédit au quatrième volume des *Mémoires de Vidocq,* composé à partir d'un roman, *Adèle d'Escars, ou les malheurs d'une libérée,* livre que L'Héritier a publié précisément aux éditions Tenon quelques mois auparavant. Conscient du filon qu'il a entre les mains, L'Héritier publiera également *Supplément aux Mémoires de Vidocq,* rédigé à partir de notes et correspondances pillées dans la documentation fournie par l'ex-chef de la police de Sûreté.

Les *Mémoires de Vidocq,* œuvre hybride et difforme, déçoivent certains lecteurs : « Ses mémoires, puisque nous en sommes là, ne sont point ceux de sa vie. Il cite ce qu'il a fait pour arrêter les voleurs, les filous, etc., pendant qu'il était à la tête de la brigade de Sûreté ; mais il passe légèrement, ou se tait, sur ce qui le regarde personnellement ; et c'est cette retenue qui fait dire que ses Mémoires ou soi-disant tels sont incomplets et laissent beaucoup à désirer [2]. »

Tandis que paraissent les divers volumes des *Mémoires,*

---

1. Thierry, *Les Grandes Mystifications littéraires,* t. I, chap. IX.
2. *Essai historique sur la police en général,* s.d., p. 356.

se fabrique un ouvrage particulièrement hostile à notre personnage : *Mémoires d'un forçat ou Vidocq dévoilé*. Ce livre, qui suscitera un vif mouvement de curiosité, réfute les propos de Vidocq et met en lumière certaines de ses mauvaises actions. Les amis de Vidocq lui conseillent de faire stopper cette publication en achetant le manuscrit ; notre homme hausse les épaules et rétorque :

— Peu m'importe que l'on parle de moi, j'ai levé le masque, on me connaît pour ce que je suis, ils n'en diront jamais autant que j'en sais ; qu'on me donne 10 000 francs, et je ne laisserai plus rien à désirer [1].

Quelle que soit la valeur historique des *Mémoires de Vidocq*, c'est incontestablement ce texte, tout entaché d'affabulations et d'inventions, qui a permis aux grands écrivains du XIXe siècle, la génération qui combattra pour *Hernani*, de se passionner pour Vidocq et les classes dangereuses. Les *Mémoires* ont notamment suscité chez eux le goût d'employer l'argot.

Dans *Le Dernier Jour d'un condamné*, Victor Hugo médite sur « cette langue entée sur la langue générale comme une espèce d'excroissance hideuse, comme une verrue ». Nous l'avons dit, l'influence de Vidocq se retrouve dans *Les Misérables*. Victor Hugo a connu personnellement le Napoléon de la police, ainsi que le prouve un passage de *Choses vues* où est mentionnée, au mois d'avril 1849, une visite de Vidocq « qui venait [le] remercier d'avoir aidé à son élargissement dans l'affaire Valençay [2] ». Grâce à une lettre de Vidocq, nous savons que notre personnage a protégé Hugo des rouges, lors des journées de juin 1848, le domicile du poète, place des Vosges, ayant été envahi par des émeutiers qui tiraient par les fenêtres [3].

Eugène Sue aura également Vidocq pour inspirateur. Un contemporain, affirmera bien haut, à propos des

---

1. *Essai historique sur la police en général, op. cit.*
2. Hugo, *Choses vues*, 1913, t. II, p. 21-22.
3. Bibl. hist. Paris Ms 1055, fol. 133.

Mystères de Paris : « Le premier auteur de ces tableaux étonnants, de ces tableaux qui ont excité un intérêt si palpitant ; qui se lisent et s'achètent partout, sous toutes les formes : en feuilletons, en volumes, en livraisons illustrées ; dont on parle dans les lieux publics, dans les salons, dans les récits des journaux, dans les pièces de théâtre, dans les plaidoiries, dans les réquisitoires ; en un mot le premier auteur des *Mystères de Paris,* on peut dire, du moins en ce qui est vrai, sérieux, local, que c'est Vidocq [1] ».

Alexandre Dumas, lui aussi, est féru de tout ce qui se rapporte à Vidocq. Les deux hommes se sont rencontrés dans les salons du fameux philanthrope Benjamin Appert qui remarquera le « tour spirituel » des conversations entre Vidocq et Dumas. De cette relation naîtront des romans palpitants : *Les Mohicans de Paris, Salvator, Le Fils du forçat*, et *Gabriel Lambert* où Vidocq démasque et arrête un faux monnayeur.

Quant à Honoré de Balzac, c'est bien lui qui contribuera le plus fortement à immortaliser Vidocq avec Vautrin, la « colonne vertébrale » de son œuvre.

Dès ses premiers romans, Balzac a montré de la prédilection pour les héros criminels et réprouvés. En 1834, à l'instar de son personnage de Vautrin apparaissant pour la première fois dans *Le Père Goriot*, il n'est pas loin de penser « que les hommes se mangent les uns les autres, comme des araignées dans un pot » ; que nul n'exige de comptes d'un coquin qui réussit. Balzac admire Vautrin et à travers lui Vidocq et son monde : « Un grand crime, c'est quelquefois un poème [2]. »

Selon Jean Savant, les relations de Balzac avec Vidocq remonteraient à 1822 chez Gabriel de Berny, conseiller à la cour royale (et jadis à la cour impériale), ami du chef de la Sûreté et mari de la « Dilecta », la fée bienfaisante du romancier. Ainsi s'expliqueraient certains épisodes

---

1. Roch, *L'Observateur des tribunaux*, 1843, t. XI, p. 209-210.
2. Maurois, *Prométhée ou la Vie de Balzac*, p. 268.

d'*Argow le pirate*, dont le héros bénéficie, comme Vidocq, de la salutaire influence d'une Annette. Certaines expressions qui seront fréquemment employées dans les *Mémoires de Vidocq* sont déjà présentes dans le roman de Balzac de 1823.

Faut-il en déduire que Balzac a vraiment connu personnellement le chef de la Sûreté avant 1834 ? En aucune manière.

Ces prétendues rencontres anciennes sont implicitement démenties par Balzac lui-même qui écrit dans le *Traité des excitants modernes* qu'il a négocié longtemps à l'avance la faveur de dîner avec Vidocq, une personne que « des raisons publiques éloignent de la société [1] ». Il s'agit bien là de leur toute première rencontre. Les historiens de Balzac la situent avec vraisemblance le 26 avril 1834.

Certes, l'auteur du *Père Goriot* s'intéresse à Vidocq depuis longtemps. Toute une légende liée aux forçats et au langage du milieu s'est transmise jusqu'au jeune romancier. Il lira avec passion les Mémoires du Napoléon de la police et citera « Vidocq et ses limiers », avant la rédaction du *Père Goriot*, dans l'article « De la mode en littérature » ainsi que dans *Ferragus*.

Sa première rencontre avec Vidocq, Balzac la doit à Benjamin Appert, visiteur des prisons, « sorte de Vincent de Paul à la mode de Louis-Philippe », qui aime à recevoir dans sa maison de Neuilly l'élite savante et intellectuelle.

Appert, membre de la Société royale des prisons de France, possède ce titre grâce à ses travaux philanthropiques. Il connaît le monde carcéral pour avoir lui-même été emprisonné à la Force après avoir été accusé de complicité dans l'évasion de deux détenus politiques en 1822. Très en cour sous la monarchie de Juillet, il voit toutes les portes officielles s'ouvrir devant lui. Il dirige la distribution des secours charitables de la reine Marie-Amélie et est

---

1. Balzac, *Traité des excitants modernes* (XII), La Pléiade, p. 323.

fréquemment invité à la table des magistrats, des ministres et du roi.

Si Benjamin Appert fréquente et apprécie Vidocq, c'est surtout parce que le créateur de la police de Sûreté lui signale certains anciens forçats dans le besoin et qu'il peut alors faire intervenir ses relations pour procurer un emploi aux malheureux. Ils ont les mêmes idées relatives à la réhabilitation des bagnards libérés. Appert dira de Vidocq : « Il est certainement l'homme de police le plus capable qu'on puisse trouver, mais pour obtenir le développement complet de son intelligence, il faut que ceux qui commandent lui accordent confiance et considération. Son caractère est franc et humain, et j'ai de lui un grand nombre de lettres qui toutes sont écrites pour des bonnes œuvres [1] ».

La présence et la conversation de Vidocq augmentent considérablement le nombre de personnalités qui sollicitent l'honneur de dîner chez Appert, afin de se retrouver face au fameux bagnard devenu policier sur qui planent tant de mystères et d'histoires insolites. Les récits de Vidocq enflamment les auditoires.

Le 26 avril 1834, Benjamin Appert convie donc à sa table Vidocq, Balzac, ainsi que le célèbre bourreau Sanson, son fils, Alexandre Dumas, quelques écrivains moins connus et plusieurs Anglais dont lord Ellice et sir Bowring. Établissant sa liste, Appert hésite devant le nom de Victor Hugo. Finalement, il y renonce, ne pouvant mettre en présence l'exécuteur des hautes œuvres et l'écrivain qui le fustige violemment dans le *Dernier Jour d'un condamné*.

Impressionné de participer à des agapes aussi peu courantes, Balzac s'assied entre Vidocq et Sanson. Piquante scène de comédie : chacun des deux, le policier et le bourreau, se plaint à mi-voix de dîner en si mauvaise compagnie.

Alors que Sanson se montre digne, compassé et, en réa-

---

1. Appert, *Dix ans à la cour du roi Louis-Philippe*, *op. cit.*, t. III, p. 14.

lité, assez gêné avec « ces grands seigneurs », Vidocq, au contraire, est fort gai, plaisante sans façon, lance avec esprit des épigrammes et déclare en riant à Sanson :

— Savez-vous que je vous ai souvent envoyé de la besogne, lorsque j'étais chef de la Sûreté ?

Vidocq se montre intarissable. Il égrène beaucoup plus de souvenirs que Sanson qui, on l'imagine, ne tient guère à raconter ses histoires de guillotine [1].

La voix caverneuse, le geste large, Vidocq se drape dans sa toge, gonfle ses puissants pectoraux et offre son profil de médaille à la postérité. Le goût du théâtre n'est pas nouveau chez lui. Un vrai comédien !

Devant la personnalité de cet individu si loquace, Balzac, gros homme hilare qui s'amuse volontiers de calembours, est vite séduit. Il ne le quitte pas des yeux de tout le repas et, surtout, il enregistre chacune des anecdotes croustillantes que le Napoléon de la police rapporte sur « le monde des coquins » : une mine d'informations à propos d'un monde souterrain avec ses sociétés secrètes, l'entraide des bandits, le rôle des femmes, les mœurs et le langage du bagne, les chansons argotiques, de fantastiques évasions et des déguisements invraisemblables. Toutes ces informations rejailliront dans son œuvre.

L'auteur de *La Comédie humaine* porte en lui tout un monde mais, pour animer cet univers personnel, il y introduit sans cesse des éléments réels : divers souvenirs et maintes observations. Il puise dans la vie d'autrui comme dans sa propre vie.

En 1834, l'année de ce fameux dîner chez Appert, Balzac publie un roman qui constituera une des clefs de voûte de son œuvre : *Le Père Goriot*. Parmi les grands sujets qui s'entrelacent dans cet ouvrage figure le drame de Vautrin, ancien forçat qui se cache sous un déguisement à la pension Vauquer, tentateur diabolique qui mène avec

---

1. Bouteron, « Un dîner avec Vidocq et Sanson », *Études balzaciennes*, p. 119 à 136. Les souvenirs d'Appert, confirmés par ceux d'un témoin anglais, Bowring, apportent d'abondantes précisions sur ce dîner.

un certain génie tout un faisceau d'intrigues jusqu'au moment où la police le démasque. En guerre avec la société, loin de se plaindre, il en tire sa très grande fierté. Hors la loi, il l'est non seulement par nécessité en tant que forçat en rupture de ban, mais surtout parce que le crime demeure son élément.

Les fouineurs ont immédiatement posé la question : « Qui est Vautrin ? » Réponse unanime : Vidocq !

Balzac, lui-même, avouera que son personnage est emprunté à la vie réelle : « Je puis vous assurer que le modèle existe, qu'il est d'une épouvantable grandeur et qu'il a trouvé sa place dans le monde de notre temps. Cet homme était tout ce qu'est Vautrin, moins la passion que je lui ai prêtée. Il était le génie du mal, utilisé d'ailleurs [1]. »

Assurément, ces phrases désignent Vidocq. Pourtant, un éminent historien de Balzac, Pierre-Georges Castex, estime qu'on a exagéré la ressemblance entre le créateur de la Sûreté et le forçat du *Père Goriot*. Il est certain que des analogies plus nettes entre leurs deux carrières n'apparaîtront qu'en 1847, dans *La Dernière Incarnation de Vautrin*, quatrième partie de *Splendeurs et Misères des courtisanes*, roman des bas-fonds et du grand monde.

En 1834, Balzac s'est inspiré de ce qu'il savait de Vidocq à travers ses Mémoires pour donner vie à Vautrin, mais il s'est souvenu aussi de deux autres aventuriers notoires à qui il emprunta certaines particularités : Pierre Coignard, le faux comte de Pontis de Sainte-Hélène, et Anthelme Collet, malfaiteur habile, lui aussi, aux transformations, riche d'ingéniosité et léger d'argent, sauf quand il lui arrivait de mettre la main sur celui des autres. A en croire Balzac, « en littérature, on ne compose un type qu'en employant les singularités de plusieurs caractères similaires ».

Un fait demeure certain : s'il est un modèle vivant de

---

1. Lettre à Hippolyte Castille, parue dans *La Semaine*, le 11 octobre 1846.

Vautrin, c'est bien dans Vidocq qu'il faut principalement le chercher [1].

Vautrin est un homme violent, sanguin, d'une force prodigieuse. Son signalement, tel qu'il est donné dans *Le Père Goriot*, est trait pour trait celui de Vidocq. L'un et l'autre ont des formes puissantes, des épaules carrées, des mains aux poils roux. Comme Vidocq, Vautrin a été condamné au bagne pour un crime de faux et a effectué de nombreuses tentatives d'évasion. Pasquier a accepté les services de Vidocq comme M. de Granville acceptera ceux de Vautrin. L'un et l'autre deviendront chef de la Sûreté. Comme Vidocq, Vautrin connaît les hommes ; il les a étudiés ; il pénètre et le secret de ceux qui l'entourent et celui des serrures ; il découvre leurs pensées avec la même adresse qu'il forcerait leurs tiroirs.

Vidocq est placé là, comme devant un miroir. Grâce à Balzac, il entre vivant dans la légende.

L'ancien chef de la Sûreté n'est pas peu fier de l'intérêt que lui porte Balzac et des flots d'encre que son personnage fait couler dans les œuvres romanesques des uns et des autres. Cet homme qui a déployé toutes les ruses du crime pour dépister les criminels et dont la société a employé l'immoralité à protéger sa morale est désormais connu de tous ; une célébrité qui le grise.

En 1836, il publie un nouveau livre, *Les Voleurs*, encore une mine où puiseront à pleines mains Balzac, Hugo et Sue, depuis la longue digression des *Misérables* sur l'argot jusqu'aux multiples expressions du langage des voleurs chez Balzac dans *Splendeurs et Misères des courtisanes* : le « meg des fanandels [2] », « donner une face de ta sorbonne [3] » ou encore « aller à vioque au pré [4] ».

Vidocq lit attentivement ce qu'écrit Balzac, et mainte-

---

1. Vernière, « Balzac et la genèse de Vautrin », *Revue d'histoire littéraire de la France*.
2. Le Dieu des voleurs.
3. Donner un franc de ta tête.
4. Être condamné au bagne à perpétuité.

nant qu'ils se rencontrent régulièrement à Ville-d'Avray — nous le savons grâce à Léon Gozlan — il ne se gêne pas pour dire à l'écrivain ce qu'il pense lorsque ce dernier transforme par trop les matériaux qu'il lui fournit :

— Vous vous donnez bien du mal, monsieur de Balzac, pour créer des histoires de l'autre monde, quand la réalité est là, devant vos yeux, près de votre oreille, sous votre main [1].

Lorsque Vidocq est satisfait de l'emploi par Balzac de la documentation qu'il lui donne, il le dit aussi. C'est le cas pour les Dix Mille, sommités de la corporation des voleurs ainsi baptisés parce qu'ils ne se dérangent pas à moins de dix sacs à soulever :

— Tout en donnant carrière à son imagination, le spirituel romancier s'est approché bien près de la réalité [2].

A l'oral, Vidocq atteint le niveau d'un Juvénal, cet auteur de satires qui attaquaient les mœurs corrompues de Rome. Sa parole fangeuse roule, avec le vocabulaire du bagne, des mots et des formules qui véritablement « éclaboussent » l'auditoire.

A l'écrit, il n'en va pas de même. La maîtrise des effets n'y est pas. Vidocq ignore tout des règles les plus élémentaires de grammaire et d'orthographe [3]. Il semble en être le premier contrit :

— Ah ! Balzac, confiera-t-il, si j'avais votre bonne plume, j'écrirais des choses à bouleverser de fond en comble le ciel et la terre [4].

En dépit de ses très grandes difficultés avec la langue française, Vidocq, à force de volonté devant la feuille blanche, écrira deux romans dont la valeur littéraire peut être contestée mais qui constituent assurément des documents de premier choix sur le monde qu'ils dépeignent. Parmi ses motivations pour écrire interviennent, à n'en pas

---

1. Gozlan, *op. cit.*, p. 214.
2. Vidocq, *Quelques mots...*, *op. cit.*, p. 29-30.
3. Maurice, *op. cit.*, p. 3.
4. Gozlan, *op. cit.*, p. 223.

douter, les droits d'auteur. Il n'ignore pas que chez les libraires son nom demeure un gage de succès commercial.

En 1844, il publie *Les Vrais Mystères de Paris* qui veulent être une réplique aux *Mystères de Paris* d'Eugène Sue. Pour Benjamin Appert, cet ouvrage « est un tableau de mœurs malheureusement très exact, et [il se souvient] d'avoir vu son principal héros, Salvador, au bagne, où il [lui] conta secrètement les histoires les plus inconcevables [1] ».

Le second roman de Vidocq, qui voit le jour en 1845, s'intitule *Les Chauffeurs du Nord*. Une fois de plus, l'auteur n'a eu qu'à légèrement déguiser la réalité : tous les personnages de cette épopée de criminels et de malfaiteurs, il les a connus, approchés, fréquentés.

Il a été souvent dit que les romans de Vidocq — comme ses Mémoires — n'avaient pas été écrits par lui et qu'il se contentait d'y apposer sa signature. Nous avons cependant retrouvé une de ses lettres, adressée en 1844 aux conservateurs de la Bibliothèque royale, démontrant que l'ancien chef de la Sûreté est pour beaucoup dans l'élaboration de ses livres et qu'il se chargeait lui-même de la documentation : « Auteur de mes *Mémoires,* de *Physiologie des voleurs,* des *Vrais Mystères de Paris* et d'une brochure sur les prisons, je travaille en ce moment à quelques autres ouvrages pour lesquels j'aurais besoin de consulter certains livres [2]. »

Le style de Vidocq était assurément très fantaisiste mais il n'y attachait aucune importance. Il n'aimait pas qu'on se permît des libertés vis-à-vis de ses textes. S'il y eut des corrections, elles furent minimes. On remarque d'ailleurs en lisant *Les Vrais Mystères de Paris* le mépris de la syntaxe, des accords de participe peu orthodoxes et une ponctuation échevelée, ce qui tend à prouver que l'auteur de l'ouvrage n'est pas un homme habitué à tenir une plume.

Parallèlement à ses romans, Vidocq aurait souhaité enta-

---

1. Appert, *Dix ans à la cour du roi Louis-Philippe, op. cit.,* t. III, p. 16-17.
2. Bibl. hist. Paris Ms 2928, fol. 124.

mer une carrière d'auteur dramatique. Très attiré par le monde du théâtre, il envoie une pièce de sa composition au comédien Laferrière et lui demande son avis après lecture : « En faisant cette démarche près de vous, je n'ai pas d'amour-propre, je veux la vérité tout entière... J'enverrai demain la reprendre avec votre jugement, que j'accepte, quelque rigoureux qu'il soit [1] ».

Vidocq apprécie beaucoup le talent de Laferrière, qui incarnera, avec une rare puissance dramatique, les amoureux passionnés, à la flamme un peu fatale, de la période romantique. Jeune premier, affichant deux cent mille francs-or de dettes, Laferrière sera sauvé par le Napoléon de la police, qui rachètera tout son mobilier, reprendra son appartement sous son propre nom et réinstallera l'artiste dans son intérieur.

Les directeurs de théâtre font également appel à la générosité du créateur de la Sûreté pour se remettre à flot.

Un soir, les comédiens de l'Ambigu-Comique refusant catégoriquement de jouer sans être payés, Vidocq avance au directeur, M. Béraud, dix mille francs sans intérêt [2].

Notre homme possède aussi des intérêts dans l'entreprise du Théâtre de la Porte-Saint-Martin. C'est « une somme assez forte » qu'il versera « à titre d'actionnaire », à la caisse de l'établissement [3].

La fascinante silhouette de Vidocq sera représentée sur les planches de ce théâtre. Aux yeux de Balzac et du comédien Frédérick Lemaître, le célèbre policier est un modèle idéal de personnage. Aussi l'auteur de *La Comédie humaine* a-t-il décidé de monter *Vautrin* à la Porte-Saint-Martin, avec le génial Lemaître dans le rôle titre.

« Vint la répétition générale de *Vautrin*, raconte Frédérick Lemaître. Les divers travestissements que j'avais à prendre dans le courant du drame demandaient nécessai-

---

1. Catalogue Voisin, février 1906, n° 17 488.
2. *Le Procès de Vidocq*, 1956, p. 81.
3. Arch. nat. F⁷ 6966 (21 octobre 1826) ; *Gazette des tribunaux*, 27 avril 1828.

rement autant de physionomies différentes. Avant tout, je résolus de donner au personnage de Vautrin le type de Vidocq en imitant sa voix rauque et son geste brutal [1]. »

Il est tentant d'imaginer Balzac ou Lemaître conviant Vidocq, grand amateur de théâtre comme il l'était, à assister aux répétitions, où il pouvait se voir lui-même sur la scène en la personne de Vautrin, maître absolu d'anciens compagnons de bagne dont il fait pendant toute la pièce les instruments de ses projets.

La première est fixée au 14 mars 1840. Depuis plusieurs jours, cette pièce occupe les conversations de tous les Parisiens. La Porte-Saint-Martin affiche complet, bien qu'il y ait ce même jour une soirée d'adieux à l'Opéra et la première d'une comédie de Scribe au Gymnase.

Les admirateurs et les ennemis de Balzac se sont disputé les places. Le rideau se lève devant une cohue bruyante, indisciplinée, bigarrée et plutôt moqueuse. Les trois premiers actes sont accueillis froidement mais dans le calme. Au quatrième acte, s'élève une tempête de sifflets et de huées. Le duc d'Orléans, fils aîné de Louis-Philippe, quitte immédiatement sa loge.

Que s'est-il donc passé ?

Le toupet « dynastique et pyramidal » dont Frédérick Lemaître s'était affublé à ce quatrième acte donnait à l'acteur une ressemblance ambiguë à la fois avec Vidocq et avec Louis-Philippe. Le public n'avait surtout pas oublié qu'en 1832 déjà, les caricaturistes des journaux de l'opposition s'étaient amusés à dessiner l'une après l'autre la tête du roi bourgeois et celle de Vidocq, le tout accompagné de commentaires désobligeants pour le régime [2].

A cause de ce toupet, commun à Vidocq et à Louis-Philippe, la pièce sera interdite. « Une semblable donnée subversive de toute idée sociale et morale nous semble inadmissible. Nous devons signaler encore le rôle d'un

---

1. Lemaître, *Souvenirs*, 1880, p. 244.
2. Canler, *op. cit.*, p. 116.

agent supérieur de la police, souillé de crimes lui-même, toujours prêt à se vendre et portant des décorations », dit avec véhémence le procès-verbal de censure à propos du personnage de Vautrin et de son modèle [1].

Une fois de plus, le nom de Vidocq retentit. Notre héros a beaucoup fait parler de lui sous la monarchie de Juillet, d'abord en payant de sa personne lors de l'insurrection de 1832, puis en voulant défendre les « belles poires », victimes des « faiseurs »...

---

1. Richer, « Autour de la pièce *Vautrin* », *Mercure de France*, novembre 1950.

12
Vidocq... « Gisquetaire »

« On m'a toujours trouvé éveillé à l'heure du danger. »

VIDOCQ.

La monarchie légitime l'ayant maintenu à l'écart depuis 1827, Vidocq la voit, en 1830, s'effacer avec une certaine satisfaction. Peu fidèle à un quelconque régime, il avait été, déjà en 1814, un des premiers à abandonner l'Empire pour applaudir le retour du roi.

Un nouveau régime, n'est-ce pas pour lui la possibilité de revenir à la préfecture ?

La révolution de juillet 1830 qui débouche sur l'abdication de Charles X est à peine en mouvement que Vidocq tient le rôle d'un fervent patriote. En 1838, il rappellera à un juge d'instruction son attitude : « Ont-ils oublié qu'habitant une maison isolée à Saint-Mandé, j'ai eu le courage dès le 28 juillet 1830 à 7 heures du matin d'arborer le drapeau tricolore et de l'y maintenir malgré la menace de cinquante gendarmes casernés à la barrière du Trône [1] ? »

Le « républicain » Vidocq ne s'est pas senti floué quand on a laissé Louis-Philippe confisquer la révolution. Il avait été chef de la Sûreté sous Napoléon, Louis XVIII et Charles X. C'est sans état d'âme qu'il est devenu aussitôt orléaniste. Révoqué sous Charles X, il est persuadé que les hommes du nouveau pouvoir songeront à lui rapidement. Et effectivement, en 1831, il revient à la préfecture... par la

---

1. Arch. Paris D 4 AZ/73.

petite porte. Vidocq prend le pseudonyme de Laurent pour accomplir officieusement quelques missions [1].

Avec la monarchie de Juillet, la police a évolué. La préfecture est maintenant une grande administration qui égale en importance certains ministères.

Depuis le 26 novembre 1831, le préfet se nomme Henri Gisquet, « sentinelle avancée du pouvoir ». Il est devenu un notable grâce aux frères Perier qui l'associèrent à leur maison en 1819. Sous la Restauration, de même que les Perier, il appartenait à l'opposition, combattait la faction ultra, et Louis-Philippe devait nécessairement faire appel à son concours [2].

C'est avec cet homme à poigne, souvent excessif et sans mesure, que Vidocq va collaborer.

Gisquet a eu vent des très bons résultats obtenus naguère par le Napoléon de la police. Le gouvernement de juillet attend beaucoup du nouveau préfet de police face à la montée inexorable de cette classe ouvrière où se mêlent, sous l'effet de la pression démographique et de l'exode rural, chômeurs et voleurs.

En conséquence, Gisquet ne tergiverse pas : Vidocq redevient officiellement, le 31 mars 1832, le chef de la police de Sûreté, avec un traitement de six mille francs, alors qu'Hébert, son prédécesseur, ne percevait pour la même fonction que quatre mille deux cents francs [3].

Ce retour ne fait pas que des heureux à la préfecture : « M. Gisquet ne veut autour de lui, comme on voit, que des gens honnêtes. » Et de citer le nom de Vidocq en haussant les épaules [4]...

Dès le mois d'avril, Vidocq assiste au départ d'une chaîne de forçats. Le Crosnier, le chef de la deuxième division, lui a demandé de se rendre à la prison de Bicêtre un jour de ferrement. Comme jadis, Vidocq, le « pourvoyeur

---

1. Maurice, *op. cit.*, p. 175.
2. Arch. préf. pol. E/A 20, dossier Gisquet.
3. *Ibid.*, E/A 90 (16).
4. Barthélemy, *A M. Gisquet*, p. 10.

du bagne », doit « allumer » plus de cinq cents visages, sachant que, tôt ou tard, il peut avoir l'occasion d'en retrouver quelques-uns à Paris ou dans ses environs, peut-être sous les arcades du Palais-Royal ou sur les chemins du bois de Boulogne. Pour tous les bagnes de France, on compte encore annuellement une cinquantaine d'évasions [1].

Comme jadis aussi, Vidocq décèle les mauvais coups qui se préparent. Il n'a pas perdu la main.

Ayant appris que des ressorts de montre et autres objets tranchants ont été remis secrètement à divers forçats attachés à une chaîne partie récemment de Bicêtre, il fait fouiller tout le monde, découvre les objets et évite sans doute ainsi de justesse plusieurs évasions.

C'est une affaire de première importance, monumentale et politique, qui l'a ramené officiellement à la tête de la Sûreté : le vol des plus riches collections du Cabinet des Médailles à la Bibliothèque royale, commis le 6 novembre 1831 [2]. Jamais, depuis le vol du Garde-Meuble national, en 1792, la France n'avait eu à déplorer la perte d'un tel trésor. On a dérobé notamment des médailles d'or grecques et romaines, des bijoux trouvés dans le tombeau de Childéric, le sceau d'or de Louis XII, une grande médaille d'or de Louis XIV... Le Conseil des ministres panique et suggère d'appeler Vidocq à la rescousse. Il était alors redevenu ce qu'il était, mais nul ne le savait rentré en activité, à l'exception du préfet et de quelques ministres.

Pour Vidocq, le vol est signé. Il songe avec raison à une vieille connaissance : Fossard, dit le « Prince des voleurs », flétri des lettres T.P., évadé au bagne de Brest le 8 février 1831 [3].

Vidocq se flatte d'être parvenu à l'arrêter un jour seulement après le vol sensationnel à la Bibliothèque et

1. Bibl. hist. Paris Ms 2928, fol 3.
2. *Les Voleurs*, op. cit., p. 119 à 141.
3. Arch. nat. F⁷ 10364, 337ᵉ feuille.

d'avoir appréhendé avec lui un dénommé Drouillet, forçat gracié [1].

Fossard s'était déjà retrouvé dans les filets du créateur de la Sûreté en 1814, mais, cette fois, a-t-il vraiment été arrêté par Vidocq ?

Rien n'est moins sûr.

Paul d'Ivoy, journaliste au *Courrier de Paris*, rapporte dans un article méconnu que Fossard a été capturé en 1831 par Coco-Lacour, éternel rival de Vidocq. C'est même lui qui aurait prononcé le premier le nom de Fossard lorsque la préfecture fut chargée d'identifier les auteurs du vol du Cabinet des Médailles.

Coco-Lacour aurait tenu le raisonnement suivant :

— D'abord, pour voler des médailles, il faut savoir à peu près la valeur des médailles ; cela indique donc des voleurs assez lettrés ; cela réduit à une quinzaine de voleurs ceux parmi lesquels il faut chercher les auteurs du vol de la Bibliothèque. L'habileté avec laquelle le meuble a été fracturé restreint encore le nombre de ceux parmi lesquels je chercherais ; enfin l'élégance extrême des outils laissés sur le lieu du crime est pour moi un indice certain que Fossard est le coupable ou un des coupables [2].

Il est indéniable que Coco-Lacour, ancien malfaiteur, connaissait aussi bien que Vidocq le monde de la pègre et ses secrets. A l'époque du vol du Cabinet des Médailles, Vidocq devait impérativement redorer son blason. Il venait tout juste de reprendre secrètement les rênes de la Sûreté, et ses premiers rapports avec Gisquet étaient encore tendus. Il semble avoir eu le souci d'écarter le plus rapidement possible Coco-Lacour de cette affaire de premier plan. Divers documents et témoignages font apparaître clairement que Vidocq a repris l'enquête et l'a menée jusqu'à son terme. Notre héros s'est bien gardé de

---

1. *Les Voleurs, op. cit.*, p. 130.
2. *Le Voleur*, 22 mai 1857.

citer le nom de Coco-Lacour dans ses récits où il se donne, traditionnellement, le meilleur rôle.

Après l'épisode Coco-Lacour, Vidocq connaît une nouvelle déconvenue. En dépit des graves soupçons qui s'élèvent contre Fossard et Drouillet, une ordonnance déclare qu'il n'y a pas lieu « à suivre » contre eux. En bref, l'affaire du Cabinet des Médailles doit être étouffée.

Vidocq n'entend pas en rester là. Il remonte le fil, reconstitue toute l'affaire et découvre la « clé » : la vicomtesse de Nays-Candau. Cette aristocrate, amie de la reine Marie-Amélie, a joué un rôle très important dans l'élaboration du « coup ».

Le Conseil des ministres, désireux de classer l'affaire en raison des protections de la vicomtesse, change d'avis lorsqu'il comprend que ce vol sensationnel cache peut-être un complot légitimiste. Le produit du vol représentait une telle somme qu'il ne pouvait raisonnablement revenir qu'à une puissance politique et non pas à des particuliers.

Dès lors, Vidocq a carte blanche. La vicomtesse de Nays est arrêtée dans un hôtel à Brest. On découvre dans ses bagages des lingots, des médailles et une correspondance qui établit la preuve de ses relations coupables avec Fossard et Drouillet.

Au même moment à Paris, Vidocq arrache des aveux au frère de Fossard. Ce dernier déclarera à son procès, avec des larmes dans les yeux :

— Je dois ajouter que M. Vidocq, qui est venu faire perquisition chez moi, s'y est pris avec beaucoup de malhonnêteté, et cependant je ne lui ai rien caché [1].

On sait que Vidocq pratiquait la menace, les coups parfois, l'ivresse souvent, pour obtenir des aveux [2]. Il semble avoir malmené le frère de Fossard en lui administrant « quelques caresses [3] » pour qu'il lui avoue comment il a fondu les trésors du Cabinet des Médailles. Vidocq

---

1. Roch, *op. cit.*, t. I, p. 86.
2. Moreau-Christophe, *op. cit.*, t. II, p. 205.
3. Roch, *op. cit.*, p. 96.

apprendra qu'une partie du butin a été dissimulée dans la Seine. Le frère de Fossard n'a conservé dans sa cave que soixante lingots, et la vicomtesse de Nays a envoyé chez lui Drouillet pour en obtenir le quart et une certaine somme en napoléons.

Fossard sera condamné aux travaux forcés à perpétuité, Drouillet, son complice, à vingt ans de la même peine, et le frère de Fossard à dix ans de réclusion.

En entendant ce verdict, le « Prince des voleurs » criera aux jurés :

— Vous ne savez pas ce que c'est que les galères, je le vois bien. Si j'avais foutu le feu à la Bibliothèque, j'aurais tout enseveli, tout serait fini...

Et la vicomtesse de Nays-Candau ?

Elle ne demeurera guère plus d'un mois en prison, grâce à une intervention de la reine Marie-Amélie auprès du garde des Sceaux.

Dans la Seine, Vidocq fera repêcher la plus grosse partie des pièces jetées par les voleurs. Il sera vivement félicité, mais la presse lui reprochera d'avoir confessé le frère de Fossard avec « son art habituel » !

Le retour de Vidocq à la préfecture de police intervient à un moment où la situation politique demeure troublée. Depuis les événements de 1830, la province s'est assoupie mais Paris reste en proie aux convulsions. Le chef de la Sûreté jouera un rôle déterminant dans la répression de l'insurrection parisienne de juin 1832.

La veille de l'événement sanglant, Vidocq, qui sait tout avant tout le monde, adresse au préfet divers rapports dans lesquels il signale les lieux où royalistes légitimistes et républicains se réunissent, leurs projets, leur but [1]. Les factions s'accordent pour renverser Louis-Philippe, chacune d'elles espérant passer la première, ou triompher sur la ruine de l'autre [2].

---

1. Bibl. hist. Paris Ms 1041, fol. 56, 57.
2. Arch. préf. pol. A/a 421.

Les meneurs républicains sont décidés à lancer un véritable assaut contre le roi le 5 juin 1832, à l'occasion des obsèques du général Lamarque, grande figure de l'épopée impériale et député de l'opposition. Le gouvernement est prévenu, il observera la marche du convoi, « la main sur la poignée de l'épée ». Vidocq a pu disposer ses agents sur les boulevards et donner ses ordres afin de maîtriser cette offensive « par la bande » qui s'annonce très dangereuse pour le régime, une émeute que Victor Hugo reconstituera si brillamment dans *Les Misérables*.

Le cortège chemine, avec une lenteur fébrile, de la maison mortuaire, rue Saint-Honoré, à la Bastille. Lorsque le char funèbre arrive à la hauteur de la porte Saint-Martin, des hommes portant un drapeau rouge se mettent à proférer des cris. Deux sergents de ville veulent les arrêter. Malmenés, ce n'est qu'à grand-peine qu'on parvient à les arracher des mains des forcenés. L'émeute est ainsi déclenchée. La tempête se déchaîne, les pierres pleuvent, la fusillade éclate. Un escadron du 6ᵉ dragons doit affronter plus de six mille factieux, tous armés, qui maintiennent un feu nourri sur la troupe [1].

Vidocq a suivi le cortège jusqu'au Jardin des Plantes. Il manque de peu d'être assommé par les artilleurs de la garde nationale. Arrivé sain et sauf à la préfecture, il fait savoir à Gisquet que déjà un grand nombre de postes ont été enlevés par les insurgés, que des barricades s'élèvent partout et que la troupe semble ne pas devoir résister longtemps. Le chef de la Sûreté repart aussitôt sur le terrain [2].

Durant toute la journée du 5 juin, Vidocq, qui a des antennes et des agents partout, adresse à Gisquet des rapports circonstanciés. Le préfet peut à son tour rendre compte de la situation heure par heure au ministre de la Guerre, le maréchal Soult : « Le convoi du général Lamarque paraît avoir repris le chemin du boulevard

1. Arch. nat. F⁷ 17231.
2. Bibl. hist. Paris Ms 1041, fol. 56, 57.

après avoir été détourné et conduit de vive force par la place Vendôme. Des cris de " Vive Napoléon II ", " Vive la République " se sont fait entendre. Des sergents de ville ont été maltraités et n'ont eu que le temps de se réfugier dans les Tuileries. Je pense qu'il est utile que l'action de la police reste inaperçue et soit remplacée par le déploiement de la force militaire [1]. »

En sortant de la préfecture, Vidocq rencontre le comte de Bondy, préfet de la Seine, qui ne sait comment regagner l'Hôtel de Ville dont toutes les issues sont déjà prises et gardées par les émeutiers. Vidocq a d'abord l'intention de le conduire lui-même mais, songeant qu'il n'est pas grimé et qu'il risque d'être reconnu par des révoltés, il décide finalement de confier le comte de Bondy à un de ses agents, cocher de cabriolet. Le préfet de la Seine arrivera ainsi sans encombre à son cabinet.

Vidocq s'ingénie à observer les positions, les forces et les progrès des insurgés. Il pousse le dévouement jusqu'à aller reconnaître, avec plusieurs de ses agents déguisés, l'effectif réel des républicains sur les barricades de Saint-Merry et même dans le passage du Saumon, un véritable coupe-gorge. Cette démarche hardie aurait pu lui être funeste, ayant été reconnu par un voleur nommé Toubriaut, l'un des plus acharnés défenseurs des barricades. Assailli de coups de fusil, Vidocq doit courir pour se mettre à l'abri.

Satisfait de ses observations, il sait maintenant que les cinq dixièmes des émeutiers sont ivres, qu'ils ronflent dans les escaliers et les couloirs des maisons où ils se sont retirés pour cuver leur vin. De retour dans le cabinet de Gisquet, Vidocq lui demande carte blanche pour investir les barricades.

— Je suis assuré, dit-il, de vous amener les rebelles pieds et poings liés.

Le préfet n'est pas convaincu.

---

1. Bibl. hist. Paris Ms 1041, fol. 53.

— Je ne vous permettrai pas de tenter une entreprise aussi téméraire.

Une autre mission attend Vidocq.

Revenu de Saint-Cloud, Louis-Philippe a passé en revue et harangué les troupes de ligne et les légions de la garde nationale, montrant ainsi sa force par son calme et sa détermination. Vers vingt heures, ce 5 juin, Gisquet se dispose à rendre compte de la situation au roi, mai il n'a avec lui que son secrétaire pour l'escorter. Vidocq propose de servir de guide, de lui faire traverser les barrages et de l'amener devant Louis-Philippe. Gisquet accepte.

Aux Tuileries, on refuse l'entrée au préfet en lui répliquant sèchement qu'on ne le connaît pas.

— J'ai là une personne que vous reconnaîtrez sans doute, dit Gisquet en désignant le chef de la Sûreté.

— C'est le père Vidocq ! déclarent aussitôt plusieurs officiers de la garde nationale.

Le préfet peut ainsi se rendre au pavillon de Flore et faire son rapport au roi.

La nuit est tombée, mais l'activité de Vidocq ne faiblit pas. Il obtient des fusils des sapeurs-pompiers pour armer ses agents les plus dévoués et les plus courageux. Jusqu'au petit matin, il organise des patrouilles et des reconnaissances dans les environs des barricades [1].

Les combats recommencent le lendemain, 6 juin 1832. Dans la nuit, les troupes, demeurées fidèles, sous le commandement du maréchal Mouton, ont déjà repris les quartiers périphériques. Seuls résistent encore Saint-Merry et son voisinage où quelques centaines d'émeutiers se sont retranchés.

Au cœur du vieux Paris, les insurgés mènent un combat d'autant plus meurtrier qu'il est désespéré.

Escorté de son fils, le duc de Nemours, Louis-Philippe parcourt différents quartiers de la capitale pour encoura-

---

1. Bibl. hist. Paris Ms 1041, fol. 56, 57 ; *Vidocq à ses juges, op. cit.*, p. 6-7.

ger les soldats et les gardes nationaux. Partout, le roi est acclamé.

Vidocq, lui, entreprend d'arrêter les individus qui, embusqués derrière les barricades dans la Cité, ont tiré sur la garde nationale et tué de malheureux soldats que l'on portait déjà blessés à l'Hôtel-Dieu. Le chef de la Sûreté prend un fusil, en distribue à ses agents, et se dirige vers la cour de la Sainte-Chapelle. Il passe les rues de la Cité au peigne fin et investit les dernières barricades où les insurgés s'écrient avec un accent de terreur dans la voix :

— C'est Vidocq !... C'est Vidocq !... Sauvez-vous !

Ils crient aussi parfois :

— C'est le Mec !... C'est le Mec [1] !... En argot, ce terme de « Mec » désigne un chef, un homme redouté, à qui il faut obéir sans discuter.

Vidocq parvient à s'emparer de quelques mauvais sujets dont Édouard Colombat, tenancier, rue de la Calandre, d'une maison garnie et d'un estaminet signalés dans le quartier comme un lieu de prostitution et un rendez-vous habituel de gens malfamés. Cette capture ne manque pas d'importance puisque Colombat, artilleur de la garde nationale, l'un des chefs de l'insurrection, avait réuni un grand nombre de voleurs et de repris de justice. Il les avait galvanisés en leur promettant un pillage général aussitôt la victoire acquise. Colombat sera condamné à la déportation le 11 août 1832 pour tous ses crimes commis les 5 et 6 juin [2].

Les habitants du quartier de la Cité acclameront Vidocq comme leur sauveur, et les témoignages en sa faveur ne manqueront pas pour préciser son rôle bénéfique : « Déjà plusieurs barricades avaient été enlevées dans la rue de la Licorne, de la Calandre et de la Juiverie ; ces retranchements pouvaient protéger tous les rebelles de la rive gauche de la Seine, inquiéter les troupes bivouaquées sur

---

1. Bibl. hist. Paris Ms 2928, fol. 13-18.
2. Gisquet, *op. cit.*, t. II, p. 125-126 ; *La Tribune*, 14 août 1832.

les ponts et les quais, et leur devenir très funestes, et cette organisation, dans un quartier dénué de troupes, devenait d'autant plus alarmante pour les habitants paisibles qu'ils avaient tout à redouter de ces forcenés. Mais quelques instants après, une partie de la brigade de Sûreté, accompagnée de huit gardes municipaux, s'est présentée devant les barricades établies, les ont détruites et en ont chassé les défenseurs dont plusieurs ont été pris les armes à la main et envoyés à la préfecture. En un instant, cette petite troupe, commandée par Vidocq, déblaya le quartier d'une foule de malfaiteurs qui s'y étaient rassemblés [1]. »

Le soir du 6 juin, Vidocq, exténué, parcourt des rues dont les pavés sont couverts de flaques de sang, de voitures renversées et de tuiles cassées. Les maisons ont les fenêtres béantes et les murs criblés de balles. Tout est fini, le dernier îlot de résistance a été emporté. L'insurrection est brisée.

La présence d'esprit de Vidocq a contribué à sauver la monarchie de Juillet, devra-t-on reconnaître, et M. Thiers lui-même félicitera, à la tribune de la Chambre, la brigade de Sûreté pour avoir épargné au quartier de la Cité l'odieux brigandage qui le menaçait [2].

Le 26 juin 1832, Gisquet signalera au ministre de l'Intérieur l'intrépidité dont Vidocq a fait preuve en défendant la cause de l'ordre public et des lois. Le préfet précisera également que le chef de la Sûreté « demande pour seule récompense que sa conduite soit mise sous les yeux de Sa Majesté [3] » .

Le bilan des deux journées de Juin s'élève à environ huit cents victimes. La morgue est remplie de cadavres « dont les têtes superposées faisaient devant les fenêtres comme un massif de hideuse maçonnerie ».

Le vendredi 7 juin 1832, la répression se poursuit et les arrestations interviennent encore en très grand nombre. Ainsi, les autorités interpellent Pierre Ourolle, vingt-

---

1. *L'Intermédiaire des chercheurs et curieux*, mai 1910, p. 830-831.
2. Bibl. hist. Paris Ms 2928, fol. 10, 11.
3. *Ibid.*, fol. 12.

six ans, porteur de charbon, pour avoir simplement transporté un républicain blessé [1].

La presse d'opposition reproche à Gisquet l'ordonnance demandant aux médecins de dénoncer les conspirateurs blessés. « Il y a deux manières d'envisager la question, répond le préfet. Comme individu, un blessé ne réclame qu'un sentiment d'humanité, et je conçois que la main qui le panse répugne à le dénoncer ; mais comme conspirateur, ayant lui-même causé des maux semblables à celui dont il est frappé ; mais comme citoyen rebelle aux lois, et attendant peut-être une circonstance favorable pour lever de nouveau une main parricide contre la patrie, a-t-il droit à une généreuse sympathie et l'énormité du délit ne doit-elle pas faire taire la pitié [2] ? »

Les journaux répandent parfois de fausses nouvelles, annonçant notamment qu'Alexandre Dumas, pris les armes à la main, a été fusillé. Sain et sauf, l'écrivain, ami de Vidocq, qui s'est effectivement rangé parmi les émeutiers, devra quitter la France pour quelques mois.

Au lendemain de l'émeute, une grave accusation vise Gisquet et ses agents qui ont été baptisés les « Gisquetaires ». Le d'Artagnan de la troupe, c'est Vidocq bien sûr. On affirme l'avoir vu sortir le 6 juin à midi de la préfecture avec une bande de mouchards et combattre derrière les barricades. La virulente feuille républicaine *La Tribune* le présente comme un agent provocateur, accusation qui, déjà sous la Restauration, entachait sa réputation. Cette fois, l'attaque semble injustifiée. Vidocq a procédé à des arrestations mais ne s'est mêlé en aucun cas aux émeutiers pour les pousser à aggraver leur cas [3].

« Vidocq a tout osé, lance un plumitif déchaîné. Il a mis au néant des mandats judiciaires qui lui étaient confiés par les magistrats ; il a caché parmi ses agents, et sous des noms supposés, des malfaiteurs que la justice recherchait.

---

1. Arch. préf. pol. A/a 421.
2. Bibl. hist. Paris, Ms 1041, fol. 54.
3. Gisquet, *op. cit.*, t. II, p. 129-130.

Et, malgré tant de méfaits, Vidocq continue à veiller à la sécurité de Paris ! Et la justice s'est tue [1]. »

Un républicain de quinze ans, fait prisonnier lors de l'insurrection, raconte qu'il faillit mourir noyé durant son transfert du dépôt de la préfecture à Sainte-Pélagie et ce, à cause de deux « misérables », « sans doute » postés par Vidocq sur le pont d'Austerlitz, qui se mirent à crier au passage de la voiture cellulaire :

— A l'eau les républicains ! A l'eau !

Des femmes, des enfants mêlèrent leurs invectives aux hurlements de ces « forcenés ». Les vingt-quatre prisonniers entassés dans le fourgon échappèrent de justesse à un horrible lynchage [2].

En dépit de cette campagne véhémente, et très loin de prendre l'apostrophe de la presse comme une gifle, Vidocq sort grandi des journées de Juin. Des ministres, tel Bachasson de Montalivet, l'homme de confiance du roi, lui témoignent une haute considération, ayant appris le détail de ses exploits, notamment son intervention qui sauva, au centre même du foyer où l'avait cernée la révolte, une compagnie de la garde nationale commandée par M. Wollis, avocat. Point de mire des troupes elles-mêmes, trompées par son déguisement, Vidocq affronta avec courage un triple feu de barricades [3].

Les ennemis de Vidocq ne se résignent pas. Si le revenant se croit installé pour toujours dans ses fonctions qu'il affectionne tant, il se trompe ! Tous — la police et la presse d'opposition — travaillent contre lui, n'attendant qu'une occasion pour le faire tomber, et cette fois définitivement. L'occasion ? Ce sera une nouvelle affaire de provocation, à laquelle Vidocq est incontestablement mêlé : l'affaire de la barrière de Fontainebleau [4].

---

1. Barthélemy, *Le Pont d'Arcole et la police-Gisquet*, p. 15.
2. Chenu, *Les Conspirateurs*, p. 13.
3. *Vidocq à ses juges*, op. cit., p. 7 ; *Procès de Vidocq*, 1956, p. 130.
4. Canler, op. cit., p. 114-115 ; Gisquet, op. cit., t. II, p. 274 ; *Gazette des tribunaux*, 1832.

Vidocq plaide non coupable et ses thuriféraires, dont Jean Savant, le défendront avec de piètres arguments. Son rôle apparaît très clairement : manipulation et provocation, bonnes vieilles méthodes des temps héroïques de la Sûreté auxquelles il a eu recours pour effectuer un nouveau beau coup de filet.

Dans cette affaire, tout le monde en dit pis que pendre. Il faut reconnaître qu'il y a mis du sien.

Le procès des voleurs de Fontainebleau s'ouvre le 20 septembre 1832.

Dans le box : dix accusés. Vidocq fait son entrée dans la salle d'audience. Un des chroniqueurs présents observe ses moustaches rousses, son teint peu coloré, ses cheveux châtains. Tel est pour aujourd'hui le signalement de Vidocq, mais on sait qu'il peut varier d'un jour à l'autre.

Vidocq remarque sur le bureau des avocats tous les livres « anti-Vidocq » parus à ce jour, il sourit et se dit que la bataille s'annonce furieuse.

Les avocats le répètent à l'envi : leurs clients ont été odieusement entraînés dans cette affaire, orchestrée par Vidocq de main de maître. Un des agents de la Sûreté les poussa à perpétrer un vol chez le dénommé Schmidt, restaurateur à la barrière de Fontainebleau, en leur donnant toutes les indications nécessaires. Vidocq n'eut qu'à les cueillir lorsqu'ils tentèrent de s'emparer de l'argenterie de leur victime.

— On ne provoque pas des hommes pareils, affirme Vidocq. Ou bien ils ne demandent qu'à être provoqués, si tant est qu'on veuille employer ce terme. Pour eux, cela revient à être rencardés sur une bonne combine, une affaire à entreprendre. Et comme c'est leur état de voler et de tuer, ils mendient ce que vous appelez une provocation.

Vidocq se montre là en pleine contradiction avec ses thèses, si généreuses, qui consistent à aider les malfaiteurs à s'amender. Mais le chef de la Sûreté estime toujours être habilité à déterminer si oui ou non un mauvais sujet est « récupérable ».

Trois accusés sont condamnés à vingt ans de travaux forcés. Vidocq semble satisfait de ce verdict, mais son agent, un certain Léger, est condamné à deux années de prison pour complicité. Craignant que Léger ne fût forcé de faire des aveux, Vidocq avait déclaré avant le procès qu'il était introuvable. En réalité, l'individu avait été incorporé à la Sûreté sous un faux nom. Un nouvel ordre du juge vint alors contraindre Vidocq à livrer malgré lui son complice.

L'un des condamnés, Cloquemin, dit Victor, affirmera toujours, même après avoir obtenu sa grâce, qu'il ignorait complètement dans quel but Vidocq l'avait fait venir au cabaret-restaurant de la barrière de Fontainebleau à l'heure du prétendu vol. La pègre se montrera persuadée que, dans cette triste affaire, vol, voleurs, volé, tout était fictif pour permettre à Vidocq de réussir un hardi coup de main [1].

Pendant des années, les méthodes de Vidocq, bien qu'entachées le plus souvent de provocation ou d'illégalité, ont paru excellentes parce qu'elles étaient efficaces. Mais, cette fois, le pouvoir parle de fausse note.

C'est un prétexte !

Gisquet constate que son lieutenant est une cible trop commode à travers laquelle les pamphlétaires visent le préfet en personne. Vidocq est devenu une source d'embarras pour le gouvernement.

Selon sa coutume, l'opposition accuse Gisquet de provocation dans l'affaire dite de la rue des Prouvaires, complot légitimiste éventé par la police qui a infiltré le réseau. Pendant un grand bal aux Tuileries, les conjurés devaient capturer, et peut-être massacrer, toute la famille royale, et proclamer Henri V.

A l'occasion du procès de ces conjurés, les anti-philippistes vouent les « Gisquetaires » à la vindicte publique.

---

1. Moreau-Christophe, *op. cit.*, t. II, p. 203-204.

Les avocats dénoncent cette police qui a manœuvré elle-même la conspiration et qui, « même pendant l'instruction judiciaire, a dirigé et remanié certains témoignages par l'entremise de qui ? De Vidocq [1] ! ».

Malgré les dénégations embarrassées de Gisquet appelé à la barre, les arguments de Me Guillemin font une impression profonde sur le jury : « Sans doute la police doit intervenir, mais uniquement pour épier et surveiller, jamais pour jouer le rôle d'auteur ou de complice, jamais pour proposer, jamais pour faciliter, jamais pour aider le crime. Autrement la pensée, l'âme du complot pourraient sortir des ateliers d'un Vidocq et tous les adhérents pourraient n'être que des dupes [2]. »

Vidocq, toujours Vidocq ! Une véritable tête de Turc.

Gisquet n'apprécie guère d'être le plus raillé, le plus diffamé, le plus vilipendé des fonctionnaires du temps. La presse d'opposition l'accuse toujours de simuler des attentats contre le roi, de monter des mystifications sous couleur de conjurations politiques. L'épithète d'« ignoble » est communément appliquée à sa police, et tout particulièrement à la brigade de Sûreté.

Les journalistes de *La Tribune* se répandent en imprécations : « La police Gisquet est la plus immonde... Ce qui la tourmente le plus c'est le peuple, soit aux jours de repos, soit aux grandes cérémonies, soit aux émeutes, car, lorsque le peuple se rassemble, sous quelque prétexte que ce soit, on craint toujours le renouvellement de juillet, juillet 1830 s'entend. Alors le colonel Feisthamel et ses gardes, Vidocq et les siens, Coco-Lacour et ses bandes, les sergents de ville en masse, s'emparent de la capitale et l'envahissent ; ils s'attachent à toutes les issues, ont l'œil sur toutes les figures, la main levée sur tous les collets, prêts à user du sabre, de la canne ou de l'épée, répandant l'épouvante, le

---

1. Conspiration de la rue des Prouvaires, compte rendu des débats, 1852.
2. *Ibid.*

dégoût et quelquefois donnant la mort. C'est la petite police. Elle est jolie, comme on voit [1]. »

Et s'il fallait sacrifier Vidocq ? Ainsi l'opposition ne pourrait plus utiliser ce nom qui impressionne tant les foules. Gisquet, qui ne craint rien tant que l'agitation des esprits, synonyme d'effervescence politique et de désordre social, prêche aujourd'hui l'apaisement.

Plus soucieux d'efficacité que de principes, le préfet se détache progressivement de Vidocq — qu'il portait aux nues il y a encore quelques semaines. Il cherche et trouve des arguments : « Après l'avoir employé pendant quelques mois, j'ai reconnu que son habileté n'était pas ou n'était plus au niveau de sa réputation. C'est surtout dans cette branche qu'il faut varier et renouveler souvent les moyens de découvrir les coupables. Vidocq avait sans doute usé toutes les ressources de son imagination, car, après avoir obtenu de ma confiance la direction de la brigade, il resta dans l'ornière de ses anciennes habitudes, de ses ruses, qui n'étaient pas toujours avouables, et qui, mises tant de fois en usage, ne pouvaient plus avoir de chance de succès [2]. »

Gisquet dira aussi que Vidocq avait repris avec lui les « débris de son premier entourage » et que l'expérience d'un trimestre avait fait apparaître tous les inconvénients d'attacher de tels auxiliaires à la préfecture.

Ces arguments peu probants, Gisquet — lui-même fieffé coquin [3] — n'entend pas les tenir devant l'intéressé. Il faut trouver un prétexte qui amènera Vidocq à donner sa démission. Le préfet imagine alors d'opérer une fusion entre la police municipale et la police de Sûreté.

Comme prévu, Vidocq refuse tout net de participer à cette nouvelle organisation :

— J'ai donné ma démission après les affaires de juin, expliquera-t-il. L'administration supérieure pensa qu'on devait réformer le personnel des agents qui servaient sous

---

1. *La Tribune du mouvement*, 3 juillet 1832.
2. Gisquet, *op. cit.*, t. II, p. 274.
3. Il sera prouvé que le préfet a trafiqué sur des ventes de fusils.

mes ordres. Je pensais, moi, qu'on ne peut servir avec efficacité contre les malfaiteurs qu'en s'aidant des gens qui les connaissent et ont vécu avec eux. Mes agents, quels que fussent leurs précédents, avaient fidèlement et loyalement servi sous mes ordres. Privé de ces instruments utiles, je me crus frappé d'impuissance ; je refusai de les sacrifier en me sacrifiant moi-même. Je donnai ma démission [1].

Le 17 novembre 1832, la préfecture accepte officiellement — et avec grande satisfaction — le départ de Vidocq [2]. Ce dernier a prétexté l'« état maladif » de son épouse pour renoncer à ses fonctions [3]. La brigade de Sûreté est complètement réorganisée : Allard en prend la direction, Canler, qualifié d'« anti-Vidocq » [4], sera son principal inspecteur, avant de devenir lui-même chef de la Sûreté. La préfecture fait savoir que, désormais, tout agent déjà atteint par un jugement quelconque sera renvoyé automatiquement.

Sous le Second Empire, le préfet de police, Boisselle, rendra hommage aux méthodes d'Allard : « Il parvint à régulariser le service sur des bases entièrement nouvelles et contrairement aux précédentes dont on croyait ne pouvoir jamais s'écarter, et sut moraliser les moyens d'action et obtenir néanmoins de meilleurs résultats que ses prédécesseurs [5]. »

Une pierre dans le jardin de Vidocq !

Canler s'efforcera lui aussi de se démarquer de son « trop » célèbre devancier ; il disposera, certes, d'une brigade d'indicateurs — qu'il baptisera « mes cosaques irréguliers » —, mais ceux-ci formeront un appendice à la police et ne seront plus ses représentants officiels [6].

Dès que M. Allard, ex-commissaire, a été nommé à la

---

1. *Gazette des tribunaux*, 1843.
2. Arch. préf. pol. E/A 90 (16).
3. Bibl. hist. Paris Ms 2928, fol. 8.
4. Arch. préf. pol. E/A 121, dossier Canler.
5. Arch. préf. pol. E/A 88, dossier Allard.
6. Canler, *op. cit.*, p. 384-385.

tête de la Sûreté, la police officielle s'est efforcée d'effacer des mémoires l'« ignoble » figure de Vidocq. Pour éviter tout ce qui pouvait rappeler le souvenir du forçat policier, Gisquet souhaita que, en attendant l'époque à laquelle le nouveau service entrerait en possession de ses bureaux à la préfecture, on louât momentanément des locaux rue de Jérusalem et non plus Petite-rue-Sainte-Anne, fief de la « bande à Vidocq [1] ».

1. Canler, *op. cit.*, p. 116.

13

Vidocq contre Mercadet

« J'ai délivré la capitale des voleurs qui l'infes-
taient. Je veux, aujourd'hui, délivrer le commerce
des escrocs qui le dévalisent. »

VIDOCQ.

Vidocq va-t-il se replier sous sa tente ?
Ce n'est pas son genre.
Le lendemain de sa démission, la presse annonce qu'il est frappé d'aliénation mentale. Cette information est vite recti-fiée : « Nous avons rapporté hier le bruit qui circulait dans Paris sur l'état mental de Vidocq. Nous recevons une lettre de lui, dans laquelle il nous déclare que nous avons été mal informés, et qu'il n'a jamais été moins fou qu'aujour-d'hui [1]. »
N'en déplaise à ses ennemis, Vidocq se porte comme un charme. A cinquante-sept ans, il a l'esprit toujours en éveil, est agile comme un jeune homme, paraissant défier les années. Il conserve son énergie, sa volonté farouche de vaincre le mauvais sort, et l'espoir que les générations futures se souviendront de lui. Aussi répète-t-il à qui veut bien l'entendre que plus de « vingt-mille malfaiteurs » ont été arrêtés et condamnés grâce à ses investigations, ajou-tant : « Voilà ce qui m'a créé des ennemis dans l'adminis-tration de la police et parmi les voleurs, mais je dois le dire, je pense que ceux-ci sont moins rancuniers et me rendent plus de justice [2]. »

---

1. *Gazette des tribunaux*, 1832.
2. Arch. Paris D 4 AZ/73.

Vidocq a le virus de la police et, comme pour braver ceux qui, en le contraignant à démissionner, ont si mal récompensé ses efforts et ses bons résultats, il est décidé à créer sa propre police. Il sera le franc-tireur d'un petit monde dont il souhaite se moquer. Et peut-être parviendra-t-il à séduire ses contemporains par son ironie mordante, sa façon de traiter ministres, préfets, inspecteurs, policiers, comme d'incorrigibles galopins, qu'il morigénera à plaisir.

C'est à Vidocq que l'on doit l'instauration des agences de renseignements, ces cabinets où les dossiers d'adultères voisinent avec ceux des vols domestiques.

Le Napoléon de la police devient un « privé ».

En 1833, il s'établit au second étage du numéro 12 de la rue Cloche-Perche, près de la rue Saint-Antoine. La confiance qu'il inspire par ses connaissances policières lui amène une importante clientèle à qui il déclare : « On a beaucoup glosé sur mon compte. En général, ceux qui parlent de moi savent peu ce que j'ai fait, et m'attribuent ce que je n'ai pas fait. » Il précise même : « J'ose me flatter de valoir plus que ma réputation [1]. »

Nous savons depuis peu, grâce à la publication de la correspondance d'Alfred de Vigny, que Vidocq a eu l'honneur de compter parmi sa clientèle le célèbre écrivain, auteur sérieux de *Servitude et Grandeur militaires* mais aussi fougueux amant de Marie Dorval et Julia Dupré.

Dès novembre 1835, la liaison d'Alfred de Vigny avec Marie Dorval se lézarde. Le poète prend ombrage des admirateurs qui tournent autour de la comédienne, laquelle se défend d'être volage. L'épilogue funèbre des amours de ce couple exceptionnel sera éprouvant, jalonné de scènes, d'injures, de séparations, de repentirs et de retrouvailles éphémères.

De plus en plus jaloux, Vigny se résout à faire surveiller Marie Dorval par Vidocq. Le 18 juin 1838, il rencontre

---

1. Arch. Paris D4 AZ/73.

pour la première fois le célèbre policier, rue Neuve-Saint-Eustache.

Le comte Alfred goûte peu que la police officielle fasse mine de s'affliger des méthodes de Vidocq. Il partage avec l'ancien chef de la Sûreté un entrain de dénonciateur. Des années durant, Vigny se conduira au bénéfice du Second Empire en indicateur. Il montrera un grand zèle à renseigner la police de Napoléon III sur les républicains. Autant dire qu'Alfred et François sont faits pour s'entendre.

Ce même 18 juin, Vigny suit Marie Dorval jusqu'au n° 100 de la rue du Bac avant de se consoler dans les bras de Julia Dupré, jeune Américaine de vingt ans, à qui il donne rendez-vous aux Batignolles.

Le 23 juin, Alfred de Vigny charge Vidocq de plusieurs missions, notamment de découvrir qui habite rue du Bac, et de trouver l'adresse d'un certain Jules Sandeau, ancien amant de George Sand. Vidocq est sur les talons de Marie et peut rapidement livrer à Vigny son emploi du temps. Ses rapports font des dégâts. L'homme qui habite rue du Bac n'est autre que Jules Sandeau. Vigny, après avoir écouté les révélations du policier, se dispute violemment avec Marie. Il annonce à sa maîtresse qu'elle ne le reverra plus si elle ne rompt pas avec Sandeau. Nouvelle scène, le 19 juillet, jour du compte rendu de Vidocq.

Vigny revoit son cher détective, les 31 juillet et 2 août. Toujours très épris de Marie, Alfred emmène la reine du théâtre romantique le 10 août à Montmartre pour « une folle étreinte ». Les deux amants oublient ainsi, le temps d'une nouvelle flambée d'extase charnelle, tout ce qu'ils ont à se reprocher.

Le 24 août, Marie Dorval s'exclame :

— Enfin tout est fini. Je me suis non pas séparée de M. de Vigny, mais arrachée. C'est fini. Je ne le crois pas encore et cependant je souffre horriblement.

Dès lors, la mission de Vidocq est terminée.

L'agenda de 1838 de Vigny nous apprend non seulement que le poète a eu recours aux services de Vidocq mais également qu'il était un « Monsieur combien-de-fois », fier du grand nombre d'étreintes — souvent très acrobatiques — accomplies avec ses maîtresses [1].

Sans la parution de ce document inédit, nous n'aurions jamais eu connaissance de la filature par Vidocq de Marie Dorval. Si on peut lui reprocher certaines de ses méthodes, il faut en revanche reconnaître sa grande discrétion sur ses enquêtes, les divers protagonistes, et les confidences qui lui ont été faites.

En 1846, une rumeur laisse entendre que Vidocq a vendu tous ses papiers à un éditeur. Son épouse déclarera alors à la presse parisienne que la manière dont l'ancien chef de la Sûreté entend la probité ne lui permettra jamais d'autoriser la publication, avant ou après sa mort, des secrets qui lui ont été confiés, et que les familles et personnages que sa discrétion peut intéresser ne doivent conserver à cet égard aucune inquiétude [2].

Toujours jaloux des succès de Vidocq, les officiers de paix répandent dans le public le bruit selon lequel il « fait suivre les maris au profit des femmes, et les femmes au profit des maris [3] ». En clair, Vidocq dupe tout le monde en s'entendant avec les deux parties.

Cette accusation est difficilement contrôlable, attendu le silence observé par Vidocq, en galant homme, dans des affaires où des femmes étaient en cause. L'examen des quelques dossiers de son agence parvenus jusqu'à nous dévoilent des enquêtes menées toujours avec sérieux et précision. Visiblement, Vidocq n'a pas contracté la fâcheuse habitude de « changer de client » en cours de route.

Ainsi, dans l'affaire Bouglé, nous disposons du détail et de l'évolution de l'enquête. M. Bouglé l'ayant prié de faire surveiller sa maîtresse, Mme Aimée Charles, Vidocq

---

1. *Correspondance d'Alfred de Vigny*, t. III, Puf, 1994, p. 284 à 288, 333.
2. Maurice, *op. cit.*, p. 287.
3. *Le Voleur*, 22 mai 1857.

découvre que cette jeune femme a une liaison avec un dénommé Cormont, directeur du Théâtre de l'Ambigu, lui-même amant d'une certaine Mme Delval.

Du théâtre de boulevard !

Tous ces protagonistes sont pistés par les agents de Vidocq. L'un d'eux, Jacquet, chargé d'emboîter le pas à Aimée Charles, suit sa victime jusque dans l'église Notre-Dame-de-Lorette et rédige ce rapport : « Une jolie petite femme, âgée de vingt-deux ans, mignonne, bien faite... Il faut être fort attentionné. C'est comme une petite couleuvre qu'il ne faut pas quitter des yeux. Elle passe par une sortie de derrière... »

Dans cette affaire, c'est Vidocq qui a été dupé. Au cours de l'enquête, Bouglé semble avoir pardonné sa faute à Aimée, la jolie « petite couleuvre », et ce nouvel élan amoureux lui a fait omettre de régler sa note au détective. Sans doute celui-ci n'a-t-il pas que d'honnêtes clients et doit-il plaider parfois pour faire entendre raison à de mauvais payeurs [1].

Vidocq est sollicité très régulièrement pour des affaires de cœur. On l'accusera d'avoir favorisé l'enlèvement d'une jeune fille enfermée dans un couvent, alors qu'il était chargé par les parents de la surveiller.

Toujours cette accusation de double jeu !

En réalité, la jeune fille n'a pas eu besoin de Vidocq pour retrouver son amant, le comte de Sarda, qui, le cœur battant, parvint à enlever sa belle [2].

Des affaires de ce genre — il y en a eu d'autres, notamment l'enlèvement d'une femme mariée dans ce même couvent — ont apporté un certain discrédit au bureau de renseignements de Vidocq. Cette mauvaise réputation peut être également imputée à un certain « folklore » que l'homme a constamment favorisé.

Dans ses bureaux, fort luxueux, disposés sous les titres

---

1. Bibl. hist. Paris Ms 2928, fol. 248-274 ; *Gazette des tribunaux*, 7 et 8 février 1842.
2. *Procès de Vidocq, op. cit.*, p. 75-76.

semi-officiels de première, deuxième, troisième, quatrième division, un petit groom en livrée — livrée au chiffre du maître —, guêtres à l'anglaise, culotte peluchée, a pour mission d'annoncer les visiteurs à « Monsieur le directeur ». Les murs de la salle d'attente sont tapissés de réjouissants sujets : l'écartèlement de Damiens, la torture de Ravaillac, le supplice de La Mole et la décollation de saint Jean Baptiste, un tableau de l'École espagnole pour lequel Vidocq, à ce qu'il assure, a refusé soixante-dix mille francs, certain de pouvoir en obtenir cent mille ultérieurement. Autour de ces scènes sanguinolentes, comme pour en surveiller le bon déroulement, figurent les célèbres profils de La Reynie, Fouché, Gisquet et Mangin, tous administrateurs de la police à différentes époques de notre histoire.

A l'heure des repas, les visiteurs peuvent voir Vidocq, richement vêtu, manger dans un service de vermeil et jeter des brioches entières à un bouledogue couché à ses pieds. Le maître, qui ne s'entoure que d'objets d'art « d'un rare mérite et d'une grande valeur », est surnommé par ses employés non pas le vidame, le marquis ou monseigneur, comme cela aurait pu être le cas au regard de sa façon de vivre, mais le Gros, « ni plus ni moins qu'un roi de France » souligne un témoin.

Vidocq a donné, lui aussi, à ses principaux agents des sobriquets du style le Cyclope, pour le borgne de la troupe, l'Homme du monde, qui revient à un véritable jeune premier aux gants « beurre frais » et au pantalon collant, ou encore le Satyre, pour un collaborateur dont le surnom éloquent figure sur un rapport de filature dans l'affaire Bouglé [1].

---

1. Lespès, « Souvenirs d'Argus aux cent yeux », *Le Figaro*, 21 mai 1857 (ce témoignage, entaché de quelques inexactitudes, donne cependant des détails que nous croyons véridiques, certains étant confirmés par les archives de l'agence de Vidocq, Bibl. hist. Paris Ms 2928, et d'autres par la presse de l'époque, *Gazette des tribunaux*, 21 décembre 1837, *L'Estafette*, 4 février 1841).

Ayant à gérer un trop grand nombre d'enquêtes, Vidocq néglige la sélection de son personnel. L'expansion de son bureau où il reçoit plus de quarante visiteurs par jour ne lui permet plus de veiller à la régularité de toutes les opérations et à la conscience professionnelle de ses agents. Des brebis galeuses s'introduisent chez lui, notamment le sieur Jacquet, employé pour « les renseignements du dehors ». Vidocq dira à son propos : « Je pourrais citer nombre d'affaires que son peu de bonne foi a compromises, et des actes que désavouerait la probité la plus vulgaire. Il est le mensonge et la fourberie incarnés. »

Vidocq n'est pas plus satisfait de Dutuit, dit le Satyre, qui ne peut se présenter nulle part sans demander une gratification [1]. Il faut cependant reconnaître que le patron lui-même, irascible à outrance, n'est pas exempt de critiques.

Le matin, dès sept heures, tous les agents sont au rapport et baissent la tête avec confusion lorsque le Gros leur fait une vive remontrance qui peut s'assortir de violences physiques. Il se montre aussi brutal que dans sa jeunesse, lorsqu'il rossait ses camarades d'Arras.

Sa dernière victime, Lobstein, un professeur sans élèves qui s'est fait engager dans l'agence pour ne pas rester au chômage. Au départ, cette collaboration s'annonçait sous d'heureux auspices, Vidocq se disant satisfait de l'exactitude des renseignements fournis par ce nouvel employé. Mais, un matin, le compte rendu d'une filature conduit Vidocq à dépasser largement la mesure.

Lobstein rapporte que l'individu qu'il était chargé de suivre a conversé longuement avec une femme, rencontrée dans la rue.

---

1. *Gazette des tribunaux*, 1843.

235

— Quelle était cette femme ? demande sèchement Vidocq.

— Pour ça je n'en sais rien. Je ne pouvais pas deviner, réplique Lobstein.

— Comment ! Vous ne savez pas me dire si c'était une femme publique ou une femme honnête ?

— Ah ! Monsieur Vidocq, je ne suis pas un Dieu, je ne puis pas descendre dans le cœur des personnes pour savoir ce qu'elles sont ou ce qu'elles ne sont pas.

Vidocq se crispe, invective Lobstein qui, ulcéré d'être aussi grossièrement traité, demande son compte. Vidocq le lui donne, mais pas comme Lobstein l'entendait. Le malheureux reçoit un violent coup de poing sur le nez, suivi d'un coup de pied dans l'aine. Il est envoyé *manu militari* dans une porte vitrée avec une telle violence que trois carreaux se brisent.

Le combat se poursuivra en correctionnelle.

— J'ai été longtemps malade de ces voies de fait, déclare Lobstein au juge.

— M. Lobstein m'a répondu insolemment, et, dans mon emportement, je lui ai peut-être donné un coup de poing, réplique Vidocq qui sera condamné à une légère amende [1].

Notre homme devrait un peu mieux contrôler ses nerfs car ce genre de scandale, plutôt sordide, apporte de l'eau au moulin de ses ennemis, principalement la police gouvernementale.

Vexée de le voir réussir là où elle échoue trop régulièrement, la préfecture guette et commente tous ses faits et gestes dans le but de discréditer son entreprise. Elle accuse Vidocq d'escroquerie, de corruption de fonctionnaires et d'usurpation de fonctions publiques.

Mais il faut des preuves !

Dans les rangs du personnel de Vidocq se faufilent des indicateurs de la police officielle, dont Ulysse Per-

---

1. *L'Estafette*, 4 février 1841.

renoud. Ces espions ont reçu la mission de scruter tout ce qui se fait et se passe dans l'agence, d'épier la conduite du maître des lieux, de porter même leur investigation sur le passé, de puiser dans les anciens dossiers et dans les bavardages des collaborateurs.

Pour le moment, la préfecture se voit contrainte de constater le triomphe de Vidocq dans sa bataille contre les « faiseurs » — que nous qualifierions aujourd'hui d'affairistes —, principale mission qu'il s'était fixée en ouvrant son agence de renseignements.

Vidocq a précisé la nature de cette mission : « C'était d'indiquer au commerce ces escrocs qu'on appelle, en termes vulgaires, des " faiseurs ", des " briseurs ". Ce sont ces gens qui achètent de toutes mains, à crédit, et qui revendent aussitôt à cinquante pour cent de perte. C'était de faire connaître les " faiseurs " haut placés ou se disant tels, qui ont des titres, des châteaux, des voitures et qui volent ainsi leurs tailleurs, leurs bottiers, leurs fournisseurs ; les escrocs du grand monde, les gens qui ont maison en ville, maison de campagne, chevaux de voiture et de selle, et qui cependant n'ont pas un sou de revenu, ne gagnent pas un sou par leur travail [1]. »

L'objet de l'agence de Vidocq est de fournir des renseignements très précis sur les personnes solliciteuses de crédits auprès des commerçants qui peuvent, dès lors, accorder ou non un avoir en toute connaissance de cause et ainsi ne plus être les victimes trop crédules des escrocs d'affaires.

A cette époque, les faiseurs pratiquent une véritable industrie. Avec la nomination en 1833 de Rambuteau comme préfet de la Seine, Paris est entré dans l'ère de la spéculation immobilière. La combine est partout, et, bien sûr, à la Bourse. Vidocq s'y rend dans un élégant tilbury qui fait beaucoup jaser. Les gens de finances lui

---

1. *Procès de Vidocq, op. cit.*, p. 28-29.

sont familiers, les honnêtes et les autres. Lui-même homme d'affaires, il a vu se multiplier les filouteries, et cette « odeur faisandée » lui a donné l'envie de livrer combat aux escrocs.

Un an seulement après l'ouverture de l'agence, quatre mille signatures de commerçants, banquiers, industriels attestent les services considérables que Vidocq leur a rendus. En l'espace de deux mois, il a fait recouvrer à onze chefs de maison plus de soixante mille francs de marchandises subtilisées à leur confiance.

En dépit de ces bons résultats, les ennemis de Vidocq ne désarment pas : « Il avait chassé les voleurs et a voulu rendre la faillite impossible ; l'idée est belle mais elle l'est encore moins que spéculatrice. Car son agence lui rapporte, dit-on, quarante mille francs par an sans rendre aucun service aux commerçants [1]. »

Vidocq répond à ses accusateurs : « Que l'on consulte mes livres, mes registres, ma comptabilité ; je nourrissais du fruit de mon travail vingt familles ; je consacrais mes nuits et mes jours aux fonctions les plus fatigantes, les plus remplies de soucis, d'angoisses, de peines qu'on puisse s'imaginer, j'avais huit à dix mille clients, et jamais les produits annuels, dépenses déduites, n'ont excédé de 15 à 16 000 francs [2]. »

Vidocq annonce avec fierté à sa clientèle qu'il dispose de la liste de tous les individus qui, depuis vingt-cinq à cinquante ans, ont été traduits en justice, détenus ou condamnés pour escroquerie.

Nouvelle contestation d'un pamphlétaire qui affirme : « Le bureau de Vidocq ne tient pas ce qu'il promet, personne n'a jamais vu ses fameuses tablettes qui devaient sans doute être des fiches. » Le bruit court que les agents de Vidocq, « souvent mals vêtus », cher-

---

1. Vaultier, « Vidocq et l'instauration des agences de renseignements », *Aux carrefours de l'Histoire*, 1959, p. 893.
2. *Vidocq à ses juges, op. cit.*, p. 11-12.

chent des renseignements parce que leur patron ne dispose plus des bulletins de la police officielle [1].

Des rapports, établis par les enquêteurs de Vidocq, ont été conservés. On leur a reproché de reposer sur des bases fragiles, mais, à l'analyse, ils semblent regrouper des renseignements précis sur des individus soupçonnés de vouloir se créer une fortune rapide dans le mouvement souvent fugitif des capitaux, dans l'invention et dans la direction des affaires. Vidocq exigeait beaucoup de ses employés et n'aurait pas accepté de n'obtenir que de vagues indications, ainsi qu'il l'a démontré violemment face à l'agent Lobstein.

Les enquêteurs questionnaient plusieurs commerçants et voisins sur une même personne pour établir des recoupements aussi fiables que possible. Vidocq a instauré des règles draconiennes : « Les rapports des employés explorateurs donneront le signalement, les vêtements des individus qu'ils suivront ainsi que celui des personnes avec lesquelles ils se réuniront ; ils auront soin d'indiquer dans leurs rapports les rues où ils seront passés, le temps qu'ils sont restés dans les maisons, les heures d'entrée et de sortie [2]... » Suivent encore plusieurs pages d'instructions aussi rigoureuses. Vidocq prend toutes les précautions nécessaires pour que ses agents demeurent « étrangers au nom et à la nature des affaires dans lesquelles ils servent d'instruments [3] ».

Il n'est pas toujours facile de faire la part entre l'homme d'affaires qui propose une entreprise sérieuse et l'escroc. Aussi Vidocq ne s'en prendra-t-il au comte de Birague que lorsqu'il saura, grâce à ses indicateurs, que cet homme dispose de trois domestiques pour le servir, mais qu'il occupe un appartement dont il ne parvient pas à payer le loyer. Vidocq intervient pour le

1. Vaultier, *op. cit.*, p. 893.
2. Bibl. hist. Paris MS 2928, fol. 165-170.
3. *Vidocq à ses juges, op. cit.*, p. 11.

compte de Mme Philbert qui a investi trop précipitamment dans une affaire proposée par Birague. Ce dernier le prend de très haut avec les agents de Vidocq, venus le sommer de rembourser Mme Philbert.

— M. Vidocq peut faire ses affaires lui-même. Un avoué se dérange bien. M. Vidocq est payé. Qu'il gagne son argent ! Il doit se déranger pour ses clients [1] !

Mais Vidocq ne peut pas être partout. Il parvient à faire récupérer des effets de commerce à un grand nombre de négociants dupés en dirigeant son équipe avec efficacité, tandis que les différentes polices officielles reconnaissent leur impuissance face aux « ruses coupables » des faiseurs. « Leur nombre ne saurait être déterminé, ni les divers stratagèmes qu'ils emploient pour faire des dupes », soupire-t-on à la préfecture [2].

Vidocq, lui, estime que plus de vingt mille faiseurs sévissent et vivent aux dépens de l'industrie et du commerce. Les marches de la Bourse en sont pavées. Lorsque ces escrocs sont chassés de Paris et qu'ils exploitent la province, Vidocq réussit à les démasquer par le biais de son formidable réseau de correspondants grâce auquel, dans chaque département, il peut faire intervenir un huissier, un notaire, un avocat, et, souvent, le commissaire de police. A Dijon, il collabore avec le commissaire De Boys, à qui il demandera lors d'une importante enquête de lui « dire confidentiellement » quelle est la réputation d'un certain Tilloy, pharmacien [3].

Vidocq fait vite remplir les cellules de Sainte-Pélagie, la prison où l'on regroupe les détenus politiques, les débiteurs insolvables et les escrocs. Malgré le satisfecit que lui accordent ses clients, il a le triomphe modeste, ce à quoi il ne nous avait pas habitués jusqu'à présent,

---

1. Bibl. hist. Paris Ms 2928, fol. 241-243.
2. Canler, *op. cit.*, p. 484.
3. Bibl. hist. Paris MS 2928, fol. 171-186.

mais, dans sa lutte contre les faiseurs, il aura le souci constant de rendre son action transparente : « Je ne dois pas le cacher : mes premiers pas dans cette carrière nouvelle furent bien incertains. Tant de fripons avaient ouvert leur sac devant moi, que je croyais tout savoir. *Errare humanum est* ! Pauvre homme que j'étais ! J'ai plus appris, depuis trois ans que mon établissement existe, que pendant tout le temps que j'ai dirigé la police de Sûreté. S'il voulait s'en donner la peine, le Vidocq d'aujourd'hui pourrait ajouter de nombreux chapitres au livre des Ruses des escrocs et filous, et jouer par-dessous la jambe celui d'autrefois [1]. »

Assurément, le « Vidocq d'aujourd'hui » est un homme libre, dépêtré de ses liens équivoques avec le pouvoir. Il peut enfin jouer cartes sur table, ce qui fait trembler la police de Louis-Philippe, décidée à entraver la marche de ses opérations en lui suscitant des procès.

— Mais est-ce que Vidocq a le droit de faire surveiller la maison de qui que ce soit ? s'émeut-on en correctionnelle.

Vidocq met à profit les audiences pour démontrer qu'il agit dans le plus scrupuleux souci des règles juridiques. Bien qu'assisté d'un avocat, il plaide sa cause lui-même, en vieux routier du Palais, dédaigne les ornements du style, va droit au but, et gagne ses procès.

Au palais de justice, il y a affluence pour le voir et l'entendre. Pendant une suspension d'audience, le public s'efforce de l'approcher afin d'écouter les nombreuses anecdotes qu'il accepte de raconter sur ses nouvelles expéditions quand il est de bonne humeur [2].

Vidocq est devenu une sorte de « vedette » qui jouit enfin d'une flatteuse considération auprès de l'opinion. Depuis qu'il ne collabore plus avec le gouvernement, les journaux d'opposition se font pour lui meilleurs

---

1. *Les Voleurs, op. cit.*, p. 238.
2. *Gazette des tribunaux*, 23 juin 1833, 23 novembre 1835.

garçons. La presse estime qu'elle aurait mauvaise grâce à ne pas orchestrer les succès policiers de son agence de renseignements, transférée rue du Pont-Louis-Philippe, puis rue Neuve-Saint-Eustache, où travaillent sans relâche des avocats, des avoués, un huissier et un garde du commerce, des collaborateurs à propos desquels on dit à présent qu'ils sont « probes et expérimentés ».

En janvier 1836, l'exécution de l'assassin Lacenaire emplit les colonnes des journaux, mais les journalistes n'abandonnent pas Vidocq, apprécié, comme Lacenaire, pour ses numéros d'acteur qu'on amplifie ou qu'on invente au besoin. En ce début d'année, l'ancien chef de la Sûreté triomphe : il se rend à Boulogne-sur-Mer où il a fait arrêter Roupp, dit Duhem, « le plus adroit de tous les faiseurs », précédemment reconnu coupable de banqueroute frauduleuse ; ses capacités financières étaient si réelles que, nonobstant ses fâcheux antécédents, plusieurs grandes maisons anglaises désiraient se l'attacher [1].

« Dans son dernier voyage à Boulogne-sur-Mer, relate la presse, le fameux Vidocq était descendu à l'*hôtel de l'Univers* sous le nom aristocratique de Saint-Jules. » Au détail des nombreuses escroqueries imputées à la prétendue maison de banque Duhem Père et Compagnie, les journalistes préfèrent obtenir des anecdotes sur Vidocq. Selon de « bonnes sources », le commissaire de Boulogne l'a contraint à décliner sa véritable identité, n'ayant pas sur lui de passeport au nom de Saint-Jules. D'après un autre écho, glané au palais de justice de Boulogne : « Après deux heures d'attente, le public peut voir enfin cet homme extraordinaire dans son genre. Mais il paraît que sa célébrité lui pèse et qu'il n'était guère jaloux de satisfaire la curiosité boulonnaise. Car, informé que la salle des Pas-Perdus était pleine de curieux qui attendaient sa sortie, il avait, pour

---

1. *Les Voleurs, op. cit.*, p. 243-244.

tromper leur attente, pris un couloir qui lui permettait de sortir d'un autre côté. Cependant, il fallait descendre le grand escalier, et là, il lui restait encore à traverser la moitié des curieux. La vue de ces rangs serrés lui donna tout à coup une inspiration mêlée de colère et d'éloquence.

— Que voulez-vous ? s'écrie-t-il d'une voix de tonnerre. Suis-je donc un objet de curiosité ? Dois-je ici quelque chose à quelqu'un ? C'est une indécence extraordinaire ! Le premier polisson qui se permet de me suivre d'un pas, je lui f... vingt coups de pied.

« Il avait fini sa virulente apostrophe, conclut le chroniqueur, et jusqu'aux huissiers de trembler encore, jusqu'aux clercs eux-mêmes de n'oser bouger, et lui de descendre du palais de justice comme autrefois un sénateur romain du Capitole [1]. »

De petits guides contrôlés par les faiseurs, comme *L'Éclaireur commercial* ou *La Gazette des renseignements mutuels*, lancent des brûlots contre Vidocq, traité d'« ignoble personnage » ou de « Nestor » dont « les intelligences finissaient ».

Imperturbable, le directeur de l'agence de renseignements ne voit là que « des clabaudages et des insinuations perfides de quelques établissements éphémères » et leur professe un immense mépris. Lorsque ces « feuilles de chou » dépassent la mesure, il porte plainte mais, au jour fixé pour le jugement, ses calomniateurs capitulent et acceptent d'insérer dans leurs colonnes certaines rectifications.

Face à ses ennemis, Vidocq entend se draper dans une cape d'indifférence, y compris le 19 décembre 1837, quand on lui met sous le nez un mandat d'écrou le concernant. Ce n'est pas une surprise pour lui. Il sait très bien d'où part le coup et n'ignore pas qu'il y a quelque instigateur en amont. Les faiseurs ont fait

---

1. *Gazette des tribunaux*, 14, 18, 19 janvier 1836.

entrer dans leur jeu la police gouvernementale, ridiculisée par les bons résultats de l'agence de la rue Neuve-Saint-Eustache.

Conduit à la préfecture de police, Vidocq, qui a déclaré être rentier, affiche « une extrême satisfaction de se voir ainsi arrêté ».

— Vous voilà bien content, déclare-t-il à Allard, chef de la Sûreté. Eh bien, je suis plus content encore que vous [1].

Que reproche-t-on à Vidocq ?

De faire de la contre-police.

Ses successeurs dans l'Administration ont saisi une occasion, une plainte déposée contre lui par un bijoutier du Palais-Royal, Tugot, victime d'un vol important dans sa boutique alors qu'il était à la campagne avec son épouse. Au terme d'une enquête de trois mois, la police régulière n'avait toujours pas retrouvé les voleurs et leur butin. Vidocq se présenta chez le bijoutier et s'engagea à rechercher les auteurs du vol à la condition que lui serait alloué 15 pour cent sur le prix des valeurs qu'il ferait retrouver. En outre, Tugot dut lui faire une avance. Vidocq n'avait pas respecté la règle de son agence selon laquelle les honoraires n'étaient dus qu'en cas de succès. Découvrant ce marché, l'autorité poussa Tugot à accuser Vidocq d'escroquerie et déclara à la presse, pour justifier son intervention, que l'ancien chef de la Sûreté s'était immiscé dans les secrets de la police [2].

La préfecture monta en épingle cette petite affaire, les résultats des perquisitions effectuées au bureau et au domicile de Vidocq s'étant révélés fort maigres.

Le 28 novembre 1837, à huit heures du matin, quatre commissaires, un officier et une vingtaine d'agents — « seulement » dira Vidocq avec ironie —

---

1. *Gazette des tribunaux*, 21 décembre 1837.
2. *Gazette des tribunaux*, 18, 19 septembre 1837 ; *Le Figaro*, 2 décembre 1837 ; *Le Siècle*, 24 décembre 1837.

envahirent l'agence de la rue Neuve-Saint-Eustache et pillèrent trois mille cinq cents dossiers dont il ne fut dressé aucun inventaire, contrairement à ce qu'exigeait la loi. A Saint-Mandé, la police arriva trop tard, le propriétaire « avait fait le ménage ».

Vidocq protesta aussitôt par une lettre à la presse, par une plainte au procureur du roi et par un exposé à l'adresse du procureur général. Il a révélé la raison pour laquelle il n'a pas été appréhendé le jour de la perquisition : « J'ai entendu un des commissaires dire à voix basse : s'il est arrêté il faudrait transmettre de suite les papiers au parquet, ce qui nous empêcherait de lire tous ces papiers et de les copier au besoin [1]. » Les commissaires accaparèrent des documents confidentiels qui compromettaient la police de Louis-Philippe, notamment des notes et des brouillons de rapports, relatifs « à des personnes qui occupent encore des emplois ».

Afin de démontrer qu'il ne craignait pas cette nouvelle cabale orchestrée de haut, Vidocq se promena dans la grande salle du Palais de Justice à l'heure où l'affluence y était la plus considérable.

Écroué à Sainte-Pélagie, où il a lui-même envoyé tant de monde, il ne se montre toujours pas abattu. Il a réussi un grand coup : avoir pour défenseur Charles Ledru à qui il a été souvent confronté alors que, témoin à charge, il déposait dans les procès au lendemain de l'insurrection de juin 1832 et que ce maître du barreau défendait nombre d'accusés. » J'ai désiré, explique-t-il, trouver dans mon avocat le juge le plus sévère ; c'est assez vous dire que je ne crains rien. »

Ledru, connu pour la fermeté de ses principes religieux et de ses idées libérales, nourrissait une grande aversion pour l'ancien chef de la Sûreté. Il exigea qu'avant d'obtenir l'entrée de son cabinet Vidocq

---

1. Bibl. hist. Paris Ms 2928, fol. 19.

allât déposer mille francs aux sœurs de Saint-Vin-
cent-de-Paul, ce qu'il exécuta à l'heure même. L'avocat changera rapidement d'avis sur son client, procla-
mera ses qualités de cœur et deviendra un de ses plus
fidèles amis [1].

Cette fois-ci, Ledru n'eut pas à plaider pour
Vidocq car l'affaire où l'on avait entendu près de
trois cent cinquante témoins et accumulé pas moins
de deux cents chefs de prévention se termina par un
arrêt de non-lieu. Le public attendait un procès
monstre, mais les preuves avaient manqué et les
magistrats, n'ignorant rien du mauvais jeu de la
police gouvernementale, protégeaient Vidocq.

Pitoyables, les accusateurs se trouvèrent dans
l'incapacité de répondre aux questions posées en
rafale par l'accusé avec son aplomb habituel :

— Où sont les intrigues que j'ai nouées, les enlè-
vements que j'ai faits, mes prêts usuraires et les
ruines qu'ils ont entraînées ? Où sont les rançons
arrachées aux imprudents qui avaient invoqué mon
bras ? Où sont celles obtenues des malheureux qui se
trouvèrent aux prises avec moi [2] ?

Vidocq gagne la première manche mais les faiseurs
et la police songent déjà à une contre-offensive.

Rendu à la liberté le 3 mars 1838, le directeur de
l'agence de renseignements n'est pas peu fier de ne
plus avoir à s'évader pour quitter la prison, comme
dans sa jeunesse, puisque maintenant il contraint
légalement les geôliers à lui ouvrir la porte. Sa joie le
pousse à couvrir les murs de Paris d'une affiche qu'il
intitule « Liberté », mais elle lui fait commettre aussi
quelque imprudence, notamment à la sortie d'un tribunal où on l'entend proclamer à un avocat avec
dédain :

---

1. Ledru, *op. cit.* p. 4-5.
2. *Vidocq et ses juges, op. cit.*, p. 13.

— Quand on a cent mille écus au soleil, on peut bien payer un loyer de trois mille francs, que diable [1] !

Cette déclaration est reprise par la presse et elle n'est pas sans faire des jaloux. Depuis qu'il a transporté son affaire au 13 de la galerie Vivienne, alors très fréquentée par les financiers, on le surnomme « le pacha de la rue Vivienne » et on jase sur sa fortune à propos de laquelle Barthélemy Maurice écrira : « J'ai dit que, pendant qu'il était à la tête de sa terrible brigade et depuis qu'il en était sorti, Vidocq s'était livré à de certaines opérations de banque d'un caractère particulier [2]. »

Vidocq ne regrette en rien ses fonctions à la Sûreté. Il a définitivement renoncé à la tenue de policier, trop austère, qui exigeait le chapeau haut de forme, la redingote noire strictement boutonnée et une solide canne sous le bras. Il est aujourd'hui élégamment habillé, prenant modèle sur ses amis, les banquiers Perregaux et d'Outrequin. Il en rajoute même un peu avec la grosse émeraude entourée de brillants qui fixe le nœud de sa cravate et qui n'est peut-être pas du meilleur goût.

Finalement, Vidocq est content de ne plus devoir fréquenter des taudis, des bouges infâmes, comme « l'Épi-Scié » au faubourg du Temple, et de laisser à ses successeurs à la Sûreté le soin de courir après la petite canaille, des vide-goussets et autres tire-laine. Son gibier à lui est bien plus noble : des brillants sujets tenant pignon sur rue. Le souci affiché de ces escrocs de paraître dans la haute société en profitant des ressources de ceux qu'ils ont bernés lui donne une satisfaction plus grande encore lorsqu'il parvient à mettre un terme à leurs forfaits.

---

1. *Gazette des tribunaux*, 22 août 1838.
2. Maurice, *op. cit.*, p. 221-222.

« Ce sont presque tous des jeunes gens de famille, explique-t-il, qui ont dissipé follement une fortune péniblement acquise, et qui n'ont pas voulu renoncer aux aises de la vie fashionable et aux habitudes de luxe qu'ils avaient contractées. Ils ne se corrigent jamais. Par la raison toute simple qu'ils peuvent facilement, et presque impunément, exercer leur pitoyable industrie [1]. »

Vidocq a trouvé sur sa route des adversaires aussi adroits qu'audacieux, qui utilisent les mêmes armes que lui. Ces intrigants, les tripoteurs, ont souvent l'intelligence d'étudier leur code pour aller jusqu'aux limites de la police correctionnelle sans les toucher. Mais Vidocq déjoue leurs ruses et parvient presque toujours à les mettre en défaut.

Balzac aussi s'intéresse aux faiseurs. Vidocq, une fois encore, lui a fourni le point de départ non pas d'un roman mais d'une pièce : *Mercadet ou le Faiseur*.

Tout jeune, dans une étude d'avoué, Balzac a été saisi aux narines par l'odeur nauséabonde de l'argent mal acquis. Il a découvert les rapports réels du code et de la justice en voyant les honnêtes gens floués et les escrocs triompher devant des juges complaisants. Il y a beaucoup de Balzac dans *Mercadet*, ses souvenirs de jeunesse, ses misères de débiteur traqué. Mais il a lu également l'ouvrage de Vidocq *Les Voleurs*, et plus particulièrement le long chapitre consacré aux faiseurs.

Mercadet dépeint un endetté vivant de jongleries, un débiteur qui ruine et vole ses créanciers, un père qui spécule sur la beauté de sa fille, un associé qui trompe ses amis, un impudent qui joue tour à tour l'attendrissement, la pitié, l'indignation, la fierté, suivant ses intérêts de l'instant [2].

---

1. *Les Voleurs, op. cit.*, p. 237.
2. P. de Musset, « Mercadet », *Le National*, 25 août 1851.

Rompu lui-même au jeu des affaires, perpétuelle-
ment à court d'argent, connaissant donc le monde
des emprunteurs et des usuriers, Balzac aurait tiré,
si l'on en croit la tradition, quelques traits de son
Mercadet chez un journaliste, ancien directeur du
Figaro, qui multipliait les initiatives hardies, assuré
que chacune l'enrichirait définitivement.

L'écrivain a suivi de très près la lutte de Vidocq
contre les faiseurs, épluchant les comptes rendus de
ses exploits dans la *Gazette des tribunaux*, et le ques-
tionnant ensuite sur ces industrieux, infatigables,
grands par la persévérance, vils par les moyens, sans
conscience, des « brocanteurs de sentiments et
d'honneur » qui vendraient peut-être leur âme, si
Satan ne la méprisait trop pour en donner vingt sous.
Toutes ces caractéristiques, fournies par les récits de
Vidocq, se retrouvent chez Mercadet, et c'est donc
d'après plusieurs types que Balzac, ainsi qu'il en a
toujours eu l'habitude, a composé son personnage.

Mercadet a des traits communs avec un grand
nombre de chevaliers d'industrie vivant d'expédients
et dont les spéculations ont été interrompues par
Vidocq : Badimont, dit le comte de Badimont, qui est
aussi l'original de Georges d'Estourny dans *Splendeurs et Misères des courtisanes*, Tholozé des Guéri-
nelles, comparaissant en 1832 pour la sixième fois en
correctionnelle, Jules et Edouard Dousse, deux frères
dont l'un se faisait appeler le comte Édouard de Neu-
risse d'Armanon, sans oublier Roupp, qui était un
maître dans la catégorie des faiseurs, et que Vidocq,
nous l'avons vu, a démasqué à Boulogne.

Tous ces « Mercadet », retenus par Balzac, s'inspi-
rent du premier volume des œuvres complètes de
Vidocq, chasseur de faiseurs. De plus en plus nombreuses, des victimes, désillusionnées sur l'efficacité
de la police, viennent le consulter. Il les écoute très
attentivement et enquête, souvent lui-même, sur la

partie émergée d'un iceberg qu'il ne tarde pas à découvrir dans son entier. Ainsi révèle-t-il qu'une importante maison de commerce, dont les dupes à travers la France ne se comptent plus, est menée par une bande de faiseurs qui a pour chef un certain Bénard, forçat libéré, agent d'affaires, banquier et faussaire. La spécialité de cet escroc consiste à former des maisons de commerce factices.

Le développement de l'agence de Vidocq est tel qu'on est en droit de se demander pourquoi il s'obstine à ne jamais dire « non » à des clients qui, parfois, le sollicitent pour les recherches les plus loufoques. La réponse est claire : sa cupidité le gouverne.

Après avoir exigé quelques avances, il accepte d'obtenir des décorations pour le marquis Duvivier. Il propose à ce personnage en mal de reconnaissance la croix de l'Éperon d'Or, la croix d'Espagne et l'Ordre créé par les sultanes. Cette décoration, au dire de Vidocq, n'est pas très importante, mais « le ruban vert moiré surmonté d'un pélican dans un Jéhova en est très joli ».

Ces « breloques », payées un bon prix, amusent un temps le marquis qui continue de rêver cependant de la croix d'honneur, promise par Vidocq un peu légèrement. La décoration ne viendra jamais. Le pitoyable marquis sera remboursé mais l'affaire ira au tribunal [1].

Vidocq aurait pu en faire l'économie, comme il devrait renoncer à certaines filatures et à des méthodes de basse police.

Mme Guérin, séparée de son mari, affirme avoir reçu la visite d'un individu se faisant appeler M. de Saint-Firmin qui lui aurait annoncé qu'il était un ami de sa famille et qu'il venait lui offrir son assistance.

---

1. *Gazette des tribunaux*, 23 juillet 1843.

— Remettez-moi les papiers et les lettres dont vous entendez faire usage contre votre mari, lui demanda-t-il. Je les confierai à un avocat fameux que je connais bien.

Mme Guérin remercia son visiteur mais lui précisa que les documents en question étaient chez son avoué. Un peu plus tard, une autre personne tenta se s'approprier ces papiers. Cet homme, un dénommé Delvigne, était un agent de Vidocq, et le mystérieux M. de Saint-Firmin Vidocq lui-même. Il agissait évidemment pour le compte de M. Guérin [1].

Conscient du très mauvais effet produit par cette affaire, Vidocq adresse à la presse une justification, peu convaincante. Il affirme « s'être présenté chez Mme Guérin sous son véritable nom, qu'il n'aurait demandé aucun papier, et qu'il n'aurait agi que d'après la demande du mari [2] ».

Selon Vidocq, Mme Guérin aurait fui le domicile conjugal en enlevant argent, bijoux, argenterie, linge et meubles. M. Guérin ne se serait adressé à l'agence de renseignements que pour savoir où étaient les objets que son épouse avait soustraits [3].

Vidocq devrait abandonner définitivement ces histoires de couples où il applique un système d'espionnage fort contestable. D'autant que les oreilles fureteuses de l'administration préfectorale hantent toujours ses couloirs et cherchent de nouveaux motifs pour l'envoyer au tribunal.

L'étau se resserre, à l'aide d'affaires dont certaines sont fabriquées en partie par la police elle-même. S'annonce encore une incarcération, suivie d'un procès cette fois. Vidocq est accusé d'arrestation et de détention arbitraire d'un escroc, Pierre Champaix.

---

1. *Gazette des tribunaux*, 19 août 1843.
2. *Ibid.*, 26 août 1843.
3. *Vidocq à ses juges, op. cit.*, p. 28.

La presse, qui va couvrir très largement l'événement, parle aussi de complicité de banqueroute frauduleuse et d'usurpation de fonctions [1].

Galerie Vivienne, le 17 août 1842, à cinq heures du matin, deux commissaires, escortés d'une « armée » d'agents, procèdent à l'arrestation du sieur Vidocq et le conduisent à la Conciergerie. Comme à son habitude, il ne se départ pas de son assurance, accusant la police d'avoir truffé son personnel de mouchards et d'avoir acheté quelques-uns de ses agents.

— Dans quel but ? demande-t-il avec force. Était-ce pour se procurer des documents, profiter de mes découvertes et tirer ainsi parti, à peu de frais, de mon activité, de mes connaissances et de mon expérience ? Était-ce enfin pour me tendre un piège ? Pour dénaturer mes actions et leur donner un caractère de criminalité, tantôt en outrepassant mes ordres, tantôt en faisant de faux rapports ?

Vidocq voit clair dans le jeu de la préfecture, décidée à couler son agence dont chacune des réussites constitue une nargue à la police régulière.

L'Administration a fait un tel bruit de son incarcération, du nombre de dossiers saisis — huit mille —, de la gravité des griefs, que le public est fort étonné d'apprendre, après huit mois d'instruction, que toute cette affaire n'aboutit, en fait d'assises, qu'à un simple procès en correctionnelle.

Vidocq a beau jeu d'affirmer que la montagne a accouché d'une souris :

— Champaix est le seul plaignant que la justice ait trouvé. Du laborieux travail qu'elle a entrepris sont sortis quatre chefs de prévention, quatre délits correctionnels que rien n'établit.

---

1. Cf. *Procès de Vidocq*, 1843 ; *Gazette des tribunaux*, mai, juillet 1843 ; *Bulletin des tribunaux*, mai, juillet 1843 ; *Vidocq à ses juges* ; Savant, *Le Procès de Vidocq* ; Bertin, « Le procès Vidocq », *Les Grands Procès de l'histoire de France*.

Très confiant, il estime pouvoir mener rondement sa défense avec toute son habileté manœuvrière, à laquelle ces grands sots n'auront pas de ressource à opposer.

L'affaire Champaix ?

Une tempête dans un verre d'eau.

Au mois d'août 1842, la police court après le dénommé Champaix sans parvenir à le rattraper. Quelques victimes de ce faiseur, bernées mais dessillées, ont la bonne idée de frapper à la porte de Vidocq. Aussitôt, un de ses indicateurs, Landier, auvergnat comme Champaix, lui signale que l'homme a de l'argent et qu'il peut lui donner les moyens de le faire payer. Landier obtient « vingt-cinq pour cent » des créances que Vidocq récupérerait. Satisfait de ce marché, il révèle que Champaix, vêtu d'une redingote de drap vert russe, sera posté, à sept heures du matin, au coin de la rue du Bac et du Pont-Royal. Vidocq s'y précipite, dans « la seule intention de lui faire signer une reconnaissance qui assurera le paiement de ses créanciers ».

Sur place, Champaix, intéressé à ne pas ébruiter son débit, aurait déclaré à Vidocq :

— Allons chez vous, nous nous arrangerons mieux que chez les créanciers.

A la galerie Vivienne, devant la porte de l'agence, il confère avec Champaix quelques minutes. Des témoins l'attestent. Il eût été facile au faiseur de s'échapper ou, à tout le moins, de protester, de crier au secours ; mais rien de tout cela. A l'intérieur de l'agence, il a fait venir une tasse de café qu'il a payée lui-même au garçon.

— On conviendra, déclare Vidocq, que c'est encore une occasion de se plaindre et de crier à l'arbitraire si réellement il eut été victime de violence.

Après avoir accepté de rembourser ses victimes, Champaix quitte l'agence en fin de journée, heureux de s'en tirer à si bon compte. Il s'est si peu cru en danger chez Vidocq qu'il y reviendra de son plein gré le lendemain pour écrire de sa main et signer un dire approbatif des faits contenus dans une note rédigée devant ses créanciers.

Deux jours plus tard, la police d'État parvient enfin à l'arrêter, l'espion Ulysse Perrenoud ayant conté toute l'affaire à la préfecture. Cette dernière affirme que Vidocq s'est substitué à elle, illégalement, et elle se met en devoir de contraindre Champaix à porter plainte. Entre les mains de la police, le faiseur est prêt à souscrire à tout ce qu'on exigera de lui. Rue de Jérusalem, une nouvelle version jaillit : ce malheureux Champaix, Vidocq l'a « arrêté au nom de la loi », l'a séquestré, fouillé, privé de nourriture et condamné à ne satisfaire aucun besoin naturel.

Un adversaire de longue date de Vidocq occupera au procès le siège du ministère public : M. Anspach. Un procureur qui a l'habitude de dominer les accusés sur le terrain judiciaire et de les secouer par la distance ironique qu'il maintient et par une raillerie souvent méchante.

Vidocq sait qu'il est condamné par avance, mais cela ne l'empêchera pas de se battre et — pourquoi pas ? — de gagner contre toute attente. Plus d'une fois, dans ses joutes, notamment face à des témoins à charge qui évoqueront certaines affaires ne faisant pas honneur à l'agence de renseignements, on pourra s'étonner du style châtié de son langage, du choix de ses expressions, de la suite de ses idées, de ses excursions souvent à propos dans le domaine de l'ironie, pour revenir bien vite, et sérieusement, au sujet débattu, trouvant d'inépuisables ressources dans la sûreté de sa mémoire.

Mercredi 3 mai 1843, depuis l'aube, une rumeur court dans Paris : ce sera un intéressant spectacle que de voir apparaître devant un tribunal un homme qui a livré tant de criminels à la vengeance des lois.

Au Palais de Justice, l'entrée publique est déjà envahie par une foule impatiente, dix fois plus nombreuse que la capacité de la salle ne saurait l'admettre.

Sont là, de droit, trente-huit témoins à charge et cinquante-six à décharge.

Vidocq prend place sur le banc des prévenus, après avoir déposé près de lui un volumineux portefeuille vert bourré de papiers. Il est entièrement vêtu de noir — si l'on excepte sa cravate blanche. Il a des petits anneaux d'or aux oreilles, et aux mains des gants de chevreau. Les regards de l'assistance se portent avec une curiosité mêlée de surprise sur ce personnage de légende, presque septuagénaire, toujours vif et robuste, malgré huit mois de régime cellulaire.

Vidocq a choisi pour défenseur Jules Favre, grand maître du barreau de Paris, qui s'illustrera politiquement en 1848, et qui doit sa bonne réputation à l'indépendance de son caractère et au radicalisme de ses opinions.

Le président Barbou prend la parole et en vient assez vite à la condamnation de Vidocq, en l'an V, par la cour criminelle de Douai. Il apparaît ainsi que l'on entend ne considérer Vidocq que comme un repris de justice.

D'une voix dont les accents sentimentaux font sur l'auditoire très grosse impression, Vidocq dramatise la vieille histoire :

— Oui, la cour de Douai m'a condamné pour un faux, au moyen duquel on a fait sortir de prison un père de famille condamné à six années de réclusion pour avoir volé dans les champs quelques boisseaux de blé, afin de nourrir sa famille.

L'accusé doit maintenant expliquer, en réponse à la question du président, ce que fut l'affaire Champaix, le principal grief et la cause première de sa mise en jugement. S'il faut en croire les dires de Champaix, il fut fouillé dans l'agence, ses bottes furent visitées, il dut remettre son portefeuille à Vidocq et passer dans une pièce voisine, où il fut gardé à vue.

Les mesures « régulières et légales » de M. le préfet de police, lui ouvrant les yeux sur sa position, l'ont éclairé sur les entreprises « injustes et illégales » de Vidocq.

Incontestablement, Pierre Champaix ment lorsqu'il prétend avoir été séquestré alors que les bureaux de Vidocq étaient, à l'accoutumée, ouverts toute la journée, qu'il y circulait de nombreux clients — quarante y sont venus ce jour-là —, et que le seul moyen de fermeture existant est un simple loquet.

L'agent Perrenoud affirme que, de l'aveu même de Vidocq, il y a eu arrestation. A peine arrivé à son agence, il se serait écrié, en parlant à Perrenoud de la mainmise sur Champaix :

— Avez-vous vu comme j'ai emballé celui-là ?

Vidocq va-t-il laisser passer sans répliquer les calomnies de la police ? Sûrement pas ! L'occasion est trop belle de dévoiler un jeu truqué. Il entreprend de démonter le mécanisme de la machination dont il est victime. Mais le président lui reproche de sortir de la question. Et pourtant, Vidocq lui apporte la preuve de la collusion d'Ulysse Perrenoud avec la police puisqu'il sait maintenant que, chaque mois, cet agent de la préfecture recevait sa paie pour le trahir et déclarer contre lui ce qu'on voudrait.

Vidocq révèle aussi comment Ritourné, commissaire aux délégations, a été chargé d'aller trouver tous les clients de l'agence de renseignements, « avec des déclarations toutes préparées ». Le président Barbou veut l'interrompre, on ne peut accuser la police, mais Vidocq tient tête.

D'autres affaires sont évoquées. Les accusateurs

soulignent que, à côté de sa chasse aux faiseurs, Vidocq groupait « plusieurs industries pour lesquelles il faudrait une sévère probité et des mœurs peu en harmonie avec celles d'un repris de justice » ; parmi ces industries figurent notamment le curieux commerce des médailles et les marchés débattus avec des amants jaloux afin de surveiller leur maîtresse, « rôle honteux qu'un homme, prétendant à l'estime de ces concitoyens, ne devrait pas accepter ».

Le témoin Grant, ex-employé de Vidocq, reconnaît avoir écrit, sous la dictée de celui-ci, deux lettres anonymes au préfet de police pour lui signaler les escroqueries d'un sieur Howelt. Vidocq confirme ce fait : il a voulu rendre service, et s'il ne s'est pas nommé c'est parce qu'il ne voulait pas figurer comme témoin dans une affaire correctionnelle.

Il faut reconnaître que Vidocq domine les débats. L'auditoire l'écoute passionnément. Sûr de lui, il se tient debout, très droit. Ses yeux ne cillent pas quand il affronte les témoins qui font pâle figure à côté de lui.

Agacé de voir en cet accusé un concurrent de talent, Anspach, l'avocat général, s'attaque à sa « jactance », à ses « fascinations », à sa « satisfaction vaniteuse ». Il trouve dans sa première condamnation, en 1796, et dans la vie qu'il mena pendant quinze ans comme bagnard en rupture de ban l'occasion de faire de Vidocq le portrait le plus impitoyable. Tel quel, cet individu représente « un danger pour la société » et il ne saurait être question de se laisser aller en sa faveur à un mouvement d'indulgence.

L'auditoire n'accueille pas sans un murmure d'indignation cette violente diatribe où les qualificatifs appliqués à Vidocq paraissent pour le moins excessifs.

Si l'on s'acharne ainsi sur lui, c'est parce qu'on en a peur. Jules Favre supplie le tribunal de faire abstraction de la fatale célébrité du nom de son client et de le traiter comme un prévenu dont il entendrait le nom pour la première fois. Étudiant en détail le fond du procès, l'avocat démontre avec habileté qu'il n'y a pas plus de séquestration en ce qui concerne Champaix que d'escroquerie évidente dans les autres affaires retenues.

En dépit de l'éloquence de Me Favre, le tribunal, bien décidé à rester sourd à toutes les considérations de faits, rend, à l'ouverture de la troisième audience, le 5 mai 1843, un jugement longuement motivé par lequel, reconnaissant Vidocq coupable d'escroquerie et d'arrestation arbitraire et lui appliquant les peines de récidive, il le condamne à cinq ans d'emprisonnement et cinq ans de surveillance.

La salle est sidérée, indignée.

Dès que Vidocq a remarqué le volume du jugement que le président Barbou tenait à la main, il a paru savoir à quoi s'en tenir. Il a écouté la sentence d'un air indifférent et stoïque. Il n'a pas proféré une parole ; seulement dans le trajet pour retourner à la souricière, c'est-à-dire au dépôt du Palais, il a confié à l'audiencier qui, le matin, lui avait fait espérer un acquittement :

— Eh bien ! Mon cher, vous le voyez, vos pressentiments vous avaient trompé.

Le vieux lutteur n'a pas dit son dernier mot. Il fait appel du jugement et confie sa défense à un nouvel avocat, un autre « prince » du barreau, Me Landrin, ami de Lamartine, qui sera le grand procureur général de 1848.

Le 22 juillet 1843, une foule, aussi considérable que lors des audiences de mai, gravit l'escalier de la Cour royale au vieux Palais de Justice. Les chroniqueurs notent la présence de « dames élégamment parées » qui ne sont pas sans rappeler le « tohu-bohu mondain » d'un autre fameux procès de l'époque, celui de Lacenaire.

Vidocq produit l'effet habituel : il respire l'élégance et une certaine distinction.

Son émotion se trahit de temps à autre par quelques soupirs qu'il ne peut complètement étouffer.

Le président Simonneau procède à l'interrogatoire du prévenu et à celui de Pierre Champaix, partie civile. A sa façon de mener les débats, il est clair que, personnellement, il ne partage pas l'opinion des premiers juges. Il fait subir à Champaix un feu répété de questions sur sa prétendue séquestration :

— Qu'avez-vous fait le soir en sortant de chez Vidocq ? Vous n'avez pas pensé à porter plainte ?

— J'ai été me coucher. J'étais malade.

— Et le lendemain, vous n'avez pas porté plainte ?

— J'avais les fièvres.

— Cependant, vous êtes sorti. Vous êtes retourné chez Vidocq.

— C'est pas vrai, c'est faux.

— Mais il est prouvé que vous êtes sorti !

— Ah ! Oui, j'ai été voir mes créanciers et je me suis couché.

— Mais vous êtes allé chez Vidocq !

— Oui, le soir j'y ai été.

— Cependant, si vous eussiez eu beaucoup de ressentiment, vous eussiez commencé par déposer plainte.

— Ah ! Je ne savais pas. C'est depuis que j'ai su que Vidocq n'en avait pas le droit.

Les réponses imprécises de Pierre Champaix en font une pitoyable marionnette. Manifestement, l'idée de prendre fait et cause contre Vidocq n'émane pas directement de ce petit protégé de l'Administration, qui accable directement l'accusé parce qu'il a, par ailleurs, beaucoup de choses à se faire pardonner.

Après avoir écouté la « fable » de Champaix, l'avocat général Godon soutient — mollement — l'accusation et suggère à la cour de juger « avec prudence ». Il n'est que de regarder chacun des juges pour comprendre que leur opinion est faite et qu'elle est favorable à l'accusé.

La clé de ce revirement spectaculaire : une copieuse brochure que Vidocq a rédigée en prison avec la conviction d'être dans le vrai et que tous les magistrats de la Cour royale ont pu lire avant l'audience d'appel. L'ancien chef de la Sûreté laisse entendre qu'il y a dans ses dossiers et sa mémoire, « merveilleusement organisée », les témoignages d'un grand nombre d'actions dont n'aimeraient sans doute pas qu'on parle des hommes très haut placés dans la société. Son allusion est suffisamment suggestive pour donner à réfléchir, non seulement aux magistrats, mais peut-être à ceux-là mêmes qui ont décidé de le perdre.

Après avoir évoqué avec passion les grandes heures de la vie de Vidocq, sans s'attarder évidemment sur les épisodes qui lui sont défavorables, Me Landrin s'apprête à parler de Champaix. Mais le président Simonneau consulte discrètement la cour et interrompt l'avocat en lui disant :

— Votre cause est entendue !

A ces paroles, le public est saisi d'une grande joie, applaudit et se bouscule jusqu'au box des accusés pour féliciter l'avocat et son client, plus ému qu'il n'y paraît.

La cour délibère en quelques minutes : Vidocq est acquitté.

Encore un sévère camouflet pour la police d'État, décidée pourtant à ne pas raccrocher les gants. Deux mois seulement après son acquittement, Vidocq reçoit un nouveau coup qu'il n'a pas vu venir. Le préfet Gabriel Delessert a comme préoccupation constante d'éliminer de la vie publique le créateur de la Sûreté. C'est le moment où la préfecture est en passe de retrouver son audience en rayant des contrôles officiels du service de Sûreté tous les agents qui, par leur inconduite avérée ou par leurs antécédents judiciaires, sont indignes de servir plus longtemps dans cette administration. Delessert se met en tête d'interdire à Vidocq de séjourner à Paris, s'appuyant sur un jugement qui remonte à cinquante ans.

Le 22 septembre 1843, un commissaire se rend à la galerie Vivienne et tend à Vidocq un papier officiel avec une signature toute fraîche. Il doit plier bagage au plus vite. Fort de son bon droit, Vidocq refuse d'obtempérer. Le même jour, on le voit dans la salle des Pas-Perdus, au Palais de Justice. Aux magistrats et avocats qui l'entourent, il déclare d'une voix sèche et incisive :

— Je n'obéirai pas. J'attendrai une citation en justice pour faire juger de la légalité de ces mesures de forcenés [1].

Un nouveau procès ?

Delessert s'est engagé sur une mauvaise route. On a fouillé les archives, disséqué les faits avec une patience de biologiste, remué les lois : Louis XVIII ayant daigné faire grâce « pleine et entière », Vidocq est intouchable [2].

Le rideau ne tombera pas de sitôt sur cette figure mythique.

---

1. *Gazette des tribunaux*, 24 septembre 1843.
2. Arch. nat. BB²¹ 166.

14

Le lion est mort ce soir

*« Tout en lui et dans son regard ressemblait au
lion. »*

Charles LEDRU.

Pendant que ses ennemis, pris à leur propre piège,
bourdonnent follement comme des guêpes sous cloche,
Vidocq savoure sa victoire. Au vrai, ses traits sont plus
épanouis que son âme.

Un chroniqueur judiciaire, qui l'a observé avec beaucoup d'attention lors de ses derniers procès, dresse de lui
ce portrait : « Il suffit de le voir pour le juger. Il a une face
ravagée par les passions, creusée par les rides profondes,
tout à la fois calme et tourmentée, énergique et fière — la
face d'un lion [1]. »

Des coups répétés de la police gouvernementale contre
sa personne, Vidocq tire une amère expérience : il sait qu'il
a un adversaire redoutable qui, par amour-propre et par
peur, tentera toujours de le contrecarrer. Il pressent que
dans cette lutte inégale il finira par succomber. Aussi
songe-t-il à établir le pendant de son agence de renseignements en Angleterre, où il aura véritablement les mains
libres.

A Londres, « cette nouvelle Babylone », Vidocq entend
protéger les étrangers des « loups cerviers qui les guettent
et les saisissent à leur arrivée sur le sol britannique, et qui
ne les abandonnent qu'après les avoir dépouillés [2] ».

---

1. *Procès de Vidocq, op. cit.*, p. 4.
2. Bibl. hist. Paris Ms 2928, fol. 188-192.

Hélas, ce projet d'extension n'aboutira pas, bien que Vidocq compte à Londres beaucoup d'amis et de relations, comme sir James Graham qui lui a obtenu des autorisations spéciales pour visiter les prisons de Milbank et « Pentonville [1] ».

Déçu, Vidocq se détermine donc à liquider son affaire. Les candidats à la reprise sont nombreux : un jurisconsulte, Alexandre Pierre — mais il sera bientôt arrêté pour escroquerie —, un avocat, Ernest Parent, qui obtiendra de Vidocq plusieurs dossiers dont il assurera le suivi, et M. d'Haine, directeur de l'office de renseignements l'Éclair, qui encense Vidocq pour s'assurer sa clientèle.

— Votre bureau, à l'exemple des vieux chênes, résiste à toutes les tempêtes et semble se dresser plus fort que jamais.

Le jeune directeur parle aussi de son propre cabinet — encore modeste — qui « prend racine et ne demande qu'à vivre si on l'arrose un peu ». Il obtiendra gain de cause, Vidocq souhaitant vraiment passer le relais [2].

S'il n'accepte presque plus d'affaires, c'est aussi parce que de nouvelles activités, dont certaines vont encore surprendre, occupent tout son temps.

En 1845, il est à Londres pour se produire, telle une vedette du « show-business », dans ce qu'on appellerait aujourd'hui un *one man show*. Chaque soir, au Cosmorama, dans Regent Street, il monte sur scène et raconte sa vie, les péripéties de sa jeunesse, ses séjours au bagne, ses évasions, ses duels, ses aventures amoureuses. Il mime les gestes qu'il a accomplis, les ruses qu'il a employées avec la « bande à Vidocq » pour s'emparer des plus redoutables malfaiteurs. Et puis, surtout, à la grande satisfaction de la gentry, il se maquille, change de voix, de taille, de visage, chaque fois en un temps record, se grimant tour à tour en vieille femme, en soldat, en sœur de charité, en voyou et

---

1. Bibl. hist. Paris Ms 2928, fol. 196-198.
2. *Ibid.*, fol. 221-233.

264

en homme du monde. A l'issue du spectacle, on peut visiter son petit musée personnel : attirail du parfait policier (armes, menottes, matraque...), habits et chaînes de forçats, bures de religieuses, mais aussi des reliques évoquant des célébrités du vol et de l'assassinat, le pantalon de Papavoine, les bretelles de Fieschi, la plume de Lacenaire [1]...

Ce spectacle tiendra le haut de l'affiche pendant deux saisons.

Et comme Vidocq a un permanent besoin d'argent, il exposera également dans le hall du théâtre sa collection de tableaux qu'il désire vendre en partie.

Son séjour d'une année à la Conciergerie lui a coûté non seulement le manque à gagner représenté par le non-renouvellement de l'abonnement de ses clients, mais aussi le remboursement d'un très grand nombre. En outre, il a englouti de fortes sommes dans son usine à papier de Saint-Mandé.

« Vidocq est amateur de tableaux, précise son ami Appert, et sa galerie n'est pas sans valeur ; il devrait avoir une belle fortune, mais pour ses propres intérêts, son intelligence et sa prudence lui font défaut, en sorte qu'il a beaucoup de créances, mais peu d'argent [2]. »

— J'ai été victime d'un infâme abus de confiance, confesse Vidocq.

Une grande affaire industrielle, en réalité une escroquerie, lui a fait perdre la bagatelle de deux cent mille francs.

Il faut dire qu'il n'a pas les coudées franches. Ses démêlés incessants avec la justice l'ont contraint à vendre son patrimoine foncier et à constituer son avoir en valeurs de portefeuille, afin d'échapper aux conséquences des saisies-arrêts et d'éviter les exécutions dont il sera toujours

---

1. Arch. préf. pol. E/a 90 (16) ; Chenu, *Les Malfaiteurs, op. cit.*, p. 236 ; *Le Figaro*, 21 mai 1857.
2. Appert, *Dix ans à la cour du roi Louis-Philippe, op. cit.*, t. III, p. 15-16.

menacé. Il n'a conservé que son mobilier et sa fameuse galerie de tableaux, « acquise on ne sait comment, mais d'une certaine valeur, dit un témoin, quoique les tableaux contemporains y prissent beaucoup de place [1] ».

Selon son médecin, si Vidocq subissait une perte d'argent il restait huit jours au lit. Sa peur de manquer — il ne pourra jamais connaître une retraite paisible avec un revenu régulier, assuré — le conduit à exhorter son représentant à Londres, Stéphane Étievant, de prendre des contacts pour vendre ses tableaux et ses dessins chez Christie ou chez Foster.

Les deux prestigieuses maisons se déclarent très intéressées, « parce que ces objets appartiennent à " Vidocq " et ensuite parce qu'ils sont admirables », annonce aussitôt Étievant à son patron [2].

La vente se tiendra chez Foster les 25 février et 6 mars 1846, avec, le premier jour, quatre-vingt-dix-neuf tableaux et une aquarelle, et le second trois cent quinze dessins, formant deux cent dix lots. La nécessité financière est telle qu'officiellement, d'après le catalogue, la vente se fera sans prix de réserve.

Les tableaux comprennent des scènes historiques et religieuses, des paysages, des portraits, des natures mortes, des marines, des scènes domestiques et « autres sujets favoris ».

On trouve notamment deux tableaux par Bruegel l'Ancien, dont une tempête de neige, un ermite en dévotion par Gérard Douw, une pastorale d'Antoine Watteau, un portrait de jeune fille de Jean-Baptiste Greuze, un portrait par Titien, l'histoire de Portia par le Guide, le portrait du cardinal Molé par Philippe de Champaigne.

D'autres tableaux attirent l'attention : une mort de Lucrèce par Cranach et un double portrait de Rubens et son épouse par Rubens lui-même. A cette collection ne

---

1. Chenu, *Les Malfaiteurs*, *op. cit.*, p. 146
2. Bibl. hist. Paris Ms 2928, fol. 116.

pouvait manquer bien évidemment le nom de celui que l'on considérait à l'époque comme le premier peintre digne de ce nom, Cimabué — réputé pour avoir été le maître de Giotto — dont une *Transfiguration* forme le lot 78.

La très belle collection de dessins de Vidocq comporte quatre-vingt-dix œuvres de Langendyk relatives aux opérations militaires dans les Pays-Bas à la fin du XVIIIᵉ siècle. Il s'agit soit d'un don de l'artiste soit d'une « rapine ». On note dans cette collection certains sujets qui pouvaient séduire Vidocq : prisonniers de guerre dans une église, voyageurs attaqués par des soldats, maraudeurs français attaqués par des paysans. Parmi les autres dessins, on trouve des contemporains ou des artistes de la fin du XVIIIᵉ, tels que Numan, Cats, Demarne, mais également des artistes des siècles passés aussi talentueux que Michau, Wouvermans ou Weenix.

Les dessins ne présentent pas la variété de sujets et d'écoles que l'on relève dans la collection de tableaux. Vidocq n'a collectionné en la matière que des Hollandais, pour des raisons qui nous échappent. Peut-être s'agissait-il d'un goût personnel, ou bien ces dessins formaient-ils un seul lot qu'il aurait acquis d'une façon... ou d'une autre [1] !

Dans ses Mémoires, Vidocq a laissé percer sa passion pour la peinture en décrivant les habitants d'une chaumière, groupés autour d'un poêle où l'on faisait des crêpes : « Ces figures, éclairées à la Rembrandt par les seules lueurs du foyer, formaient un tableau qu'un peintre eût admiré [2]. »

Pour Foster, Vidocq a sélectionné le fleuron de sa collection. Aux murs de son appartement, il ne lui resta plus guère que des copies, à en juger par la vente effectuée à Drouot après sa mort. Devant la pauvreté du lot, cette vente fut organisée pendant les vacances d'été, et on ne crut pas même devoir publier un catalogue. Une simple

---

1. Barber Institut of Art, Birmingham.
2. *Les Vrais Mémoires de Vidocq, op. cit.*, p. 82.

affiche indiquait que la collection comprenait des tableaux anciens et modernes « par et d'après » Teniers, Delacroix, Claude Lorrain, Otto-Venius, Ostade... Au dire d'un contemporain, ces tableaux se vendirent à peine pour la valeur des cadres [1].

Lorsqu'il séjourne à Londres, outre ses tableaux, Vidocq a dans ses bagages des brevets d'invention concernant une serrure et une porte de sûreté. Dans ce domaine, les négociations sont assez difficiles à mener, car il ne parle ni ne comprend la langue anglaise. Stéphane Étievant est son interprète, notamment auprès d'un certain Deval qui aurait pu être un bon client mais qui s'adonne à la boisson. Il se rend chez Étievant « ivre comme un Polonais ». L'affaire tourne court [2].

Vidocq se rattrapera en parvenant à négocier la vente d'une licence, pour l'exploitation et pendant quinze ans, de ses brevets d'invention.

Toujours à Londres, il escompte connaître de nouveaux succès littéraires. Il soigne sa popularité, obtient dans les colonnes du *Sun* des articles complaisants et règle ses comptes avec des calomniateurs par le biais d'un petit porte-plume, un certain Joffrey, chargé de faire son apologie dans une gazette à laquelle il collabore. Ce même Joffrey sera chargé de traduire une version fleuve des Mémoires de Vidocq — pas moins de six volumes — couvrant la période 1795-1845 et s'intitulant *L'Aventurier français, révélations et vrais mystères de Paris et de la société française* [3]. Encore faudrait-il pour qu'ils soient traduits que Vidocq écrivît ou fît écrire ces nouveaux Mémoires...

Ce projet aurait dû exalter Vidocq, d'autant qu'il demeure frustré par la première version des Mémoires, écrite partiellement par d'autres et pour laquelle il s'est interdit certaines révélations : « Mes Mémoires produisirent en partie l'effet que j'en attendais, et si j'eusse eu plus

---

1. Maurice, *op. cit.*, p. 286.
2. Bibl. hist. Paris Ms 2928, fol. 112-115.
3. *Ibid.*, fol. 120, 143, 215.

de talent littéraire, si j'eusse été mieux compris par mes collaborateurs, si surtout j'eusse pu tout dire, si je n'eusse été retenu par la nécessité toute morale, mais aussi toute-puissante, de respecter les secrets de la police, ma justification tout entière en fût ressortie [1]. »

Vidocq a publié ses Mémoires beaucoup trop tôt. En 1827, il avait encore trois décennies à vivre. L'idée des éditeurs anglais de revenir sur ses aventures multiples et de les compléter par les épisodes de ces dernières années n'est pas saugrenue, encore faut-il qu'ils acceptent les prétentions financières exorbitantes de l'« auteur » qui se montre très gourmand devant l'ampleur de la tâche.

Vidocq rechigne à se mettre au travail. Son traducteur finit par en prendre de l'humeur : « Qu'est-ce que vous faites donc, aimable paresseux ? J'attends de jour en jour après les révélations de Vidocq mais jusqu'à ce moment je n'en ai pas vues [2]. »

L'affaire ne se conclut pas. Aux travaux d'écriture qui le replongent dans le passé, Vidocq semble préférer le présent. Il ne se trouve pas trop vieux pour répondre, au cœur de l'action, à la révolution de 1848 qui vient de chasser Louis-Philippe de son trône, proclamer la République et créer un gouvernement provisoire.

Vidocq rentre en France en mars 1848 et cherche des contacts auprès des hommes clés du nouveau régime. Il peut compter sur le soutien de Landrin, son avocat en 1843, qui a l'oreille de Ledru-Rollin, ministre de l'Intérieur. Et puis, surtout, Vidocq bénéficie de l'amitié de Lamartine, le héros du jour, qui, par sa seule éloquence, est parvenu, le 25 février 1848, à faire taire les extrémistes désireux de remplacer le drapeau tricolore par le drapeau rouge [3].

Le Gouvernement provisoire, composé majoritairement de républicains modérés avec Lamartine à leur tête, a

---

1. *Procès Vidocq, op. cit.*, p. 11.
2. Bibl. hist. Paris Ms 2928, fol. 207.
3. Chenu, *Les Malfaiteurs, op. cit.*, p. 144.

besoin d'hommes comme Vidocq pour surveiller les chefs de l'extrême gauche. La police politique a été confiée à Carlier, traqueur professionnel de conspirations. Rompu aux méthodes du métier, ce vieux limier reçoit Vidocq les bras ouverts. Ils vont travailler ensemble [1].

Carlier demande à Vidocq d'épier les activités des clubs politiques où se rassemblent les « républicains ardents ». On y entend les socialistes ironiser sur les nouveaux partisans de la république, jugés trop mous.

Un de ces clubs retient particulièrement l'attention, celui de Blanqui qui s'intitule Société républicaine centrale. Au gouvernement, certains soupçonnent Blanqui, théoricien révolutionnaire, de préparer une agression. N'at-il pas toujours déclaré qu'il ne croyait pas à la possibilité de transformer pacifiquement la société ? Vidocq est chargé de l'espionner. Son visage étant trop connu, il envoie chez Blanqui un complice, un certain Daniel Borme, à qui il dit :

— Vous verrez ces gens-là, ils veulent la république rouge ; vous verrez ce qu'ils veulent faire [2].

Borme parvient aisément à s'introduire dans le club de Blanqui. Il est connu de certains de ses membres et dit partager leur opinion politique.

Un curieux personnage, ce Borme. Agé de vingt-six ans, il a voulu constituer en mars 1848 un groupe de femmes, les « Vésuviennes », dont il désirait faire, à l'en croire, les amazones de la liberté. Les événements politiques de février ont exalté au plus haut point cet agitateur, susceptible de servir n'importe qui pourvu que l'on s'intéresse à ses élucubrations.

Dès leur première rencontre, Vidocq a songé à manipuler Borme. Celui-ci ne lui apprend rien d'important sur les réunions du club de Blanqui. En revanche, il lui apporte beaucoup lors des journées de mai 1848.

---

1. Caussidière, *Mémoires*, t. II, p. 5-6.
2. Duquai, *Les Accusés du 15 mai 1848*, 1869, p. 102.

Le 15 mai, un cortège de républicains « musclés » — environ cinquante mille personnes — se rend à la Chambre sous prétexte de manifester en faveur des Polonais opprimés. Parmi les manifestants figurent Blanqui, Raspail, Barbès et... Borme, prêt à jouer un rôle si les événements tournent en faveur de la foule. Après avoir créé la confusion au Palais-Bourbon, les manifestants se dirigent vers l'Hôtel de Ville. La garde nationale parvient à rétablir l'ordre. Certains meneurs, dont Blanqui et Raspail, sont arrêtés. Borme a échappé au coup de filet, mais un homme l'a surveillé de près pendant toute cette journée : Vidocq.

Au soir du 15 mai, Borme est surexcité. Vidocq l'aborde et le fait parler. Le jeune homme lui confie qu'il a décidé d'assassiner Lamartine, tous les membres du gouvernement ainsi que les députés, avec une arme terrible qu'il a fabriquée, une sorte de feu grégeois.

Lorsqu'il évoque son invention, Borme semble perdre totalement la raison :

— Le feu grégeois, c'est le feu de l'enfer, c'est un élément digne d'être en avant au jugement dernier pour détruire les villes et le monde ; c'est, en un mot, le diable qui l'a créé [1].

Procédé classique chez lui : Vidocq pousse Borme à accomplir son projet. Il ne retiendra sa main criminelle que le jour J, afin de se targuer d'être le sauveur des membres du gouvernement et de l'Assemblée nationale.

Borme a l'intention de perpétrer son attentat le 21 mai 1848, jour de la fête de la Fraternité ou de la Concorde. Mais il n'aura pas la possibilité de faire exploser la tribune officielle, Vidocq le dénonce et il est arrêté. Il sera jugé à Bourges avec les insurgés du 15 mai [2].

Grâce à son coup d'éclat, Vidocq espère se voir attribuer de plus hautes responsabilités officielles. Il a une idée

---

1. Arch. nat. W 573, 13 (dossier Borme).
2. Bibl. hist. Paris Ms 1055, fol. 133 ; *Les Accusés du 15 mai devant la haute cour de Bourges*, 1849, p. 222 à 224.

précise derrière la tête : reprendre la direction de la Sûreté, et cela en dépit de ses soixante-treize ans.

Au lendemain des événements de mai 1848, un petit homme maigre et voûté, l'air d'un érudit, Pierre-Jules Hetzel, chef de cabinet de Bastide, nouveau ministre des Affaires étrangères, fait appel à Vidocq. Éditeur de la *Comédie humaine*, ami et confident de Balzac, il a entendu parler — abondamment — de Vidocq. Et justement parce qu'il connaît bien le personnage, parce qu'il sait que cet homme joue toutes les cartes, Hetzel, lui le républicain de naissance, a hésité à employer une telle girouette.

Mais Vidocq est l'homme de la situation.

Hetzel n'a pas oublié que Napoléon avait laissé un neveu, et il se garde bien de fermer l'oreille aux diverses voix qui lui conseillent de faire surveiller le prince Louis Napoléon Bonaparte à Londres.

Le 27 février 1848, Louis Napoléon avait décidé de rentrer en France. Lamartine le pria, au nom du Gouvernement provisoire, de s'éloigner de Paris, la loi d'exil n'étant pas abrogée. Décidé à conquérir le pouvoir par des moyens aussi légaux que possible, le prince retourna aussitôt à Londres.

En juin 1848, Persigny, agent très actif de Louis Napoléon, inscrit le nom du prince dans quatre départements à l'occasion d'élections partielles. Élu, sans avoir fait campagne et sans s'être présenté devant les électeurs, Louis Napoléon renonce à son mandat. Soucieux de ne rien brusquer, il reste à Londres.

Le succès électoral du prince inquiète les républicains. C'est à cette époque qu'Hetzel décide d'envoyer Vidocq à Londres pour espionner Louis Napoléon.

Un rapport de Vidocq adressé à Hetzel est parvenu jusqu'à nous : « Il voit peu de monde, il ne s'occupe de rien d'important, il est trop bien conseillé pour se compromettre. A quoi bon agir lui-même lorsqu'il a de nombreux partisans qu'il a peine à contenir. Cette tranquillité prudente, commandée par les circonstances, cessera au

272

moment opportun. Il est plus nécessaire que jamais de ne pas le perdre de vue. Il faut, s'il est possible, s'immiscer dans sa confiance et gagner celle de son valet de chambre qui a toute sa confiance. Je suis très bien avec lui [1]. »

Effectivement, Louis Napoléon sait attendre son heure. Il prépare sa candidature officielle aux élections partielles de septembre 1848. Il est élu, et, cette fois, il arrive à Paris pour représenter la Seine à l'Assemblée.

Les passions se sont apaisées mais Hetzel, toujours très inquiet, fait savoir à Vidocq qu'il serait opportun de mettre la main sur « des pièces authentiques compromettantes » afin de parvenir à faire expulser légalement ce prétendant gênant. « Les pièces en question se trouveraient à Londres [2]. »

Pour mener à bien cette mission, Vidocq réclame du « temps et de l'argent ».

Le temps manquera. A la fin du mois d'octobre 1848, Louis Napoléon annonce qu'il est candidat à la fonction présidentielle. Le 10 décembre, le neveu de l'Empereur est largement élu, devenant le premier président de la République française élu au suffrage universel direct.

L'employeur de Vidocq, Hetzel, disparaît de la scène politique, ainsi que Lamartine.

La page n'est pas complètement tournée. Vidocq est convoqué comme témoin à charge au procès des insurgés du 15 mai 1848 qui s'ouvre le 19 mars 1849 au palais Jacques-Cœur à Bourges. Dans le box des accusés figurent notamment Blanqui, Raspail, Barbès, Louis Blanc et le fameux Daniel Borme. C'est sur ce dernier que Vidocq sera interrogé. Il va devoir affronter l'avocat de Borme, Me Hamel.

Toutes les têtes politiques de l'époque défilent à ce procès, mais c'est Vidocq qui suscite la plus grande curiosité. Il apparaît entre deux gendarmes car, une fois de plus, il a

---

1. Bibl. nat. Ms, NAF 17047, fol. 140-141.
2. *Ibid.*

été arrêté pour une affaire d'escroquerie qui se terminera par une ordonnance de non-lieu.

A la barre, Vidocq évoque essentiellement ses stratagèmes pour neutraliser Borme qui lui avait démontré l'efficacité de son feu grégeois dans un des bassins du Château d'eau.

Borme nie les intentions criminelles que lui prête Vidocq.

— C'est lui qui voulait me monter un coup parce qu'il voulait la place de M. Allard. Moi je disais toujours oui ; mais au moment d'agir, je n'agissais pas. Quel intérêt aurais-je donc eu à incendier les neuf cents représentants ?

Lors de sa plaidoirie, Me Hamel reviendra sur ces arguments en précisant que, dans l'espoir de reprendre son ancienne position dans la police, Vidocq a voulu se rendre nécessaire.

Borme, personnage assurément très déséquilibré, explique que Vidocq s'est intéressé à lui parce qu'il avait inventé une redoutable machine de guerre lançant trois cents boulets à la minute.

— Vidocq connut mon invention ; il me fit venir près de lui, me proposa de s'associer avec moi pour le vendre en Angleterre, au refus du gouvernement français. Je répondis : non, et je m'étais ainsi fait un ennemi de Vidocq.

— N'avez-vous pas été condamné pour port illégal de la Légion d'honneur ? lui demande le président Bérenger.

— Oui, c'est Vidocq qui m'a dénoncé. Espérant avoir le ruban rouge pour mon invention, j'en achetai à l'avance et j'en mis sur un vieux paletot que je ne portais que dans mon laboratoire.

Le nom de Vidocq est prononcé à plusieurs reprises durant l'interminable défilé des témoins qui, en entrant dans mille détails, font une fresque de la tentative de coup de force opérée par les éléments d'extrême gauche contre la représentation nationale.

Blanqui, gouailleur, harcèle les témoins, les pousse à se contredire et dénonce en tout « la main cachée des provocateurs invisibles ».

Et quand on parle de provocation, l'ombre de Vidocq se profile à l'horizon.

Raspail intervient moins souvent que Blanqui dans les débats et apparaît mesuré, conciliateur, voire cérémonieux. Il laisse entendre que Vidocq était le « général » d'une légion constituée par Borme pour défendre les intérêts de Louis Napoléon Bonaparte. Les archives du procès révèlent en effet que, dans le projet de Borme, un « homme connu » devait prendre la tête de cette légion de sept mille hommes [1].

Sachant fort bien que les clubs politiques n'étaient point laissés à eux-mêmes et que le gouvernement assistait leurs travaux d'une sollicitude vigilante, Blanqui contraint Borme à avouer que Vidocq l'avait envoyé auprès de lui pour l'espionner.

A Carlier, le président Bérenger demande si Vidocq était employé par la police — question empoisonnée. Le témoin répond non mais il se garde bien de croiser le regard de Blanqui pour qui il est désormais clair que l'affaire du 15 mai a été menée par la police afin de chasser le parti populaire de la position élevée qu'il occupait [2].

Reconduit en train à Paris, Vidocq songe moins à son ami Lamartine qu'au président Louis Napoléon Bonaparte. Prêt à défendre tout pouvoir qui saurait récompenser son zèle, ce vieux cabotin aimerait quitter la coulisse et retrouver le devant de la scène dans un dernier acte flamboyant. La réprobation dont il est souvent l'objet fait sur lui l'effet d'un aiguillon. Et qu'on ne lui parle pas de son grand âge ! Il se montre persuadé qu'il ne mourra qu'à cent ans.

En dépit de cette détermination, la vieillesse de Vidocq

---

1. Arch. nat. W 573, 13, pièce 33.
2. Arch. nat. W 569 à 575 ; Arch. nat. BB[18] 1465 A, dossier A 5964 ; *Les Accusés du 15 mai, op. cit.*, p. 54, 56, 213-214, 311, 336.

s'ouvre en décembre 1851, en même temps que le coup d'État qui précède d'un an le rétablissement de l'Empire.

Vidocq ne profite pas plus du nouveau pouvoir qu'il n'avait recueilli le fruit des événements de 1848. Il se dit pourtant bonapartiste inconditionnel, dévoué au régime et à l'empereur Napoléon III personnellement.

Quel culot ! Quand on sait qu'il a approché Louis Napoléon Bonaparte à Londres en 1848 afin de l'espionner pour le compte de Hetzel !

Mais le vent a tourné, et Vidocq entre dans son nouveau personnage comme on enfile une paire de gants. Il a l'audace de tendre aux fenêtres de son appartement, boulevard Beaumarchais, un magnifique transparent sur lequel les passants peuvent lire : « Louis Napoléon, Messie du 2 décembre 1851, sois béni ! Tu as sauvé et régénéré la France. Vive l'Empire ! »

Énumérer les services rendus est trop tentant pour que Vidocq ne cède pas à la tentation, ainsi qu'il en a toujours eu l'habitude. Il fait valoir que lorsque le futur Napoléon III était détenu au fort de Ham il a offert de briser ses fers. Et lors du vote pour la présidence, en décembre 1848, n'a-t-il pas obtenu en faveur de son candidat plus de huit mille voix à Paris et au moins autant dans la banlieue ? Il a laissé couler de ses mains beaucoup d'argent aux heures des repas des ouvriers pour qu'ils rallient la candidature du neveu de Napoléon.

« Je n'aurais jamais songé à rien réclamer, écrit-il, si j'avais été moins pauvre ; j'étais trop heureux d'avoir servi un homme que j'aime. Je n'avais pas oublié la bienveillance avec laquelle il avait eu la bonté de me recevoir à Londres et de me permettre de l'entretenir plusieurs fois [1]. »

Si le rapport de Vidocq à Hetzel sur « le prétendant gênant » n'était pas parvenu jusqu'à nous, pour un peu, on y croirait, à son dévouement de la première heure si pur et si entier.

---

1. Maurice, *op. cit.*, p. 296 à 298.

Il lui faut admettre que le nouveau régime entend se passer de ses services. A tout le moins, le Second Empire pourrait pensionner le créateur de la Sûreté, l'incarnation vivante de la police. Au bord de la faillite, Vidocq consent à demander l'aumône en accablant l'Administration de lettres larmoyantes.

« Je suis à la veille de manquer de pain. Si on m'abandonne dans la fâcheuse position où je me trouve réduit aujourd'hui, je n'aurais en perspective que le dépôt de mendicité ou le suicide. J'aurais déjà pris ce parti extrême si je n'étais retenu par un sentiment religieux. Mais avant de prendre cette résolution, je viens avec confiance demander de quoi exister [1]. »

Allons-nous le voir s'enfoncer dans un gouffre dont se creuseront de semaine en semaine davantage les abîmes ? Vidocq force le trait, il n'est pas tombé dans l'indigence. Nul ne sait que ce dissimulateur professionnel s'est constitué, depuis 1851, une confortable rente viagère.

L'énergie de cet homme — qui entre en juillet 1854 dans sa quatre-vingtième année — est telle que la course ne semble pas encore terminée.

Et pourtant, Vidocq est atteint par le choléra, une maladie qui généralement tue en quelques jours. Il est consumé de fièvre. Son âge fait craindre le pire. Le choléra a fauché le maréchal Bugeaud et Mme Récamier, mais il n'aura pas le dernier mot avec Vidocq. Sa constitution et les soins prodigués nuit et jour par son ami le docteur Dornier produisent un résultat qui tient du miracle. Le malade se remet. Au bout de quelques semaines, on le voit de nouveau parcourir les rues de Paris d'un bon pied [2].

Vidocq prise toujours la compagnie des jeunes et jolies femmes. Divorcé, il s'était remarié avec Jeanne-Victoire Guérin, mais le mariage ne fut pas heureux. Jeanne-

---

1. Arch. préf. pol. E/a 90 (16), lettre du 21 février 1853.
2. Bibl. hist. Paris Ms 2928, fol 41.

Victoire, d'une santé fragile, avait passé beaucoup de temps dans une clinique de la rue du Four, où elle s'est éteinte en 1824. Six ans plus tard, Vidocq épousait une de ses cousines, de dix-huit années plus jeune que lui, Fleuride-Albertine Maniez, très éprise de celui qu'elle considérait comme « l'un des hommes du siècle ». Compagne exemplaire pour Vidocq, elle est décédée en 1847 d'une tumeur fibreuse. Une certaine presse parla de suicide mais les médecins démentirent cette méchante rumeur.

Veuf pour la seconde fois, Vidocq se console dans les bras de belles actrices pour lesquelles il a une prédilection toute particulière et qu'il fait passer pour ses nièces.

« Quoique fort âgé, je ne suis ni podagre, ni dégoûtant, ni " radotier ", et je n'ai aucune infirmité. J'ai, comme tout le monde, mes défauts. Je tiens aux petits soins, aux égards... Je suis assez bon diable [1]. »

Même si Vidocq se voit avec complaisance, il ne compte pas que sur son physique et ses qualités pour séduire la gent féminine. A chacune de ses maîtresses, en échange de son portrait, il remet un testament holographe qui la désigne comme son « unique » héritière [2]. A son décès, toutes ces jeunes filles apprendront qu'elles n'ont droit à rien et que la fortune de Vidocq n'existe pas.

Rue Saint-Pierre-Popincourt, son dernier appartement contient de très beaux meubles, attestant une ancienne aisance. Au dire d'un témoin, il cachait avec soin sa gêne.

Vidocq espérait être centenaire mais la mort le surprend à quatre-vingt-deux ans.

Le 30 avril 1857, ses jambes ne le portent plus. Il est dans un état d'extrême faiblesse. Il se met en tête que, nouvel Antée, il pourra reprendre des forces si ses pieds foulent la terre. De bonnes gens s'empressent de satisfaire au désir du malade en étalant devant son lit une couche de

1. *L'Autographe*, 15 mars 1864.
2. Chenu, *Les Malfaiteurs, op. cit.*, p. 144.

terre. Vidocq se lève péniblement, soutenu par ceux qui le soignent. Il étend ses vieilles jambes d'hercule amaigri et soudain, quand il sent la terre sous ses pieds nus et crispés, un éclair de vie illumine son visage. Il commande qu'on le lâche... Il tombe, inerte et glacé. On le recouche avec beaucoup de mal [1].

Dès lors, Vidocq met peu de temps à comprendre que la mort vient. Le docteur Dornier lui prescrit des potions parmi lesquelles nous remarquons — ironie du sort — « le vinaigre des quatre-voleurs [2] ». Il était écrit que ceux-ci devaient jouer, jusqu'à la fin, un rôle dans sa vie.

Vidocq s'éteint le 11 mai 1857.

Il s'agit là de son ultime évasion.

Santa Monica, août 1993-Paris, avril 1995.

---

1. *Le Figaro*, 21 mai 1857.
2. Bibl. hist. Paris Ms 2928, fol. 42.

Sources

SOURCES MANUSCRITES

Les affirmations contradictoires de Vidocq, les diverses accusations de ses ennemis et les récits hagiographiques de certains de ses biographes nous ont commandé de recourir aux sources manuscrites chaque fois que cela était possible.

ARCHIVES DE LA PRÉFECTURE DE POLICE

E/a 90 (16) : Dossier Vidocq. Outre une soixantaine de documents manuscrits, ce fonds réunit de très nombreux articles de journaux — parus de 1830 à nos jours — qui traduisent au mieux la fabuleuse expansion du discours émis sur Vidocq durant cent cinquante ans au gré des passions de chacun.

D/b 45 : Sûreté. Renseignements généraux, fonctionnements, documents administratifs, rapports de Henry et de Vidocq.

D/a 160-165. Justifications de dépenses faites par le préfet dans toutes les branches de son administration.

Série A/b : Registre des prisons — et notamment A/b 433 : signalements de suspects ou d'individus recherchés, an IX-1827.

A/a 419 : Événements de 1815. Arrestation par Vidocq du Russe Vininsky.

A/a 421 : Événements de 1831-1833. Les journées des 5 et 6 juin 1832.

ARCHIVES NATIONALES

F⁷ 6542 n° 1891 : Dossier Vidocq. Rapports de la police impériale sur les antécédents de Vidocq.

F^7 6586 : Liste d'individus à chasser de Paris où figure le nom de Vidocq — 1813.

BB^{21} 166 : Justice — grâces accordées et réhabilitations. Le dossier Vidocq comprend plus de soixante-dix pièces.

F^{16} 474 A : Chaîne de Brest du 30 frimaire an VI.

F^{16} 468 A : Chaîne de Toulon du 16 thermidor an VII.

F^7 4166 : Rapports de gendarmerie de Paris (1816-1818).

F^7 3879 : Bulletins de Paris, 1825.

F^7 3880 : Bulletins de Paris, 1826.

F^7 6756 : Comptes de 1824. Indemnités et gratifications accordées à Vidocq et à ses agents.

F^7 6757 : Comptes de 1825.

F^7 6989 : Dossiers 13752 et 13764. Rumeurs sur l'assassinat de l'Aiglon par Vidocq.

BB^{18} 1017. Demande de renseignements sur Vidocq, ancien forçat, 1817.

BB^{18} 1104 : Affaires diverses liées à Vidocq, 1823.

BB^{18} 1270, dossiers 1110, 1126. Enquêtes menées par Vidocq, 1823.

W 569 à 575 : Affaire du 15 mai 1848.

BIBLIOTHÈQUE HISTORIQUE DE LA VILLE DE PARIS

Ms 2928 : Papiers Vidocq. Ce fonds de première importance couvre la période allant de 1832 au décès de Vidocq en 1857 : son retour à la Sûreté, ses démêlés avec la police et la justice, ses inventions, ses séjours en Angleterre, divers dossiers liés à son agence de renseignements, sa dernière maladie, ses obsèques, sa succession.

Ms 1041 : Insurrection de 1832.

Ms 1055, fol. 133 : Lettre de Vidocq à Victor Hugo, 3 avril 1849.

BIBLIOTHÈQUE NATIONALE (DÉPARTEMENT DES MANUSCRITS)

NAF 17047 : Archives Hetzel, documents politiques 1848-1859 (deux lettres de Vidocq à Hetzel, fol. 140-141).

SOURCES

ARCHIVES DE PARIS

D 4 AZ/73 (document dans lequel Vidocq relate ses aventures, ses évasions...).

ARCHIVES DE LYON

I¹ 33 : Copies de lettres du commissariat général, police de Sûreté (1800-1803).
I¹ 34 : *Idem* (1806).
I² 25 : Dossier Morel.
I² 64 : Individus dangereux (1799-1854).

ARCHIVES DU NORD (LILLE)

XIX¹ 97/122 : Dossier Coquelle (premier procès de Vidocq, 7 nivôse an V-27 décembre 1796).

SOURCES IMPRIMÉES

ŒUVRES DE VIDOCQ

1828-1829 : *Mémoires*, 4 vol.

Le succès de ces *Mémoires* a été si grand que de nombreuses éditions se succédèrent. Nous en signalons quelques-unes :

Mémoires de Vidocq, édition illustrée, 1868.
Les Mémoires de Vidocq, présentés et annotés par E. Villiod, 2 vol., 1911.
Les Mémoires de Vidocq, publiés sous la direction de J. Burnat, 1958 (intéressant article de J. Savant, « Vidocq et les écrivains de son temps ».)
Les Mémoires de Vidocq, 2 vol., 1966 (Préface de H. Juin).
Tous ces livres reproduisent l'édition de 1859 des *Mémoires de Vidocq*. Jean Savant s'est éloigné de cette version en publiant :

Les Vrais Mémoires de Vidocq, 1950. Le texte s'inspire du livre de Froment *Histoire de Vidocq écrite d'après lui-même.* Les notes fournissent d'abondantes informations inédites.

✓ 1836 : *Les Voleurs*, 2 vol. Cet ouvrage sur le monde de la criminalité est un document plus crédible que les *Mémoires*, Vidocq n'ayant pas, cette fois, plaidé pour lui-même.
Vidocq n'avait pu donner en 1836 qu'une édition fortement amputée. J. Savant a réédité et complété *Les Voleurs* en 1957 avec des documents inédits.

✓ 1843 : *Vidocq à ses juges*. Texte justificatif de 83 pages rédigé à l'occasion de son procès.

✓ 1844 : *Les Vrais Mystères de Paris*, 7 vol.
J. Savant a publié en 1950 une partie de ce roman-fleuve dans une édition commentée et annotée.

1844 : *Quelques mots sur une question à l'ordre du jour. Réflexions sur les moyens propres à diminuer les crimes et les récidives.* La justice « jugée » par Vidocq.

1845 : *Les Chauffeurs du Nord*, 5 vol.
Ce roman de Vidocq a été réédité en 1958 dans une version condensée, avec une préface de R. Dumay.

BIOGRAPHIES DE VIDOCQ

Le succès des *Mémoires de Vidocq* a suscité rapidement la publication d'un très grand nombre de biographies du chef de la Sûreté qui supporteront plusieurs éditions. Ces récits hagiographiques, parfois contrôlés par Vidocq lui-même, présentent un intérêt très limité. Ils se contentent de reproduire fidèlement les principaux épisodes déjà développés dans les *Mémoires* et n'apportent que fort peu de détails inédits.

1829 : FROMENT, *Histoire de Vidocq*, 2 vol. (réédition en 1967 avec une préface de G. Neveux).
1829 : *Histoire de Vidocq par G...*
1830 : *Vie et Aventures de Vidocq.*
1842 : *Histoire complète de Vidocq et des principaux scélérats qu'il a livrés à la justice*, 2 vol.

1847 : *Histoire véridique de Vidocq, par L.M.N.*, 2 vol.

1861 : *Histoire de Vidocq publiée d'après des documents authentiques puisés aux sources les plus certaines.*

1857 : LEDRU Charles, *La Vie, la Mort et les Derniers Moments de Vidocq, après sa confession, à l'heure suprême.* Une brochure émanant de l'un des avocats de Vidocq qui a assisté à « l'agonie du vieux lion ». L'auteur souligne qu'il a étudié Vidocq pendant vingt ans ; son témoignage est donc à prendre en considération même si cet ouvrage est un dithyrambe, malheureusement dénué de tout sens critique.

1858 : MAURICE Barthélemy, *Vidocq, vie et aventures.* Première véritable biographie de notre personnage écrite par un chroniqueur judiciaire qui a fréquenté Vidocq pendant plusieurs années. De nombreux souvenirs personnels agrémentent un récit qui, dans sa première partie, ne prend pas suffisamment de distance avec les *Mémoires* et qui, dans la seconde, offre l'histoire « plus détaillée et encore inédite des vingt-huit dernières années de sa vie ».

1928 : JAGOT Henry, *Vidocq.* Courte biographie au style alerte qui semble vouloir éviter autant la satire que la louange mais qui n'apporte aucun élément historique nouveau sur la vie de Vidocq.

1930 : HAMRE Louis, *Vidocq, maître du crime.* Comme son titre le laisse présager, cet ouvrage tient plus du roman que de l'étude historique.

1950 : SAVANT Jean, *La Vie fabuleuse et authentique de Vidocq.* Premier grand travail historique sur notre personnage, réunissant de nombreux documents nouveaux. Très précieuse source de renseignements, mais à manier avec la prudence qu'impose le souci apologétique de l'auteur. Vidocq n'est pas toujours observé à une distance convenable. Savant lui a consacré de nombreux articles et ouvrages dont :

1952 : *Balzac et Vidocq*, in l'œuvre de Balzac, t. XIII. Importante contribution à l'histoire d'une relation négligée par les biographes de Balzac.

1956 : *Le Procès de Vidocq.* Reproduit les débats du procès de 1843.

1957 : *Le Vrai Vidocq.* Version condensée de la biographie de 1950, complétée par quelques sources nouvelles. Ce livre a été réédité en 1970, à l'occasion de la diffusion du feuilleton télévisé, sous le titre *La Vie aventureuse de Vidocq*.

Le feuilleton télévisé mettant en scène les aventures de Vidocq, avec Bernard Noël remplacé ensuite par Claude Brasseur, a donné lieu à la publication de deux ouvrages romanesques :
1967 : CASTEX Pierre, NEVEUX Georges, *Vidocq* — d'après le scénario du feuilleton.
1973 : NEVEUX Georges, *Les Nouvelles Aventures de Vidocq*.

La vie de Vidocq a inspiré de nombreux romans dont la série de Marc Mario et Louis Launey et, plus récemment :
1980 : BERNÈDE Arthur, *Vidocq, forçat et policier*.

MÉMOIRES, TÉMOIGNAGES, DOCUMENTS, CORRESPONDANCES...

ANNÉE Antoine, *Le Livre noir de MM. Delavau et Franchet*, 4 vol., 1829.
√ APPERT Benjamin, *Bagnes, prisons et criminels*, 4 vol., 1836.
Dix ans à la cour du roi Louis-Philippe, 3 vol., 1846.
√ BARTHÉLEMY Pierre, *A.M. Gisquet*, 1832.
Le Pont d'Arcole et la police-Gisquet, 1833.
√ CANLER Louis, *Mémoires*, 1986, édition présentée et annotée par J. Brenner.
Causes politiques célèbres du XIXe siècle, t. IV, 1828.
CAUSSIDIÈRE Marc, *Mémoires*, 2 vol., 1849.
CHENU Adolphe, *Les Conspirateurs*, 1850.
Les Malfaiteurs, 1867.
CLAVEAU A.G., *De la police de Paris, de ses abus et des réformes dont elle est susceptible*, 1831.
COCO-L., *Trente-six espèces de vols*, 1838.
Détails intéressants sur l'ancienne statue de Napoléon, sur sa descente et sa conservation, 1833.
Éclaircissements donnés au commerce sur les manœuvres captieuses des filous, 1840.

FROMENT M., *La Police dévoilée depuis la Restauration et notamment sous MM. Franchet et Delavau*, 3 vol., 1829.
GISQUET H.J., *Mémoires*, 4 vol., 1840.
GOZLAN Léon, *Balzac chez lui*, 1863.
GUYON Louis, *Biographie des commissaires de police et des officiers de paix de la Ville de Paris*, 1826.
LAUVERGNE Hubert, *Les Forçats*, 1991, texte présenté par A. Zysberg.
LEMAÎTRE Frédérick, *Souvenirs*, publiés par son fils, 1880.
Mémoires d'un agent de police par M. X, 1868.
Mémoires d'un forçat, ou Vidocq dévoilé, 4 vol., 1828-1829. Même si des « teinturiers » se cachent derrière ce prétendu forçat, il apparaît que les auteurs ont récolté de nombreuses révélations auprès de ceux qui ont côtoyé Vidocq.
Le Monde criminel, suite de récits et de révélations à l'instar des Mémoires de Vidocq et des Mystères de Paris, 1846.
MOREAU-CHRISTOPHE L.M., *Le Monde des coquins*, 2 vol., 1863-1865.
PASQUIER E.D., *Histoire de mon temps*, t. I, 1893.
PEUCHET Jacques, *Mémoires*, 6 vol., 1838.
Procès de la conspiration des patriotes de 1816, 1816.
Procès de Vidocq, 1843.
RÉAL P.F., *Indiscrétions*, 2 vol., 1835.
SAINT-EDME M.B., *Biographie des lieutenants généraux*, 1829.
SALABERRY comte de, *Souvenirs politiques sur la Restauration*, 2 vol., 1900.
Supplément aux Mémoires de Vidocq, 2 vol., 1830.
VIGNY Alfred de, *Correspondance*, t. III, 1994, publiée sous la direction de M. Ambrière.

AUTRES OUVRAGES OU ARTICLES CONSULTÉS

BALDICK Robert, *La Vie de Frédérick Lemaître, le lion du boulevard*, 1961.
BARBERIS Pierre, *Aux sources de Balzac, les romans de jeunesse*, 1985.
BARRIÈRE P., *Honoré de Balzac, les romans de jeunesse*, 1928.

BELLESSORT André, *Balzac et son œuvre*, 1936.

BERTHIER DE SAUVIGNY G. de, *Nouvelle Histoire de Paris, la Restauration*, 1977.

BERTIN Claude, *Les Grands Procès de l'histoire de France*, 1968.

BORY Jean-Louis, *La Révolution de Juillet*, 1972.

BOUTERON Marcel, « Un dîner avec Vidocq et Sanson » in *Études balzaciennes*, 1954.

CASTELOT André, *Fouché, le double jeu*, 1990.

CHEVALIER Louis, *Classes laborieuses et Classes dangereuses*, 1984.

CHRISTOPHE Robert, *Les Sanson, bourreaux de père en fils pendant deux siècles*, 1960.

DEMEUSE Pierre, *Aventuriers de génie*, 1968.

L'État et sa police en France, 1789-1914, 1979.

GALTIER-BOISSIÈRE J., « Les mystères de la police secrète » in *Le Crapouillot*, mai-juillet 1936.

GINISTY Paul, « De quoi est fait Vautrin ? » in *Annales politiques et littéraires*, 21 mai 1922.

GUILLEMINAULT Gilbert et SINGER-LECOQ Yvonne, *La France des gogos, trois siècles de scandales financiers*, 1975.

HENWOOD Philippe, *Bagnards à Brest*, 1986.

LE CLÈRE Marcel, *La Vie quotidienne dans les bagnes*, 1973.

Bibliographie critique de la police, 1991.

LENÔTRE G., *Dossiers de police*, 1935.

LENTZ Thierry, *Savary*, 1993.

✓ LUCAS-DUBRETON J., *La Grande Peur de 1832, le choléra et l'émeute*, 1932.

MARTINEAU F., *Fripons, gueux et loubards*, 1986.

MASSART et DALLIER, *Pierre Coignard ou le forçat-colonel*, 1924.

✓ MATORE Georges, *Le Vocabulaire et la société sous Louis-Philippe*, 1951.

MAUROIS André, *Prométhée ou la Vie de Balzac*, 1965.

MESSAC Régis, *Le « Detective Novel » et l'influence de la pensée scientifique*, 1929.

PATRICE Jacques, *Bandits de grands chemins*, 1930.

PETIT J.G., *Histoire des galères, bagnes et prisons*, 1991.

PIERRE Michel, *Le Dernier Exil, histoire des bagnes et des forçats*, 1989.

RHODES Henry, *Le Génie et le crime*, 1936.

RIGOTARD Jean, *La Police parisienne de Napoléon, la préfecture de police*, 1990.

RIVERAIN Jean, *Chroniques de l'argot*, 1963.

SOURCES

SAVEY-CASARD Paul, *Le Crime et la peine dans l'œuvre de Victor Hugo*, 1956.

TULARD Jean, *La Préfecture de police sous la monarchie de Juillet*, 1964.

Paris et son administration (1800-1830), 1976.

VARLOY Adrien, *Les Chauffeurs du Santerre*, 1990.

VERNIÈRE Paul, « Balzac et la genèse de Vautrin », in *Revue d'histoire littéraire de la France*, janvier 1948.

WURMSER André, *La Comédie inhumaine*, 1979.

Remerciements

Comme il l'avait fait pour *Le Maréchal Ney*, Dominique Augarde m'a apporté un soutien de tous les instants durant l'élaboration de ce livre.

Qu'il trouve ici l'expression de ma reconnaissance.

Je remercie également pour leurs encouragements Christophe Bourachot, Marie-Hélène Bourquin, Emmanuelle Franck et Jean-Nérée Ronfort.

Index des principaux personnages

293

INDEX

Table

Cet ouvrage a été composé
par Graphic Hainaut
59690 Vieux-Condé
et imprimé sur presse Cameron
par **Bussière Camedan Imprimeries**
à Saint-Amand-Montrond (Cher)
en août 2001

N° d'édition : 1740. N° d'impression : 013587/1.
Dépôt légal : août 2001.